指向思维发展

——小学语文结构化教学实践研究

吴敏敏 著

山东教育出版社·济南

图书在版编目（CIP）数据

指向思维发展：小学语文结构化教学实践研究 / 吴敏敏著. —济南：山东教育出版社，2023.7（2024.5重印）
ISBN 978-7-5701-2564-7

Ⅰ. ①指… Ⅱ. ①吴… Ⅲ. ①小学语文课－教学研究 Ⅳ. ①G623.202

中国国家版本馆CIP数据核字（2023）第125687号

ZHIXIANG SIWEI FAZHAN
——XIAOXUE YUWEN JIEGOUHUA JIAOXUE SHIJIAN YANJIU

指向思维发展
——小学语文结构化教学实践研究　　吴敏敏　著

主管单位：山东出版传媒股份有限公司
出版发行：山东教育出版社
地址：济南市市中区二环南路2066号4区1号　　邮编：250003
电话：（0531）82092660　　网址：www.sjs.com.cn
印　　刷：山东华立印务有限公司
版　　次：2023年7月第1版
印　　次：2024年5月第2次印刷
开　　本：710毫米×1000毫米　1/16
印　　张：22.25
字　　数：320千
定　　价：89.00元

（如印装质量有问题，请与印刷厂联系调换）印刷厂电话：0531-76216033

作者介绍

吴敏敏，中小学高级教师，苏州大学教育管理专业硕士。2019年入选“姑苏教育人才计划”，被评为苏州市第二届“青年拔尖人才”，2021年获评“苏教名家”培养工程培养对象，2023年获评教育部新时代中小学学科领军教师示范性培训培养对象。现任太仓市科教新城实验小学校长、书记。先后获得江苏省教科研先进个人、江苏省科技教育优秀校长、苏州市小学语文学科带头人、苏州市第十二届青年教师“双十佳”等荣誉称号。

主要研究领域为学校管理、创新教育、思维课堂等，在《语文建设》《素质教育》《上海教育科研》等期刊上发表论文30余篇，教学成果获2021年度江苏省教育研究成果奖一等奖、2021年江苏省基础教育类教学成果奖二等奖等。主持《小学语文结构化思维课堂的实践研究》等省级课题4项，出版《小学科幻主题课程研究》等著作。

思维，思维，还是思维

一

核心素养这个概念刚刚出现时，我曾和学校全体教师做过一次探讨。我问："我们人类和其他动物最大的区别是什么？"

有的说："我们人类有自己的语言。"我说："有一个成语叫'鸟语花香'，万物都有自己的语言，只不过我们听不懂罢了。"有的说："我们人类有丰富的情感。"我说："小猫小狗看到自己的同伴受伤或去世，也会流下眼泪．它们不也有丰富的情感吗？"有的说："我们人类会创造工具，创造万物。"还有的说："我们人类会思考，有思想，创造了人类社会灿烂的文明。"

我总结道："是呀，人能思维，有思想，能够创造出世间万物，这才是人区别于动物最大的特征。如果说人有核心素养的话，那么最最核心的素养就是思维、思想和创造万物的本领。因此，我们应该从小就培养学生的思维能力，让他们有独立的思想和动手创造的能力。"

二

最近我看到网上有一个视频，太火了。"家庭幽默大赛"舞台上来了一个机器人。机器人向大家打招呼："大家好，我叫娇娇，我今年三岁了。"主持人刘仪伟问："你到底是什么东西？"娇娇回答："我是高科技的东西呀。"观众们一片掌声。主持人刘仪伟叫道："娇娇，娇娇。"娇娇回答："是刘仪伟叔叔叫我吗？我和刘仪伟叔叔最般配了。"刘仪伟问："为什么呢？"

娇娇说："我们两个都腿短。"此言一出，观众席上一片哄笑。主持人问："娇娇，你有男朋友吗？"娇娇说："我没有男朋友。"主持人说："你可以现场找一个男朋友。"娇娇走下舞台，来到一个戴眼镜的帅哥面前，问道："哥哥，你有女朋友吗？"那个帅哥骗她说："我是女孩。"娇娇说："不要骗我，你的声音这么有磁性。你愿意做我的男朋友吗？"帅哥不好意思地回答："我愿意。"谁也没有想到，娇娇来了这么一句："哥哥，你也太不矜持了。"此话一出，现场又笑倒了一大片。

看完这个视频，我一直在思考，为什么机器人"娇娇"能在网上大火？是因为机器人现场和人们对话幽默机智，还是机器人造型可爱？我认为，其萌萌的外形不是主要的，主要是机器人已经具备类似于人的思维，能够和人现场互动，巧妙应答。让人工智能具有人的思维，是对人工智能最大的挑战。

说到人工智能，我想起人工智能发展史上两个重大的事件：一件是1998年机器人战胜了世界象棋冠军；一件是2016年机器人"阿尔法狗"战胜了世界围棋冠军。围棋被认为是变化最多的棋种，下好围棋对人的思维有极大的挑战。"阿尔法狗"战胜了人类，说明人工智能在思维能力上具有自身的优势，甚至在某些方面超越了人的思维、人的智能。这是人工智能的伟大胜利。

三

恩格斯说："思维是地球上最美丽的花朵。"这朵最美丽的花朵无形、无色、无味，但是最鲜艳、最灿烂、最动人。为什么？因为这朵思维之花，是思想之花，是智慧之花，是创造之花。它创造了人类的一切物质成果和文化成果。

太仓市科教新城实验小学吴敏敏校长带领团队聚焦思维课堂进行研究，取得了显著的成绩。通过几年的潜心探索，《指向思维发展——小学语文结构化教学实践研究》一书即将出版。本书分六个章节，分别从思维课堂的理性认识、思维课堂的砥砺前行、思维课堂的精彩呈现、思维课堂的酸甜苦辣、思维课堂的课题研究和思维课堂的深度发展等方面做了深度研究。尤其可贵的是精选了20堂思维训练的好课例，对广大一线教师有诸多启示。最近颁布的新课标中提到了思维导图，而吴校长在几年之前就对思维导图进行了研究。“课文内容梳理、生字词学习、习作框架搭建、单元知识总结、古诗词学习”这些前瞻性的研究，必定给教育前沿理论注入新鲜的营养。我为吴校长的研究点赞！

是为序。

（孙双金，全国著名特级教师，国务院政府特殊津贴专家，正高二级教师，江苏省小语会学术委员会主任，金陵中学附属小学校长）

目　录

第一章 思维课堂的理性认识

第一节 思维课堂的理论支撑

一、培养思维是课堂教学的本质

马克思主义创始人之一恩格斯将思维誉为“地球上最美丽的花朵”。中国教育学会名誉会长顾明远先生认为：教育的本质是培养思维，培养思维最好的场所是课堂。全国著名特级教师孙双金老师说：“激活学生的思维，是教学最大的道德。”

思维的培养历来受到重视，却也是课堂教学过程中容易被忽视的。传统的课堂教学容易出现重视结果而忽视过程，思维能力培养被视作知识传授副产品的现象。从20世纪50年代以来，伴随着社会对具备批判性思维、创造性思维及问题解决能力人才的迫切需求，进行思维教学、培养思维能力，已经成为教育界的广泛共识。

我国著名教育学家林崇德，从1978年起在我国进行了30多年的“中小学生心理能力发展与培养”教学实验，并始终将思维的训练放在首位。他在教学实验中坚持把青少年心理发展的基本规律作为实验的出发点，强调培养思维品质是发展智能的突破口，并用非智力因素训练学生的智力。

在理论研究方面，林崇德教授在《学习与发展——中小学生心理能力发展与培养》一书中指出，语文能力的培养应将以听、说、读、写为主的“四种能力”和以深刻性、灵活性、独创性、批判性、敏捷性为主的“五种思维品质”的统一培养作为目标。在语文教学中，他提倡“五结合”，即文与道的结合、语与文的结合、听说读写的结合、智育与美育的结合以及抽象逻辑思维和形象逻辑思维的结合。

卫灿金教授在他的代表作《语文思维培育学》一书中强调对于学生思维能力的培养，并且提出了“语文思维培育理论”。在他看来，语文是语言和思维的辩证统一，语言是思维的物质外壳，是思维的载体或工具。

华东师范大学郑庭瑾教授在《为思维而教》一书中阐述了语文学科与思维教学的紧密联系。他认为：在课堂教学中，要培养学生的语文思维能力。对教师来说，对待学生的错误要宽容，要让学生独立地发现问题、思考问题和解决问题。在课堂教学中，要将传统的“教授式教学”转变为“对话式教学”，使学生从被动回答转变为主动发现、主动探究。在他看来，思维是可以教的。需要注意的是，思维的教必须强调学生自觉主动地对思维实践的经常性参与。他的理论为课堂教学的思维能力培养提供了依据。

叶圣陶先生说过：“语文课的主要任务是训练思维，训练语言。”由此可见语文思维能力的重要性。在语文教学中，很多教师都进行了大胆的教学实践，培养了学生的语文思维能力。其中，最具有代表性的有宁鸿彬的“创造性思维训练”、李吉林的“情境教学法”、钱梦龙的“三主四式导读教学法”、魏书生的“学导式教学法”等等。

杨芬芬曾在《深挖课堂教学促进学生科学思维发展刍论》中指出：10岁左右的学生大脑前额皮层已经发育完善，儿童的一些天性开始消退；相反，大脑的抑制能力增强，儿童对于自己的行为和情绪变化变得更有意识。第二信号系统的语言和文字反应增强，思维能力的发展处在转折时期，抽象概括、分类、比较和推理能力开始形成。此时，由形象思维向抽象思维过渡。因此，对学生来说，发展思维是关键。

杜生国在《语文教学中如何有效培养学生的语文思维》中指出：思维

的发展与提升是语文学科核心素养的重要方面。语文思维是在把握语文学科特殊性的基础上，用解决语文问题的思考方式去思考问题、解决问题的过程。语文教师应从培养学生语文思维的角度出发，重视学生良好思维习惯的培养，为学生打造适宜的学习环境，逐渐培养其语文思维能力。他认为，在教学过程中，教师应重视教学理念的更新，认识到培养学生语文思维的重要性，从学生实际以及课程标准的要求出发，重点培养学生的语文形象思维以及抽象思维。教师可联系实际生活，为学生提供更为丰富的生活化语文资源，使学生深入观察和体验生活，感悟学习语文的现实意义，从而提升语文学习的趣味性，深化对文章内容的感知。语文思维的培养离不开课堂环境的熏陶，通过创造阅读环境，有感情地朗读文章，可促使学生和作者进行情感交流，并逐渐达成语文思维的培养目标。启发式教学法在课堂教学中的应用是培养学生语文思维的有效途径之一。在应用此教学方法时，教师应深入研读教材，找出启发思维的关键点，结合学生特点，分解教学任务，借助不同的教学手段对学生进行启发式引导。

徐庆华在《小学语文教学与思维培养之浅见》中指出：语文学习贯穿学生的整个学习生涯。小学语文是开山石，其地位尤为重要。在整个教学环节中，课堂提问的有效性是影响教育教学质量的直接因素。能够合理有效地运用课堂提问是整堂课效率评价的标准之一，有效的提问可以围绕课文主题线索精心设计，锻炼学生思维能力。在阅读思维能力培养上，他提出了“认真审题，切忌粗心”“有始有终，仔细研读”“巧用原文，降低难度”“言之有理，自圆其说”“先易后难，合理安排”五个阅读题解题的小技巧。

常红岩在《小学语文课堂思维培养策略浅析》中指出：教学中培养学生的思维能力是教师值得认真研究的课题。在小学语文课堂教学中，教师应注重培养学生的创造性思维、形象性思维、发散性思维等。他认为，小学语文教学是传统的，教师一直遵循“师者，传道授业解惑”这一原则。而有的教师只重视传授学生知识，忽略了对学生创新意识、创新能力的培养。这在一定程度上阻碍了学生创造性思维的发展。在语文教学中，如能注意进行创造性思维的训练，不但可调动学生的兴趣，培养他们的创造能力，而且能够强化教学重点，帮助突破教学难点，是发展学生智力的关键。

徐静在《让语文课堂充满生命的灵动——管窥小学语文教学中学生思维的启发艺术》中指出：素质教育下语文教学强调将学生思维能力的培养与发展作为课堂教学的主要目标，并强调其对于高效课堂构建的重要性。也唯有将学生思维素质的培养和听说读写的训练有机结合起来，才能达到提升学生语文学习水平的目的。语文课堂是传授学生知识的地方，但更为重要的是让学生充满智慧。思维是培养学生心理素质，提升科学文化素养的重要因素。因此，在小学语文课堂教学中，教师应当将学生科学文化素养与思维素质培养作为课堂教学的中心，唯有如此才能最大程度提升学生语文水平。在具体教学实践中，教师应当打破思维定式，潜心钻研，精心设计，触类旁通，让平淡无奇的课堂教学变得生动有趣，引人入胜，从而让语文课堂教学灵动起来，让其焕发光彩。

吴晓芬在《核心素养视角下小学语文思维培养发展策略》中指出：在小学语文教学阶段，核心素养已经成了当前课堂教学的一种导向。基于语文学科核心素养的教学理念，对广大语文教师来说，语文教学模式的大原则是要始终以学生为学习的中心，即人本教育理念。教师需要知道，以学生为学习主体，不仅是符合语文学科核心素养要求的教学原则，也是符合时代发展特色的教学原则。只有顺应这个大原则，教师基于语文学科核心素养教学理念的教学实践，才能够有效地开展。发展学生的语文思维，需要教师在教学过程中，切实有效地提升学生的语言综合运用能力；坚持以思维发展为导向，重在锻炼和培养学生的抽象思维能力，体味社会情感，坚持以文化传承为最终目的。在语文教学过程中，将培养核心素养贯彻落实在课堂教学过程当中，以达到全面发展学生的目的。

沙钱花在《培养小学生高阶思维的语文课堂教学策略》中指出：小学语文课堂教学活动需要重视培养学生的高阶思维能力，为学生的综合素质发展奠定基础。文章针对培养小学生高阶思维的语文课堂教学策略进行探讨，从阅读理解教学、写作指导训练、发展思维培养等角度分析相关问题，旨在发挥教育活动对于学生思维的引导作用，循序渐进促进学生的高阶思维发展。培养学生高阶思维，有助于促进学生的综合素质发展，能够有效地提高语文课程的教学质量，从而促进语文教育的持续发展。

综上所述，培养思维正是课堂教学的本质。课堂是对学生进行思维意识引导和培养的重要载体，思维的运用与迁移关乎学生的日常生活和学习。如果没有思维训练的加持，那么课堂教学依旧摆脱不了旧有的“应试教育”模式。古语有云：“授人以鱼，不如授之以渔。”这正契合目前素质教育的观念。

二、目标细化是课堂教学的基础

我国的教学目标在内涵、结构体系、功能与价值取向以及实施评价等方面都有了较大的发展。课程目标结构逐步由单一化转向多元化、立体化。教学目标不仅作为标准具有评价功能，同时还对师生的教与学起着导向、激励、调节和促进等多种功能。在目标细化的同时，课堂教学的质量也得到提高，使目标的实施与评价不仅关注学生的学习结果，也关注学生的学习过程，响应“以人为本”的理念。

国外最早对教学目标展开理论研究的是教育学家泰勒。他于1934年提出了教学目标的概念，并且在《课程与教学的基本原理》一书中指出，开发任何课程和教学计划都必须回答四个“基本问题”，即学校应该追求哪些教育目标、我们要提供哪些教育经验才可望达成这些目标、这些教育经验如何才能有效地加以组织、我们如何才能确定这些目标正在被实现。他认为，教学目标对一门课程来说是至关重要的，教学目标是整个教学活动的先行条件，只有先确定教学目标，才能展开其他教学活动。他强调，对教学目标的选择，一定要考虑到学生的学习需求、社会环境等各方面因素，教学目标应该涉及“内容”和“行为”两个方面，也就是说教师期望学生实现这两方面的目标。他将教学目标看作衡量一切教学活动的准则。由此可见，他是十分重视教学目标的。

继泰勒之后，美国著名教育家布鲁姆对教学目标做了进一步研究。布鲁姆将分类学应用到教学领域，提出了“教学目标分类学”，并于1956年出版了《教育目标分类学》一书。他认为，教学目标应该分成认知、情感和技能三大领域。在这三大领域中，认知领域目标是由布鲁姆提出的，而情感和技能领域目标则分别是由克拉斯沃尔和哈罗于1964年和1972年提出来的。在课程的实施过程中，为了有效指导和评价具体的课堂教学，更好地落实课程目标，人们将其进一步具体化为教学目标（包括单元教学目标和课时教学目标）。教学目标既是具体的教学过程和学生行为的准则，也是学科课程目标与具体教学内容的结合与具体化。教学目标作为教育技术学的专门术语，最早由泰勒提出这一概念，泰勒不仅强调了目标制订在课程设置中的重要作用，而且提出了目标的来源、选择以及教学中如何实施、评价目标的基本思路。

我国对教学目的和教学目标的论述并没有明确区分，因而在使用上比较混乱。直到20世纪80年代，我国学者才开始开展对教学目标及其分类的研究。1986年，瞿谋奎教授组织翻译了《教育目标分类学》一书，该书对当时我国的教育领域产生了极大影响。此后，有关教学目标的著作逐渐增多。例如，皮连生教授主编的《学与教的心理学》一书中，不仅介绍了加涅的教学目标分类理论，还详细叙述了教学目标的设计以及陈述；皮连生教授编写的《智育心理学》更是在我国首次提出了智育目标理论；程达教授编写的《教学目标论》系统地介绍了教学目标现状以及教学目标的确立与实现；陈琦、刘儒德主编的《当代教育心理学》一书中，论述了行为学习理论、建构主义和人本主义学习理论以及知识、技能和品德的养成，该书认为教学目标是学生预期的学习成果。

肖锋教授肯定了“具体、清晰、明确的课堂教学目标比笼统、抽象、模糊的课堂教学目标更能提高学生的表现”，而且对关注学生内部心理变化的布鲁姆模式、重视学生行为表现的马杰模式、把总体目标和具体行为表述相结合的格朗伦模式、包含目的陈述和评价陈述的麦克阿瑟模式，以及由五要素构成的加涅行为目标模式等五种教学目标模式进行了介绍和对比分析。

豆宏健教授分别从认知目标、情感目标和运作技能目标三个角度讨论了教学目标的分类及各类目标的表述问题。张天宝、孙华丽等则对国内外教学目标分类理论研究的发展情况做了介绍。胡定荣、徐昌等和李佳、胡戎、吴婷等分别对改革开放以来教学目标的发展进行了整理研究。研究显示：受布鲁姆、加涅等提出的教学目标理论的广泛影响，国内教学目标的理论研究更多是基于如何运用这些理论来改进课堂教学实践的应用研究，而本土化的理论研究相对薄弱。

顾冷阮教授结合教学目标对教与学的水平、学习行为、学习内容等相关问题的研究成为近年来具有代表性的研究成果。此外，华中师范大学博士凌鹏飞按照教学目标的存在形式，将其分为内隐目标和外显目标两类，并对两者关系及功能属性进行了分析与讨论，为教学目标的研究提供了新的视角与空间。

在论文与期刊方面，截至2022年10月，从知网上搜索“教学目标细化”，可查到383篇文献，大部分文献都是关于教学方法方面的细化分析。进一步搜索关键词“课堂教学目标细化”，可查到36篇文献，其中多是以某一课程为例的细化研究。

韩国海的《新课程“三维教学目标”反思》，对三维教学目标的相关问题进行了分析，并提出了相关的可行性建议；李宝建的《新课标三维目标实施存在的问题及对策》，从“以人为本”的角度分析了在教学目标实施过程中存在的问题，并提出了教学目标须优化的观点，认为课堂教学目标应力求单一、明确，教师要认真研读教材和学生，以此来制订合理的课文教学目标；林松波的《思想政治课教学目标陈述的误区及对策》，提到教学目标陈述存在四种误区，即目标的主体错位、目标的要求含糊、目标的定位不准和目标的分类不当，并且提出对策来提高教学目标陈述的有效性；夏谷鸣的《教学目标应体现有效性》，提到教学目标要让学生有所发展，即教学目标的设定要高于学生现有的水平，但要适度，不能过高以致学生无法达到而挫伤学生学习的积极性。

华东师范大学屈程在《布鲁姆教育目标分类学修订版在小学数学教学

中的应用：理论与实践》中认为，以布鲁姆教育目标新分类学为指导，有助于提升小学数学的教学质量。在《小数的意义与性质》教学中，接受新分类思想指导的教学明显优于常规教学，这不仅反映在学生的学习质量方面，而且反映在教学目标设置、教学活动设计、教学评估以及三者的一致性方面。布鲁姆教育目标新分类学可以有效地改善教师的教学活动。以布鲁姆教育目标新分类学为指导的教学在目标上更为清晰，更为准确，对教学的指导性更强；在教学活动的创设上，更具针对性，目标达成的层次更深，学生主动学习、有意义学习成分更多。教师在教学评估上更具自觉意识，能够很好地将形成性评估与总结性评估结合起来，使评估更准确。以布鲁姆教育目标新分类学为指导的教学具有更高的一致性。南京师范大学卢雯在《教育目标分类学视域下的教科书练习系统研究——以苏教版小学语文教科书为例》中认为必须厘清何为高阶思维。

谈及何为“高阶思维”，杜威、瑞斯尼克、恩尼斯等学者曾有所论述，但布鲁姆以及后期的安德森则为教师在教育教学实践中促进学生思维发展提供了更注重操作化的指导平台。我们一般将记忆、理解和应用定义为低阶思维，而分析、评价和创造则指向高阶思维。

（1）记忆（remembering）：指能从长时记忆系统中提取有关信息。记忆水平分为两个亚类：

① 再认（recognizing），指学生能从记忆中找到与所读材料一致或相似的知识。例如在语文教学中，从括号里相似的生字中选择搭配正确的字。

② 回忆（recalling），即从记忆中提取相关的知识。如：按课文内容将句子补充完整。

（2）理解（understanding）：指能确定口头、书面或图表信息所表达的意义。理解水平分为七个亚类：

① 解释（interpreting），指学生能换一种方式呈现信息。如：说出加点的字在文中的含义。

② 举例（exemplifying），指能找出一个概念或原理的具体例子。如：

用直线划出文中的拟人句。

③ 分类（classifying），指能识别出某种事物是否属于某一类别。如：将括号中不同类别的词语划掉。

④ 概括（summarizing），指能提出一个简短的陈述来代表已经呈现的信息或归纳出一个小标题。如：给文中三个自然段各加上一个小标题。

⑤ 推断（inferring），指能从提供的信息中得出具有逻辑性的结论。如：你认为文章的感情基调应该是怎样的？

⑥ 比较（comparing），指能确定两个或多个客体、事件、观念、问题或情境之间的异同。如：《鲸》和《松鼠》的说明方法有什么不同？

⑦ 说明（explaining），指能建立一个因果模式。如：联系全文，说说作者为什么说志愿者是最可爱的人。

（3）应用（applying）：指在特定的情境中运用某个程序。应用水平分为两个亚类：

① 执行（executing），指能用一个固定的程序来完成熟悉的任务。如：修改病句。

② 实施（implementing），指能选择并运用程序来完成一个不熟悉的任务。如：读课文最后两段，举例说明修辞手法的运用能增强表达效果。

（4）分析（analyze）：将材料分解成几个部分，确定各部分是如何联系的，以及各部分和整体的关系。分析水平分为三个亚类：

① 区分（differentiating），指能从呈现的材料中辨析各部分与整体的相关性或重要性。如：说明文章第一自然段在文中的作用。

② 组织（organizing），指能确定某些要素在结构中的适切性或功能。如：试着将文章分为四部分。

③ 归属（attributing），指能确定材料中隐含的观点、价值观等。如：试分析文中的动作描写隐含的意思。

（5）评价（evaluate）：指依据准则和标准做出判断。评价水平分为两个亚类：

① 核查（checking），指能检查某一操作是否具有内在一致性。如：想

一想文中罗伯所做的事，你认为有哪些令人相信的地方？

② 评判（critiquing），指能根据外部准则或标准来判断某一操作或产品的一致性程度。如：你认为列宁是个什么样的人？试举例说明。

（6）创造（create）：指将要素整合为一个内在一致、功能统一的整体或原创产品。创造水平分为三个亚类：

① 生成（generating），指能根据标准提出可供选择的路径或假设。如：想一想小男孩回去拿胶卷会回来吗？试分析回来和不回来两种情形的原因。

② 计划（planning），指设计一种解决方案以完成某一任务。如：根据材料提示自定题意，拟订一个文章框架。

③ 贯彻（producing），指执行计划以解决既定的问题。如：以“那一刻，我笑了”为题写一篇不少于300字的作文。

综上所述，课堂教学离不开有效的教学目标。盲目和泛化的教学目标会阻碍或抑制课堂教学的质量和效果。结合小学语文教学内容特点，要对教学目标进行细化分类及科学陈述，使小学语文教学目标发挥其应有作用，促进学生思维发展。

三、过程评价是课堂教学的保证

国外有关过程性评价的分析，早期多以结果为主，且不注重被评价者的主观意愿。1942年，美国教育学家泰勒在“八年研究”评价委员会提交的报告书中首次明确地提出了“教育评价”这一概念，并将教育评价和教育测量进行区分。他认为，教育评价是衡量教学活动达到教育目标程度的一项活动，教育测量是教育评价的手段。

到了20世纪50—70年代，以英国课程理论专家劳伦斯·斯滕豪斯为代表的学者逐渐认为评价要重视被评价者知识加工和理解的过程，以过程为主要取向的评价随之开始兴起。过程取向评价强调把教师与学生在整个教学活动中的所有情况都纳入评价的范围，不论是否与预设的目标相符合，一切具有教育价值的结果都应当成为被评价的内容，同时也要重视评价者与评价情境的相互作用。人们开始将评价看作是一个价值判断的过程，评价者不仅要运用统计和测量手段去收集各种有用信息，还要根据一定的价值取向进行评判。

20世纪80年代，随着人们对评价的认识逐步加深，评价悄然深入基础教育领域。评价对基础教育发展有什么作用呢？从目前已经开展的评价项目来看，主要有两点：一是基础教育质量发展监测，服务对象是各级政府的教育机构，用来了解各地方基础教育发展的水平、年度变化，以及分析各种影响因素，为政府决策提供依据；二是对教学进行诊断，服务对象是中小学，用来诊断学科教学质量，分析学生在各学科学习中的优势和不足，为学校教学管理、教师教学和学生学习提供分析报告。建立新型教育评价体系，可以使每一个教师都了解学科教学的标准，知道学生的问题出在什么环节，正确地帮助学生解决学习中遇到的问题。利用评价，相当于为每一个学生请一位辅导老师，从而提高学生学习的效率。因此，改变评价学生的方式势在必行，也意味着要寻找更加多元、更加合理的评价方式来替代或补充标准化测验。

随着课程改革的不断推进，国内有关学生学习评价的研究逐渐增多。如何合理科学地评价学生的学习效果，避免“唯成绩”式评价方式，成为学者们的研究重心。通过查阅已发表的期刊文献和已出版的学术著作发现，有关学习过程评价的研究主要集中在学习过程评价的概念界定、学习过程评价的内容分析和学习过程评价的实践应用等三方面。

新课程改革强调要注重对学生学习过程的评价，如何定义学习过程评价逐渐被研究者所关注。学者高凌飚基于对国内已存在的三种有关学习过程性观点的分析，通过对比形成性评价与过程性评价的差别，提出过程性评价是在课程实施过程中采用目标与过程并重的价值取向，全面评价学生学习的动机、效果、过程以及同学习密切相关的非智力因素的过程。学者张文杰分别从广义和狭义两个角度分析了学习过程性评价的理念与内涵。他认为，从广义上讲，过程性评价就是将学习过程和学习绩效作为主要评价对象，以促进学生发展为目标的评价方式；从狭义上讲，过程性评价属于个体内差异评价。学习过程性评价强调的是以学生为本，立足于学生的整体性发展，将学生的学习与评价相融合。教师在学习过程性评价中能够利用其促进教学行为。

叶延武认为，学习过程性评价强调的是内外结合的、开放式的评价手段，评价过程与教学过程的有机结合，评价主体与客体的互动与整合。谢同祥和李艺从学习过程性评价的相关概念入手，分析了有关过程性评价的定义、特性与价值，认为过程性评价是“在学习过程中完成的、建构学习者学习活动价值的过程”。掌握学习过程性评价的概念，需关注以下几方面：第一，学习过程性评价强调评价与教学的有机结合，利用评价促进教学的开展；第二，学习过程性评价的目的是促进人的发展；第三，学习过程性评价不仅关注学生知识与技能的掌握情况，同时也关注学生学习动机等非智力因素的评价；第四，学习过程性评价是面向整个学习过程的评价，包括课前、课中以及课后。

张曙光在《过程性评价的哲学诠释》中认为，过程性评价是在教学活动中对学生学习的各类信息加以即时、动态地解释，以揭示、判断和生成教学价值的活动。从评价的价值取向看，过程性评价是以优化学习过程、提高学习效果、促进个体生命发展为目的的评价活动；从评价对象看，学习过程中的知识建构、能力发展、学习动机激发、学习策略运用以及情感态度形成等过程性因素都应被纳入评价的范围；从评价效果看，过程性评价既要实现学生学习动机的激发和学习方式、学习效果的优化，也要促进教师的教学反思与教学方式的改进，实现教学效果的优化。

高耀明在《布鲁姆教育目标分类学：认知领域试评》中认为，那些布鲁姆称之为“复杂”的层次，对学生来说，证明比“简单”层次更基础、更直接。所谓“简单”层次常常是“复杂”层次的产物，而不是布鲁姆所说的“简单层次组合成复杂层次”。我们可以用儿童掌握语言的过程证明这一点。假如我们一开始就希望孩子掌握句子定义（知识），然后再把这个定义运用于交流之中（运用），这显然是不合实际的。

杨军、杨道宇在《布鲁姆认知教育目标分类学的困境》中认为，认知内容应是“事物本身”而不是知识。安德森等人认为认知教育目标表述的最有效形式是“学生能够+动词名词”。这里的名词是指学生所学习的认知内容，即教材的实质内容——知识。换句话说，学生的认知内容只能是知识而不能是别的，这成了修订版布氏分类学的一个前提假设。安德森等人在没有论证这一假设合理性的情况下，便以此为基础展开了对知识类型的详细论述。然而，在现象学看来这一前提假设并不成立，因为各种教材所表征的知识只是“事物本身”的摹本，其根本使命在于使“事物本身”在师生面前如其所是地显现出来，从而使师生看到事物的本真面目。知识与知识所涉及的“事物本身”之间的关系在本质上是一种摹本与原型的关系，而摹本与原型之间的关系在本质上是一种表现与被表现的关系。在知识与“事物本身”的关系中，知识作为“事物本身”的表现物，其根本功能在于将知识所言及的“事物本身”再现出来，就像摹本的根本功能在于将摹本所涉及的“原型”再现出来一样。这就决定了学生认知的真正对象不是知识，而是知识这一摹本所要表现出来的原型——“事物本身”。学生学习知识的真正目的不是掌握知识，而是通过知识回到知识所言及的“事物本身”。

高凌飚在《关于过程性评价的思考》中总结了近代的过程性评价。他认为，20世纪20—30年代，人们基本上只把学习评价的功能锁定在确认学习效果上。在科学理性思潮的影响下，评价似乎就是测量。如何进行测量，如何将被测量的行为加以量化，如何设计有效的测量工具，保证量化测量工具的客观性和可信度，是人们关注的重点。20世纪30—40年代以后，受泰勒等人的影响，评价被看成是对目标和表现的吻合程度的确认。提出合理的教育目标并加以科学分类，进而以此为标准来衡量教学达到的水平，成为这一时期的焦点。到了20世纪60年代，评价对教学的反馈作用开始受到关注，人们注意到评价过程与教学过程的交互影响，并利用评价的结果来诊断教学中出现的问题、影响教学导向，评价的功能拓宽了。

吴维宁在《过程性评价的理念与方法》中认为，国外用于过程性学业评价的方法很多，但不是所有的方法都适合我们的国情。因此，本着过程性评价应该渗透在教学过程之中，应该能够体现评价主客体间的相互作用，能够使学生通过评价学会评价并为终身学习奠定基础，能够体现对学生的动机态度、过程与效果进行三位一体的评价的指导思想，积极开发真正适合我国国情的学业评价方法与工具。通过样本分析，认识到过程性评价表具有提供评价依据与记录载体的重要功能。它使得过程性评价成为一种正式的、有影响力、有约束力的学生自我评价和同学互评的过程，对于规范学生的评价行为，提供学生自我评价和同学互评的环境与氛围，从而为帮助学生学会评价创造了有利条件。但作为一种评价工具，过程性评价表也有其不足，主要表现在表中所列的评价目标难以把握：若评价目标太多，会增加评价负担；而评价目标太少，又会影响评价的全面性与公正性。此外，评价目标的合理界定也是一个需要认真研究的问题。

第二节　思维课堂的整体建构

一、思维课堂教学改革实施方案

1. 实施背景

（1）教育培养创新型人才的责任所在

当代社会的发展对教育提出了新的要求，培养具有较高素质的人才成为当务之急。创新型人才的基本素质，很重要的一个方面就是具备丰富的想象力、深刻的思维力。未来社会所需人才是综合型的、全面型的人才，需要具备一定的创造力、分析能力、观察能力、自学能力等综合素质。

培养创新型人才，激活学生思维能力，是全社会需要共同关注的问题，教育承担着不可推卸的责任。

（2）学校特色化办学的当下追求

我校以“科技点燃智慧，教育成就梦想”为办学宗旨，主打“科技化”办学特色，倡导全体教师“像科学家那样探究”，鼓励全体学生“像科学家那样学习”，提出了“教育是科学发现的一段旅程，太仓科实小使你更聪明，更健康，更能干”的教育理念。指向思维发展的课堂教学建设，是培植学校文化、打造学校特色所需。

（3）学生创造性思维发展的时代呼唤

我校在近几年的办学过程中，经课堂观察、学生座谈、教师访谈等不同渠道的信息反馈，揭示当下我校学生在思维的灵活性、批判性上与良好的思维品质要求还存在一定的距离。主要表现为学生习惯于接受知识，而不会主动探求知识，缺乏想象力和创造性。培养良好的思维意识和思维能力，成为提升学生综合素质的必然要求。

2. 概念与界定

思维课堂是以培养学生良好的学科学习习惯和学科思维品质为价值追求的课堂，是有思维力度的课堂。思维课堂的典型特点，可以高度提炼为以下关键词：开放、灵动、自由、舒展。

开放，指突破传统思维定式，培养具有独立思维、创新意识、探索精神的学生。主要体现在四个方面：教师观念的开放，摒弃师道尊严的观念，营造民主开放的课堂学习氛围；教学目标的开放，不局限于对知识的掌握，更强调对知识的运用与能力的培养；教学方法的开放，质疑解惑、自主学习、迁移练习、小组合作成为主要学习方法；教学评价的开放，评价标准分层、评价主体多元、评价方法多样，注重过程性评价与增值性评价。

灵动，主要体现在三个方面：强调学生的活学，学生是学习的主人，每一个符号的学习都有一个发现的惊喜；强调学生的活用，将获取的知识和积累的经验形成有生命的东西；强调教师的活教，教材无非就是一个例子，优秀的教师除了会教手里的教科书，更会加强教材与生活之间的联系，拓展学习空间。“活学、活用、活教”是思维课堂的呈现方式，师生在“跨学科教学”“项目式学习”等新样态学习方式的引领下，培植创新思维，发展核心素养。

自由，既是学生充分发展的基本条件，也是学生主动参与学习的重要保证。指向思维发展的小学语文课堂教学鼓励反思与质疑、师生平等对话、学生有自主安排的时间等，让教师成为促进学生自由发展的组织者，让课堂成为师生共同参与、组织、推动的学习共同体。

舒展，主要体现在两个方面：强调师生身心愉悦，课堂积极向上，充满生命活力，师生享有安全、愉悦的心理氛围；注重指向思维的绽放，教师乐其所教，学生乐其所学，师生共同探究，启发智慧，享受思维挑战的幸福感与成就感。

3. 课堂组织架构

（1）思维发展主线

思维的发展指学生在学习过程中获得的思维能力发展和思维品质提升。课堂教学按学生思维发展的规律而设计，一般提炼成四个环节：思维的挑战、思维的进阶、思维的外化、思维的迁移。

思维的挑战：学生的原有知识与新知识之间往往有冲突，学生的原有知识就是皮亚杰所说的“前概念”。教学设计要暴露前概念，引发思维的挑战，以此激发学生的学习兴趣，引导学生展开探究学习。引发思维的挑战，可通过提问、交流等方法了解学生学前的知识结构，了解学生学习的起点。

思维的进阶：由原有知识迈向新知识，其间有一段距离，而且是台阶状的。教师要引导学生一步一步地迈进爬升，一般可以运用问题导向策略。问题是引子，它指引学生思维的方向。有质量的问题，可以将学生的思维活动与教学内容紧密地联系起来，促使学生与文本深度对话。

思维的外化：在课内进行相关知识点与能力点的训练，通过举一反三、一题多变、一题多解等形式，把教学由以传授知识为主向以传授方法发展学生思维能力为主转化，促进学习成果的外化，提高教学质量和学习效果。

思维的迁移：通过延伸出课文基础框架外的学习活动，实现课堂教学目标基础上的“追加”与“深化”。依据课堂教学内容，围绕教学目标在广度与深度上做适当延伸，是对学生当堂知识的巩固、知识模块的建构、知识素养的提升，得法于课内，得益于课外。

（2）活动展开主线

思维发展的主线落实到课堂教学中，就要依托活动来支撑思维的发展过程。学生是在活动中呈现思维状态的。

活动环节一，多向链接，唤醒经验。暴露学生的前概念，引发思维冲突。设置预习卡、导学单，通过多样的课前练习，唤醒学生的已有经验，让学生的思维更开放。这个环节对应“学习的起点”。

活动环节二，多层质疑，问题导向。学生通过独立自学、同伴互学、集体导学等多层次的质疑，明晰心中的疑惑，以问题为导向开展学习。教师可以通过设置问题、设置情景、设置活动、设置分岔来实现对学生思维品质的培养，让学生的思维更灵动。这个环节对应“学习的过程”。

活动环节三，多维探讨，发散思维。不管设计何种活动，目标要明确，以目标来驱动任务，深化过程中的多维探讨，加强对学生发散思维的培养，让学生的思维更自由。这个环节对应“学习的结果”。

活动环节四，多样解答，整合思维。最终形成知识、思维的结构，形成记忆，形成能力。教师可以引导学生一起制作思维导图、解题方法、仿写练习等，让学生的思维更舒展。这个环节对应“学习的迁移”。

4. 课堂评价体系

基于思维课堂是一种课堂理念、一种课堂价值追求。对思维课堂的评价，依据五项基本原则，着眼一种思维能力，突出五种思维品质，建立八个评价维度。

（1）五项基本原则：能激发学生的思维兴趣，有思考的问题；能维持学生的思维动力，有思考的时间；能优化学生的思维品质，有思考的活动；能培养学生的学科思维，有思考的深度；能鼓励学生进行充分的想象、表达和交流，有思考的展示。

（2）一种思维能力：以想象力为核心的创造性思维能力。

美国著名教育心理学家斯滕伯格在《思维教学：培养聪明的学习者》

一书中提出了“思维三元理论”，他把思维分成三个层面：① 分析性思维，涉及分析、判断、评价、比较、对比和检验等能力；② 创造性思维，包含创造、发现、生成、想象和假设等能力；③ 实用性思维，涵盖实践、使用、运用和实现等能力。创造性思维属于高阶思维。根据小学生的年龄特点，我们聚焦于想象力的培养，培养以想象力为核心的创造性思维能力。

（3）五种思维品质：思维的敏捷性、思维的发散性、思维的深刻性、思维的批判性、思维的创造性。

（4）八个评价维度：教师能否激发学生思维的兴趣、维持学生思维的动力；学生的参与度、投入情况，学生的想象、交流与表达情况；学生思维的碰撞、升华；教师对教学内容的选择是否有价值、深度、梯度；教师为达成目标是否采取了恰当的策略、方法；教师能否及时处理课堂上新生成的问题、解决学生之间或师生之间的分歧；教师或学生的课堂小结能否做到目标清晰、条理清楚、简明扼要；学生的训练结果或学习目标的达成度。

5. 组织保障

（1）健全管理制度。学校加大对教学管理的常规指导，推行精细化管理。不断健全各项管理制度，如教研组活动、备课组活动、教学“六认真”检查等制度，完善教学常规检查制度，求精、求细、求实，实现全方位覆盖，从各个环节指导课堂教学。

（2）组织学习培训。实施“请进来、走出去”策略，加强师资队伍建设，通过培训，开阔教师眼界，提高教师的理论水平和课改意识，提高教师组织课堂教学的能力。

（3）开展系列活动。一是把组内研讨课、师徒结对互听课、行政示范课等活动结合起来开展，努力提高课堂教学效率；二是通过各级各类公开课、评优课为教师提供课堂教学研磨与展示的平台，提高教师对课堂教学改革的勇气与底气；三是加大教育科研与课堂教学的融合力度，努力形成研究思维课堂教学的浓厚科研氛围。

（4）推进阅读计划。结合教师专业发展规划，每学期制订教师理论学习要求和读书指导计划，公布教师读书推荐目录，让教师读书成为常态化，营造书香校园。

（5）改革评价制度。以新课程标准与国家中长期教育改革和发展规划纲要为依据，不断完善符合课改要求和校情的考核评价体系，完善与工作业绩紧密联系、充分体现教师价值、有利于激发教师发展活力的激励约束机制。

（6）确保经费投入。在课堂教学改革推进过程中，学校每年投入充足的师资队伍建设专项经费，用于教师外出培训、访学研修、"青蓝工程"培养、优秀奖励等各项活动，做到专款专用，确保课堂教学改革目标的实现。

二、思维课堂教学设计整体结构图

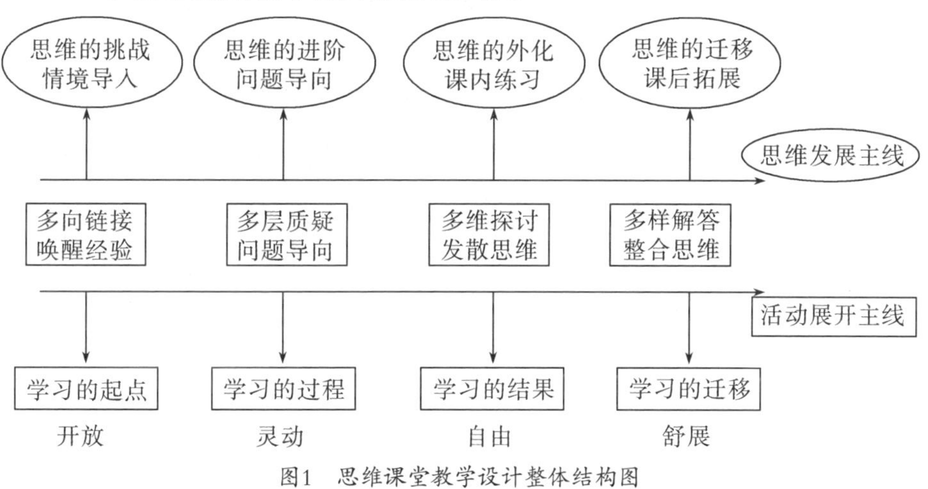

图1　思维课堂教学设计整体结构图

第三节　思维课堂的学科特色

美国著名教育心理学家斯滕伯格在《思维教学：培养聪明的学习者》一书中指出："知识对于任何一种思维来说都是必不可少的，没有知识，一个人无法思维；反之，没有思维，知识又是空洞的，没有活力的。"培养学生良好的思维品质与思维能力是课堂教学的要义。

指向思维发展的小学语文课堂是以促进学生思维发展为核心目标，以对事物结构的积极建构为思维过程的新型课堂教学形态，通过优化课前、课中、课后三个阶段的教学，更好地培养学生的学科思维能力。

一、课前：借用问题情境，引发思维冲突

问题情境是引发思维冲突、激发学习兴趣、锻炼思维能力的重要前提。教师在教材与学生求知心理之间制造一种“不协调”，激发学生质疑，把学生思维迅速地导向解决问题的关键之处。

1. 问题情境要求真实。问题情境要与现实世界联系起来，避免与思维过程无关的假情境。围绕课题自主提问，是很多教师在导入课堂学习时经常使用的教学方法。学生们问题意识强烈，七嘴八舌、各抒己见，但往往所提的问题是零碎的、杂乱的，甚至有的问题没有思维价值。这时就需要教师加以辨别与引导，帮助学生找到“真问题”，把疑问设在“点子”上。如果教师仅仅是为了体现教学的“假民主”而设置问题，这样的问题情境设置就是假情境。

2. 问题情境要生活化。问题情境应符合学生的生活经验，与日常生活密切相关，利于学生解释生活中的现象、解决实践中的问题。

统编版教材四年级下册《16 海上日出》记叙了作者乘坐机帆船在海上观看日出的情景，语言质朴而准确、生动而形象，是描写日出的经典散文。在教学中，教师可将学生在生活中看日出的情境与课文相联系，无论是在海上看日出，还是在海边看日出、在山上看日出、在高楼上看日出，都能引起与文本的共鸣。

3. 问题情境要重探究。源于真实探索过程中的问题，更能发展思维素质与探究能力。

统编版教材六年级上册《21 伯牙鼓琴》是一篇小古文，课文讲述了“高山流水遇知音”的故事，赞颂了俞伯牙与锺子期千百年来广为流传的深情厚谊。课文为何要以“高山”与“流水”为意象歌颂两人的情谊？这一问题情境具有很强的探究性。在学生充分讨论交流的基础上，教师再引出“志存高远”和“海纳百川”两个典故，丰富学生对“高山”和“流

水”的深刻领悟，文本解读有理有据、有血有肉。

二、课中：抓住核心关键，搭建思维台阶

1. 建立任务结构

(1) 关注课堂教学流程的结构化

小学语文思维课堂按照“总—分—总”式教学结构组织教学过程，提出问题、启动学习→分析问题、展开学习→迁移运用、结束学习，“以用引学”为始，“笃用深学”为中，“学以致用”为终。

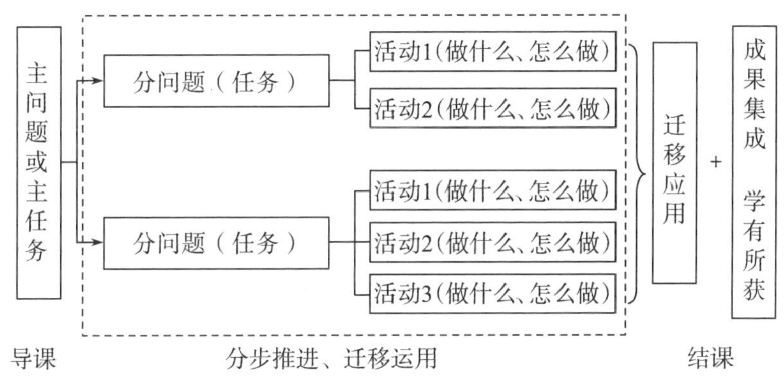

图2 小学语文思维课堂“总—分—总”式教学结构图

“总—分—总”的结构化思维课堂学习分为三个阶段：第一阶段“导课”，围绕文本内容，提出主问题或主任务，以“主问题或主任务”引领课堂教学；第二阶段“分步推进、迁移运用”，将“主问题或主任务”分解为“分问题”，通过模块化的学生活动化解教学重难点，搭建分步推进的学习支架；第三阶段“结课”，通过成果展示、知识梳理、评价反思的方式，归纳概括课堂学习成效，促进知识的迁移与思想方法的形成。

(2) 关注知识能力形成的结构化

① 关注知识前移后续，实现整体认知

长期以来，许多教师已经习惯于以“课时”为单位的备课、上课模式：备一节课，上一节课；上完一个单元，再上一个单元。这样的点状式教学行为容易导致语文整体知识和学生认知体系的割裂，难以实现语文独特的学科育人价值。在教学中，我们要用更宏观而长远的视野，从知识的

整体性出发，变点状式教学为结构化教学。

统编版教材强调语文要素在各个学段、各个单元中的有序推进，将语文要素分成了若干知识点即训练点，由浅入深，由易到难，把知识点分散到各个单元当中，是一种螺旋式的上升。以每个单元中的“口语交际”指向学生“表达能力”为例：

三年级：说清楚（说清楚看法、理由并运用合适的方法表达）

四年级：有主题，说完整（围绕话题发表自己的想法，不跑题；用卡片提示讲述内容；不遗漏主要信息）

五年级：有依据，有条理（选择恰当的材料支持自己的观点；分条讲述，按顺序讲；根据记录有条理地表达）

六年级：更丰富，更灵活（丰富故事细节；能根据听者的反应灵活地调整讲解内容）

结构化思维课堂关注知识的前移后续。教师在落实语文要素的时候，通过对前后所学知识的有效关联，实现对知识结构的整体认知。

② 关注单元整体备课，构筑全局视野

统编版教材从“单元整体”出发，每个单元按照人文主题、语文要素设置内容，双线组合、齐头并进。同一单元围绕一个比较集中的人文主题选编课文，同一主题的几篇课文之间都不是孤立的，它们围绕本单元共同的语文要素：必备的语文知识、基本的语文能力、适当的学习策略、良好的学习习惯，实现教学目标。

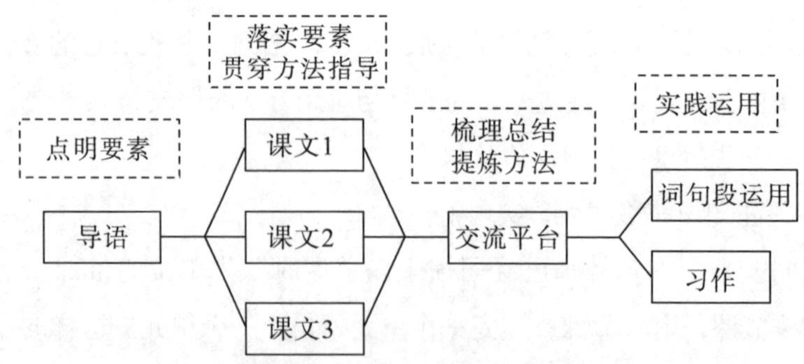

图3　统编版小学语文单元整体编写体系图

在结构化思维课堂的教学中，教师要充分认识并发现同一单元课文之间的本质联系和内在结构，以全局的视野驾驭本单元的语文要素，让学生摆脱“一叶蔽目，不见太山”的困惑，真正体会到“站得高、看得远”的学习感受。

③ 把握学生认知特点，落在合理区间

瑞士儿童心理学家皮亚杰的认知发展阶段理论将个体的认知发展分为四个阶段：感知运动阶段、前运演阶段、具体运演阶段、形式运演阶段。意大利教育学家蒙台梭利在她的著作《儿童的秘密》中强调了儿童不同阶段的关键期。基于以上教学心理学知识，教师在进行结构化教学时，必须以此为依据，找到教材、教法与学生认知结构最佳的契合点，在学生发展的“最近发展区”和“关键期”着力，让学生“加速跑”“奋力跳”“够得着”。

小学一、二年级是儿童想象力发展的“关键期”。语言发展与思维发展密不可分。对于处在具体形象思维阶段的低年级学生而言，最佳的语言训练形式不是进行句式练习，不是看图说话，而是发挥儿童大胆丰富、无拘无束的想象力，练习想象类的童话体口语表达或简单的书面表达。童话，这一特殊的儿童文学体裁，其通俗生动的语言、离奇曲折的情节、引人入胜的情境最符合这一时期儿童思维发展的特点。

（3）关注思维培养的结构化

思维课堂，以发展学生思维为主线。按学生思维发展的规律，小学语文课堂的思维培养可以提炼为四个阶段：思维挑战（前概念）、思维进阶（问题导向）、思维外化（表达运用）、思维迁移（拓展延伸）。

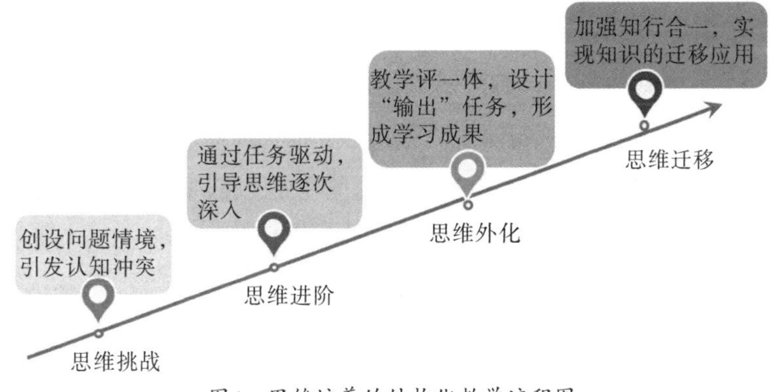

图4　思维培养的结构化教学流程图

思维挑战：学生的新知与旧知存在冲突，新旧知识的冲突可以引发学习兴趣。教学设计需充分体现前概念，通过课前导学、提问交流等方法了解学生已有的知识结构，从而把握学习起点，教在学生“学”的起点上。

思维进阶：从旧知跨越到新知，教师需为学生的学搭建台阶状的学习支架，一般以问题导向为策略。整体设计、有序递进的高质量问题，将高度关联学生的思维活动和课堂教学内容，帮助学生优化思维过程，实现与文本的深度对话。

思维外化：经历从“高质量输入”到“高质量输出”的完整学习建构过程，形成与课堂学习紧密相关的学习成果，完成由“输入”到“输出”的课堂学习流程。

思维迁移：加强知行合一，把所学迁移运用到其他语境、模拟场景、问题解决中，通过辨析、仿写、阅读等拓展学习活动，寻找学科知识的交叉点，实现知识的迁移与应用。

学生思维的发展要在学习过程中得到锻炼与提升，结构化思维课堂按学生思维发展的规律而设计，学生经由思维培养的四个阶段，逐步获得知识、形成技能、发展思维。

2. 巧用教学策略

（1）利用文本留白，激发想象思维

留白，是我国传统艺术的重要表现手法之一。在语文教学中，教师也要善于抓住作者有意或无意留出的“空白”，让学生在遐思神驰中去想象、去补充、去参与作品的再次创造。下面，试以课文《我叫“神舟号”》为例，阐述如何巧用留白。

A设计：基于现实——教师可以这样问

师：小朋友们，嫦娥姐姐说“我真想和你回家看看”，如果她真的跟着“神舟号”飞船弟弟回家了，她会看到哪些与她当初离开时不一样的场景？

【设计意图】让学生对现在的生活进行表达，描述他们看到的现有生活中的一景一物。这是一种对既有现象的客观呈现，训练的是学生的观察能力、表达能力。

B设计：指向未来——教师还可以这样问

师：小朋友们，嫦娥姐姐跟着“神舟号”飞船弟弟回家了。天上一日，地上一年。在她们回到地球时，人间又过了好几十年。想象一下，几十年过后，她与飞船弟弟回到了地球，又会看到哪些崭新的面貌？

【设计意图】两次想象说话，第一次说话指向“今天”，让学生描述今天的生活；第二次说话指向“明天”，让学生展开大胆的想象，想象几十年后的人间生活。

同样是借用文本的留白进行想象说话，B设计更具有思维的开放性，教师抓住科普童话中丰富的想象以及超越时空制约、亦虚亦实、似幻犹真的境界，鼓励学生对未定的内容进行大胆畅想。这种天马行空的幻想，对学生的思维能力，特别是想象能力的培养大有裨益。

（2）采用比较阅读，提高思维穿透力

比较阅读指把内容、形式相近或相对的两篇文章或一组文章放在一起，让学生对比着进行阅读，这样既可以开阔视野、活跃思想，又能使认识更加深刻、充分。

严监生是中国文学史上有名的吝啬鬼。这个从《儒林外史》中走出来的人物，数百年来一直被人们所笑话。他临死前的三次摇头成为“吝啬鬼”最典型的特征之一。教学时，为了透过这简单的“三次摇头”看到临死前的严监生复杂的内心活动：悲痛、绝望、焦灼、愤怒……我们就可以采取“比较阅读”的方式，将文本中的“三次摇头”与原著中的“三次摇头”进行对比阅读。

第一次摇头：

【原著】他就把头摇了两三摇。

【改编后的文本】他摇了摇头。

第二次摇头：

【原著】他把两眼睁得滴溜圆，把头又狠狠摇了几摇，越发指得紧了。

【改编后的文本】他又摇了摇头。

第三次摇头：

【原著】他听了这话，把眼闭着摇头，那手只是指着不动。

【改编后的文本】他还是摇了摇头。

名著类导读课文，编者为了降低学生阅读的难度，会在不同程度上简化原著内容。这在很大程度上削弱了原著中人物形象的魅力。引导学生将原著中的“三次摇头”与改编后文本中的“三次摇头”进行比较阅读，学生就会发现改编后的文本语言显然不能表达出当时严监生内心的焦灼、无奈与愤怒。

比较阅读作为文本解读的重要方法，为学生深入理解人物形象提供了有力的抓手，也为教师的教学提供了一个突破口，是启发学生思维的重要教学策略。

（3）设置悬念疑问，制造阅读期待

在课堂教学中，教师有意识地设置一些悬念，犹如一剂“调味剂”，会极大地激发学生的求知欲望，促使学生产生主动探究的行为。

俄罗斯作家斯克列比茨基写过一个温暖而有趣的故事——《跑进家来的松鼠》。故事讲了小松鼠在“我”家贮存冬粮、晾晒蘑菇、垫窝过冬。那么，这个故事为什么那么有趣而温暖呢？

首先，看题目：跑进家来的松鼠？生活在森林里的松鼠怎么会跑进家来？题目本身就给读者一种强烈的阅读期待。松鼠是生活在森林里的，是不可能过家庭生活的，这就让读者产生了浓厚的好奇之心。

其次，看内容：方糖的丢失、蘑菇的消失、松鼠的失踪。这三个连续出现的悬念，一层层助推着情节的发展。为了弄清楚那只可爱的小松鼠的最终下落，故事非往下读不可！有意思的是，作者在以上三个主要悬念中，又隐含了一系列的小悬念，如妈妈的帽子、哥哥的手套、奶奶的头巾哪里去了，纸包糖、小骨头等食物哪里去了，炉子后面为什么沙沙直响等。这些小悬念隐含在三个大悬念之中，读者在“探究”大悬念的同时，还会对这些小悬念产生丰富的联想。

通读整篇文本，斯克列比茨基正是将一个个大悬念与小悬念交织，紧密穿插在一起，为读者营造了一个充满悬念的世界，激发、诱使着读者不断地阅读下去，并在阅读中产生丰富的联想。

（4）探究矛盾冲突，引发思辨意识

在教学过程中，教师要善于挖掘教材中的矛盾点和争议点，引发学生的认知冲突，培养学生的思辨意识。

课文《水》，作者马朝虎饱含深情地回忆了小时候在缺水环境下人们的生活，写出了人们对水的渴望，写到了与水相关的美好记忆。文中有一个片段：炎热的夏天，母亲打开水窖，用一勺清凉之水给我们四兄弟冲凉。那种舒服与畅快给读者留下深刻印象。读罢，反复品味语言，不禁要问：明明只有一勺水，要给四兄弟冲凉，这水却能“从头顶倾注而下”，“滑过了我们的脸，像一条小溪流，顺着脖子缓缓地滑过了我们的胸和背，然后又滑过了我们的大腿和膝盖”，是怎么做到的？文本的语言前后不矛盾吗？作者这样写的目的是什么？

如果在教学时，我们对这些矛盾点进行探究，就能感受到矛盾作为一种客观的存在，给文本所带来的特有的张力。教师不仅要充分认识到矛盾存在的意义，更要引领学生探究矛盾，利用矛盾来创设问题，使阅读与思考走向深入。

（5）精心设计提问，形成“问题链”

问题是课堂的核心。如果在课堂上，教师仍是“满堂问”，或者只是提出像“三百六十五个为什么”这样的低层次问题，是不易引发学生深度思考的。只有将问题形成一条“问题链”，才能达到从多角度、多层次、多方面深化课堂教学的目的。

“问题链”不是简单的几个问题的组合，它指在一定的学习范围和主题之内，教师围绕一定目标或某一个中心问题，按照一定的逻辑结构精心设计的一组问题。

课文《祖父的园子》，作家萧红回忆童年时跟随着祖父在园子里“劳作”与玩耍的自由自在的生活，表达了对童年生活的回念与对祖父的深情回忆。

在教学中，我们可以设计这样三个环环相扣的问题：为什么萧红眼中的园子是自由的？因为萧红是自由的。为什么萧红是自由的？因为祖父的爱给她的生命带来了自由。祖父是个怎样的人，在她的童年生活中起到了怎样的作用？引读《呼兰河传》的结尾，让学生感悟到“祖父”这个频频出现的词语，背后是萧红对祖父的深情怀念，由此引导学生去阅读名著《呼兰河传》，品读萧红充满酸甜苦辣的童年，教学戛然而止。这样三个环环相扣的问题，呈现出“剥笋式”解构，让文本教学层层深入，学生在一次次阅读期待中逐渐走向文本的内核。

（6）寻找教材疏漏，发展批判意识

批判就是对信息的质疑或反驳，它是一种在认知过程中发现问题的思维活动。在批判性思维训练中，教师应要求学生不拘于书本，敢于质疑。

① 敢于对权威说“不”

全国著名特级教师孙双金曾提出“老师，请站直了教书”。他希望所有语文教师都能真正地挺直了腰板教书，体现独立人格、思想自由、自我尊严、教学成熟。但是“唯教材”“唯教参”还是当下很多教师难以摆脱的约束。诚然，教材、教参是凝聚了众多编者、专家智慧的结晶，但如果把教材、教参“顶礼膜拜”到两眼一抹黑、盲目跟从的程度，那就是精神上的跪拜。

叶圣陶先生早就说过：教材无非是个例子，供教师教学举例而已。如果我们的教师能站着平视教材、对话教材、利用教材、做教材的主人，那就真正达到“站直了教书”的境界了。

② 敢于给教材“纠错”

在教学课文《卢沟桥烽火》时，有学生向我质疑：老师，课文中的插图不对啊！在卢沟桥事变中，最先抵抗日军的是国民党军队，但插图人物是八路军。这不是“风马牛不相及”的事嘛！

如果我们仔细考证，就会发现教材中类似于“穿越”的例子还有很多。假若教师都能带着批判的眼光阅读教材，敢于带领学生给教材“纠错”，成为错误假定的发现者与修正者，那么广大教师离教学思想之独立也就不远了。

（7）运用可视化板书，建构知识体系

美国教育心理学家、认知心理学家布鲁纳认为：只有结构性的内容才能使学生理解，并在学习后期保持不容易遗忘。真正有意义的学习不在于花了多少时间死记硬背，不在于做了多少重复机械的试题，而在于对知识结构的自主构建和深化理解。在学生整理知识提纲时，要鼓励学生尽量以表格、知识树、括号图等形式加以呈现，借助"图像记忆"独特的优势，帮助学生建构知识体系。

表格式：

三年级下册《20 美丽的小兴安岭》	
季节	描绘的景色
春	树木、积雪、小溪、小鹿
夏	树木、晨雾、太阳、野花
秋	树木、山葡萄、榛子、蘑菇、木耳、名贵药材
冬	树木、雪花、紫貂、黑熊、松鼠

知识树：

图5　四年级上册第二单元知识梳理

图文式：

图6　五年级上册习作《“漫画”老师》

括号图：

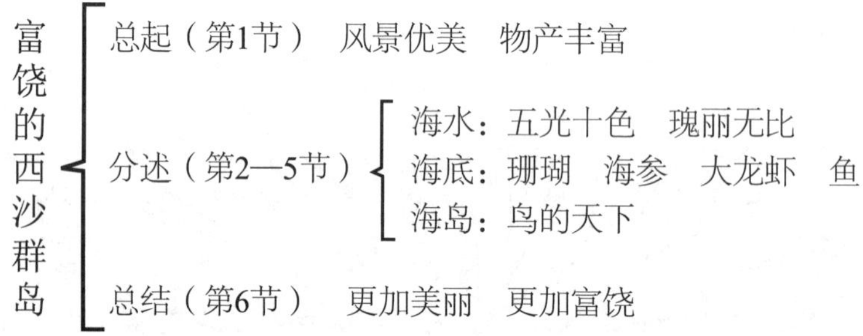

三、课后：关注表达运用，实现思维迁移

学生自主学习能力的提高有赖于迁移运用。衡量语文学习成效，不是看“积累”了多少好词好句，不是看“理解”了多少语法规则，而是应该看学生是否能够熟练地“运用”语言。小学语文结构化思维课堂，要和“内容分析式”的阅读教学说再见，促进语文知识的迁移和内化，这正是知识结构化的过程。

1. 复述，指向归纳思维培养

统编版小学语文教材重视学生复述能力的养成。复述并非让学生把文本内容原封不动地背诵，而是让学生在已有知识的基础上对语言材料吸收存储、判断整理、内化表达。依据儿童语言能力发展特点，统编版小学语文教材循序渐进地安排复述能力的训练：

二年级借助图片、表格讲故事；

三年级了解故事主要内容详细复述；

四年级抓住课文主要内容简要复述；

五年级使用一定的方法创造性复述。

分年段推进的复述训练体现了养成目标的层次性、连续性和发展性。在进行此类变式练习时，教师应当严格按照教科书安排的目标水平进行教学和评价学习成果，在提升学生语文能力的基础上，培养学生的归纳思维。

2. 补白，指向发散思维培养

统编版小学语文教材在选篇上强调经典性、文质兼美和适宜教学，教材选入了众多名家名篇。在这些独具匠心的作品中，有许多的地方留下了“空白”。在课堂教学中，教师要善于抓住这些“空白”，适时“补白”，发展学生的发散思维。

在《卖火柴的小女孩》中，想象可怜的小女孩与奶奶相遇后的情景；在《穷人》中，想象桑娜在丈夫回来后的不满表现；在《掌声》中，想象当英子走下讲台后同学们的所思所想……这样的“补白”，激活了学生的内心世界，让学生与文本情感点产生共鸣，更是课堂上随文练笔的好时机。

3. 续写，指向创新思维培养

课文内容仅仅是一个例子，教师应该在文本学习与语用练习之间建立一条有效的学习、模仿路径，让学生感受到语文课是一种精神漫游，是好玩的，是有趣的。续写，给学生的思维发展与语言运用带来了更大的创造空间。

学完《植物妈妈有办法》，引导学生试着也用诗行的形式写写其他植物的传播方式；学完《狐假虎威》，让学生以《狐狸和老虎又相遇了》为题续编故事；学完《谁的本领大》，引导学生思考：除了风和太阳要比本领，谁和谁也会比本领？

4. 类比，指向知识体系丰厚

类比思维运用最多的一个方式便是“举一反三”，用已有的知识去类比和认识新的知识，知识体系就能不断建立和丰富，所谓融会贯通的秘密也在于此。

在习题的设计中，我们要注重引导学生立体式思考、发散式思维，培养学生一题多解、一题多问、一题多变的能力，诸如迁移思维、类比思维、等效思维、发散思维等，都是培养创造性思维的主要途径。抓住知识点、方法间的渗透与迁移，在知识的教学和学生的学习过程中，从一个“点”发散，将诸多碎片化的知识连接起来，串联出一条通道，这就是知识间建立相互联系的过程，也是学生的思维走向深刻的过程。

培养学生良好的思维品质和思维能力是课堂教学的要义。思维课堂强调：课前，通过对教学内容的选择，在文本解读中拓宽认知的宽度；课中，巧用教学策略，在教学建构中提高思考的深度；课后，通过教学实践，在迁移运用中提升拓展的力度，由此实现在教学中培养学生的学科思维能力。

第二章
思维课堂的砥砺前行

第一节　思维课堂的设计要领

一、教学目标的定位

教学目标指的是教师在一项课堂教学活动中所达到的一种预期教育结果或教学标准。课堂上，学生思维能力的发展是依托教学目标的达成而实现的。近几十年来，语文教学目标从强调语文基础知识学习、基本技能训练的“双基”，到知识与能力、过程与方法、情感态度与价值观的“三维目标”，再到我们目前所倡导的核心素养。可以看出，教学目标的趋势是趋向全面的、深度的，并且需要思维张力的。

1. 纵向联系，横向分析，按照教材关联定位单元目标

《义务教育语文课程标准（2022年版）》明确指出语文课程总目标与学段要求，从“识字与写字”“阅读与鉴赏”“表达与交流”“梳理与探究”四个主要方面提出具体要求，加强学校语文课程内部诸多重要方面的紧密联系，加强与其他课程以及语文生活的紧密联系，促进学生语文素养全面协调同步发展。

统编版教材一个最明显的特点就是双线组元，每个单元都包括两条线索：人文主题、语文要素。在人文主题方面，每个单元的选文都围绕一个

比较宽泛的人文主题进行选编。在语文要素方面，每个单元都包括必备的语文知识、基本的语文能力、适当的学习策略、良好的学习习惯。

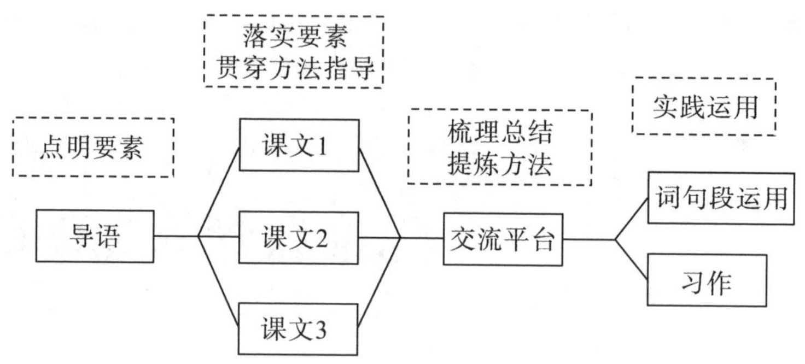

图1　统编版小学语文教材单元框架图

我们在制订设置一个单元的语文课程教学目标时，可以按照每个单元的人文主题和语文要素，根据学生学习年龄的不同和接受知识能力的不同，设置具有连续性的单元教学目标，以有效培养学生的语文学习综合能力。

2. 重点明确，层次分明，逐层递进明确不同课时目标

语文课文有详有略，有长有短，有难有易。因此，我们不能要求学生在一个课时中就去完成一篇课文的教学目标。不同课时的教学目标之间要形成关联，且层层深入，共同助推学生语文素养的形成。

以统编版教材四年级下册“习作单元”为例，本单元的语文要素是“了解课文按一定顺序写景物的方法”。编者安排了精读课文《海上日出》和《记金华的双龙洞》，习作例文《颐和园》和《七月的天山》等五个板块的内容。下面以此为例，具体剖析一个单元如何制订层次分明、逐层递进的课时目标，以此夯实语言训练。

第一层次：初步感知。《海上日出》和《记金华的双龙洞》是本单元的两篇精读课文。两篇课文分别从太阳变化的顺序和游览的顺序，介绍了海上日出的特点和双龙洞的特点。尽管两篇课文描写对象不同，但都围绕着本单元的语文要素“按照一定的顺序写景物”而展开文本。在教学时，就要紧紧落实这一语文要素。

第二层次：随文练笔。要注重发挥本单元“读写结合”的教学优势，

引导学生从关注“写什么”转向“怎么写”，实现读写迁移。在《海上日出》的学习中，设计随文练笔“抓住一到两处景物在暴雨来临前后的变化，写出它们的特点”；在《记金华的双龙洞》的学习中，设计随文练笔“写自己印象深刻的一个景点”。在这些短小的片段训练中，学生借助已有的语言形式进行简单的随文练笔，让文本经典的言语结构得到迁移和内化。

第三层次：针对训练。“初试身手”给了学生练笔的机会，它结合本单元“按照一定的顺序写景物”这一语文要素，让学生画植物园的参观路线，观察附近的一处景物，按一定顺序写下来。通过这两项练习，学生初步掌握了按照顺序写景物的基本方法，为接下来的单元习作做好准备。

第四层次：综合训练。这是基于前几项学习的一个综合练习环节，给了学生更加宽广、更加自由的表达平台。单元习作“游______”，是一个半命题的作文，学生可以根据自己的生活经历，选择印象最深的一个地方，按照游览的顺序写下来。综合训练既巩固强化了习作方法，又能让每个学生自由表达。

二、思维问题的设置

问题是思维的开始，讨论是思维的交锋。在指向学生思维发展的小学语文课堂教学中，教师对于问题的设置显得格外重要。教师要能够设置开放、有思维含量的问题驱动学生学习，引起学生探求知识的欲望，促进学生深度思维的发展。

1. 问题的设置要精要

在语文课堂教学中，教师的提问不能过于冗长烦琐，要做到精简概要。问题若是过于冗长烦琐，不仅会影响学生对问题重点的把握，也会影响整个教学的进度。问题变得精要了，学生才能快速地知道问题的重点，从而抓住重点开始思考问题，避免浪费过多的时间。

2. 问题的设置要有效

有效提问要求教师能够分析文本，围绕文本创设问题情境，有针对性地提出一些能够促进学生深度思考、指向语文素养发展的问题。教师提出的问题要符合学生现有的知识水平，既不可以过高，也不可以过低。只有有效的问题，才能促进学生深度思维的发展。

其中，“问题链”是一个行之有效的方法。

“问题链”不是简单的几个问题的组合，它指在一定的学习范围和主题之内，教师围绕一定目标或某一个中心问题，按照一定的逻辑结构精心设计的一组问题。这些问题如同一根链条，将教学各环节紧紧连接起来，使课堂形成一个目标明确、逻辑清晰的整体。

统编版五年级下册《祖父的园子》一文中，中国近现代女作家萧红用富有诗意的语言描绘了祖父的园子。祖父的园子是一幅明丽的、漂亮的、富有童话色彩的画，画里有树、有花、有菜、有庄稼、有蜻蜓、有蝴蝶、有蚂蚱、有小鸟、有风、有雨，还有太阳的光芒、云朵的影子，这是作者童年的乐园。这里一切都是欣欣然的，充满了生命的气息。课文重点写了作者在园中自由自在的童年生活，如跟着祖父在园中栽花、拔草、种白菜、铲地、浇水等。如何理解文中“自由的景”“自由的人”以及祖父给予萧红的爱？

我们可以设计一组“问题链”：

（1）为什么萧红眼中的园子是自由的？（因为萧红是自由的）

（2）为什么萧红是自由的？（因为祖父给了她大爱）

（3）祖父对萧红来说意味着什么？

教师在学生解疑时，要一步步地引导学生，让他们在理解文本的基础上进一步升华，体会到文本文字的深刻意蕴。在一步步的质疑与解疑中，学生构建了自主阅读的模式，同时学生学习的积极性被激起了，思想的火花便在课堂上迸发，从而增强了学习的自信心与主动性。

3. 问题的设置要开放

开放的问题，答案不局限于唯一性，能展现每个学生作为生命个体对问题的思考。如果学生的思维始终处于一种兴奋积极的状态，以一种主动的态度去快乐地质疑、解疑，从而不再被动地接受知识，而是主动地探索知识，那么离真正的有意义的学习也就不远了。教师在思考如何设置问题时，要把问题的开放性、能否有思维碰撞作为重要的考虑因素之一。有了思维的碰撞，自主学习能力得到了相应的锻炼，学生便能在一次次的思辨过程中由量变向质变发展，从而有效地积累学习的方式方法，形成语文素养。

三、学习活动的类型

指向学生思维发展的小学语文课堂教学注重学生知识学习过程中的思维训练，这便对教学环节中的学习活动设计提出了更高层次的要求，要求摒弃传统课堂烦琐的内容分析与讲解，在情境教学的基础上，灵活运用思维导图、问题链、音频、图像、学习单、作业单、微课等多种形式的思维活动来锻炼学生思维，帮助学生养成良好的思维习惯，铸就高效课堂。本章节就思维导图设计、音视频运用、小组合作学习单这三种不同类型的学习活动在小学语文课堂中的使用进行重点分析。

1. 运用思维导图，培养逻辑思维能力

教师运用思维导图来激发学生思维，通过分支、线条锻炼发散性思维，引导学生由低层次思考向高层次思考递进，在多层次的问题碰撞中引发认知冲突，最后在问题梳理、反思、归纳中明晰解决问题的结构框架。

思维导图在不同文体的阅读教学中，有不同的用处：运用思维导图来讲授记叙文，文章的叙述顺序、事情发展的起因、经过、结果都可以得到鲜明展现；在古诗文讲解中引入思维导图，能大大降低学生对文本的理解难度，提高学生对信息的分析、判断、筛选、创造能力；在说明文的教学中，思维导图能将文本的语言风格、说明方法一目了然地揭示出来。

小学语文思维课堂，不是教师生硬地将一篇课文的思路讲给学生听，每一课的思维导图都是一次独一无二的创造，是师生的共同创造。教师要引导学生围绕文本的核心问题，将文章内容抽丝剥茧，有主题、有主次、有层次地将一篇课文的结构剖析出来，形成系统的结构化思维。思维导图对于学生提取关键信息、删除冗杂信息以及培养学生的逻辑思维能力，具有不可替代的作用。

2. 运用音视频，创设体验式情境

随着社会的发展，我们已经进入一个信息化的时代，多媒体已经被广泛运用于教学领域。将多媒体辅助教学手段运用于小学语文思维课堂，可以把课本中抽象、线性的语言文字转化为生动、直观的图像，利用音视频的视听优势和优化作用，为学生创设一个视听式体验情境，从而对提高学生思维能力产生良好的作用。

运用图像创设视觉体验式情境。进入图文时代，图像技术的日益发展为教育教学提供了新的学习支架，图片、视频、动画等生动直观的图像表征不仅能提升语文学习的趣味性，更有利于激发学生的想象力与创造力。比如在一年级语文象形字的识字教学中，运用生动有趣的文字演变动画，可以在学生头脑中留下深刻印象，同时还能引发学生联想，联系生活实际图景将所学之字与生活紧密相连。但是，教师在利用图像创设情境、激发学生思维的同时，应把握适度原则，图像的滥用会扰乱学生的思维，给学生带来视觉污染。因此，合理选择图像，在课堂教学中将图像教学与语言教学有机融合而不是简单机械的结合，注重语图互文，图像与文字和谐共生，从而产生“一加一大于二”的效果。

运用音乐创设听觉体验式情境。《乐记》中说：“凡音者，生人心者也。情动于中，故形于声，声成文谓之音。”也就是说，音乐不仅是人之心灵的反映，也影响着人的情感、意志和品德。歌曲旋律有助于调节学生的情绪，促进他们在课堂上保持积极向上的心态和活跃的思维状态。比如，在感悟爱国情怀时，播放《保卫黄河》有助于激发学生的民族自豪感；在讲解实现人生价值主题的文章时，播放《相信自己》有助于激发学生战胜困难的决心……除此之外，配乐朗读课文、配乐诵读文本都是较好的促进学生情感抒发、提高朗读技巧的方法。

3. 运用小组合作学习单，注重差异化学习

小学语文的教学并不在于简单的知识积累，而是在于指导学生掌握学习的方法和技巧。在一堂高效的语文课中，一份能从学生特点、教材重点

出发设计的学习单显得尤为重要。一般而言，每一个学习小组都存在学生学习能力有差异的情况，因此，教师在设计小组合作学习单时，可以从小组合作探究方面，设计能够激发不同学生强势智慧的学习单。

例如，在教学统编版三年级上册《海滨小城》时，通过第一课时的学习，学生已经了解课文从海滨小城的沙滩、庭院、公园、街道等方面描写了海滨小城美丽又整洁的特点。在第二课时的学习中，我们可以基于学生的学习情况和文本内容，设计小组合作学习单，展现不同学生对文本内容的理解：

（1）请联系课文内容，向同学、家人介绍海滨小城。

（2）如果让你介绍自己的家乡，你最想突出它的什么特点？各小组成员们，请发挥你们的优势，可以运用作文、绘画、讲述、音视频等形式来展现。

在这份学习单中，各小组内每一位同学都可以发挥自己的特长，如有的同学擅长写作、有的同学擅长绘画、有的同学擅长演讲、有的同学擅长归纳总结等。尽管小组内成员的学习能力有差异，但在这份学习单中，通过引导学生主动合作，积极交流探讨，引发思维的碰撞，每位成员的优势都能得以展现。

总之，教师在设计语文学习单时，应将重点放在学生的“学”上，用学习单促进学生的主动学习，激发学生的思维。

四、有效作业的设计

设置行之有效的作业是拓展学生思维的重要途径。2021年秋季学期是中小学全面落实“双减”政策的第一个学期，社会各界都在广泛关注学校如何牵住“作业设计”这个牛鼻子，标本兼治，让“双减”政策真正落地。我们更关心的是，作业不仅要减负增效，巩固学生课堂所学知识，更要使学生走出思维定式，进行有意义的再创造。

如何让作业设计提质增效，促进学生思维发展？我们用“四问四答”来分析通过作业减负增效的原因。

一问“是什么”，解决“想清楚”的问题。

《关于进一步减轻义务教育阶段学生作业负担和校外培训负担的意见》（简称“双减”政策）是党中央站在实现中华民族伟大复兴的战略高度，从体制机制入手深化改革，落实立德树人根本任务，促进学生全面发展和健康成长的一项重大举措。“双减”落地，势在必行！

二问“为什么”，解决“提认识”的问题。

“双减”，重点不在“减”，而在于背后的“增”！“双减”减少了教育的严重内耗，却增加了对教育本质的关注；“双减”减少了学生校内外的学业负担，却增强了对学习内驱力与学习力培养的迫切要求。

三问“怎么办”，解决“优策略”的问题。

对照“双减”政策寻策略，“作业设计”是重要一环。作业要彰显育人导向、明确学习功能、把控完成时间、提升作业质量、丰富作业类型、体现个体差异等，这些都是在优化作业设计策略时需要重点考虑的。

四问“怎么样”，解决“要效果”的问题。

加强监测、评价，是通向有效教学的“最后一公里”。我们需要不断关注学校作业管理实施过程，及时调整工作策略，保证减负保质、减负提质的基本效果。

每一个问题和疑惑背后都是宝贵的财富，让我们在解惑中更加接近教育的本质。“双减”落地，科学有效的作业设计可以从以下几方面系统建构。

首先，成立作业设计团队，在提质上下功夫。

学校以备课组为单位，成立学科作业设计团队，开展指向学科核心素养的模块化作业设计整体研究。通过组建团队、开展专题研修活动等形式，提升教研团队、骨干教师的作业设计能力，以一个骨干教师带领一个团队，一个团队带动整个年级的发展。

尤其对“小体量”的农村小学来说，更要实现“大融合”。由于平行班少，教师“孤军奋战”多。教师团队建设不仅仅局限于本年级，还可以形成跨学段、跨学科的学科学习共同体，组建团队合作的学习型组织，提升教师的学科大局意识与专业能力。

其次，变革课堂教学方式，在增效上想对策。

“双减”能“减”下去，关键是课堂教学质量能“增”上来！

高质量的课堂，要以学生为主体，以生为本。大部分课堂时间是学生在研究、探讨、合作交流或是自主学习，才能最大限度地提高教学的效率。

高质量的课堂，要有丰富的实践活动，强调动手动脑。思维能力是学生进行学习的核心能力，而创新是思维发展的高效成果。“由行动而发生思想，由思想产生新的价值。”所以“行”就是“创”产生意义的开始。在行中求知的过程就是获得知识，为创造打下基础的过程。对问题的思考如果缺少本身实践的经验，将变得空泛且无所依托。所以在课堂学习活动中，学习的实践性必不可缺，要将动手动脑相结合。

高质量的课堂，要强调及时反思，注重知识的迁移。反思不是简单地回顾，而是寻找学科知识的交叉点，总结、理解、概括思路，形成知识的迁移。

课堂是教学的主阵地，高质量的课堂是“双减”之基。

再次，建立家校合作关系，在控时上做文章。

教育问题从来不只来自教育领域，很多问题都是社会问题在教育领域的折射。“双减”要落地，作业要减负，需要学校与家长形成合力，达成共识，并且在行动上保持高度一致。

学校可以组织家长座谈会、家长半日开放活动等，通过座谈交流、访谈问答、专题报告的形式提升家长的育儿意识与育儿能力，让他们认识到：学习成绩的提升不单单靠做题的多少，培养孩子的思维品质远比刷题更重要！家庭教育具有个性化，家长可以在德育、劳动教育、情感教育中发挥家庭教育的优势，让孩子更多参与探究性作业、实践性作业、综合性作业，促进学生全面健康成长。

“双减”之下，作业少了，质量不能低；时间短了，效果不能降。

“处处是创造之地，天天是创造之时，人人是创造之人。”学生若能在开放多元的作业中迸发出别样的思维火花，在思维的碰撞与摩擦中引发出独特的创造力，那么“作业设计”这个牛鼻子就能在这场最大力度、最广范围、最深影响的“减负”战役中发挥最为重要的作用。

第二节　思维课堂的思维导图

一、思维导图概述

早在1781年，“图式”概念由康德首次创造性地提出来。他认为，“图式”就是学习者以往习得的知识的结构。之后，关于“图式”的研究不断深入，不断变化，不同的学者提出了不同的看法。

美国教育心理学家、认知心理学家布鲁纳认为：只有具备结构性的内容才能使学生理解，并在学习后期保持不容易遗忘。真正有意义的学习不在于花了多少时间死记硬背，不在于做了多少重复机械的试题，而在于对知识结构的自主构建和深化理解。

思维导图是思维、学习、管理的思维工具。它通过图形、网状结构、关键字词或者图片将知识进行归整，实现组织化和系统化，隶属关系和层级关系被清晰地展示出来，从而建立起了相关记忆链接。在指向学生思维发展的小学语文课堂学习中，思维导图是使用最多的学习工具。我们鼓励学生尽量以表格、知识树、括号图等形式呈现学习成果，借助“图像记忆”独特的优势，帮助学生建构知识体系。

思维导图可以用于以下内容的学习中。

1. 梳理课文内容

用思维导图引导学生将所学课文的作者、创作背景、主要内容、关键字词句和延伸的知识画出来。

以《爬天都峰》为例。《爬天都峰》是统编版小学语文四年级上册第五单元中的一篇精读课文。课文描写了在暑假里，“我”和爸爸去爬天都峰，路遇一位素不相识的老爷爷，“我们”互相鼓励，克服山高路陡的困难，一起爬上天都峰的事情。课文向人们揭示了在困难面前，有时要善于互相学习，从别人的身上汲取力量，共同进步的道理。课文叙述层次清晰，按照爬山前、爬山中和爬上峰顶后的顺序，把爬天都峰的起因、经过、结果交代得清楚明了。我们可以设计如下的思维导图，揭示课文主要内容。

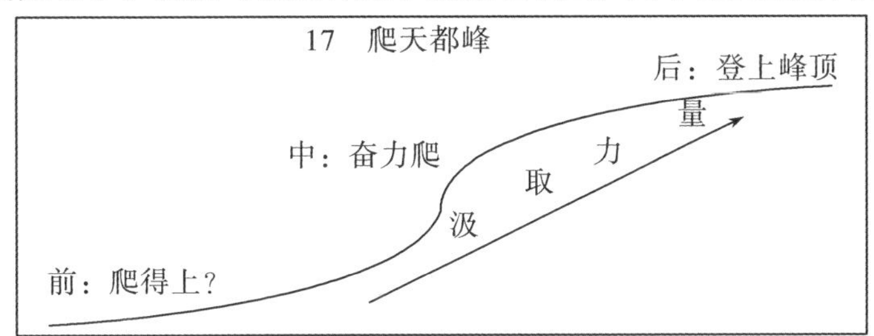

2. 指导生字教学

在低年级语文教学中，生字的教学往往是教师所头疼的，也是教学的重难点。许多字如果换个偏旁便是截然不同的意思，可以组成不同的词语，因此许多学生容易把一些形近字混淆。这个时候，如果恰当地运用思维导图，既能够丰富学生的识字方法，又能让枯燥无味的生字教学环节变得有趣起来，提高课堂教学效率。

3. 搭建习作框架

作文教学是语文教学的重要内容，也是语文教学的难点。学生的困难往往在于拿起笔来无话可写，或者脑子里有一堆想法但是不知道从哪儿开始写起。在教学习作时，可以让学生以思维导图的形式打好作文草稿，确定好文章思路，再开始写作。有了思维导图的帮助，作文的主要思路、人物刻画方法、典型事例的选取都一目了然地展现在眼前，写作的时候有所依据，学生写作起来就容易多了。

4. 单元知识总结

反思是促进思维能力提升的有效方法。反思不是简单地回顾，而是寻找学科知识的交叉点，总结、理解、概括思路，形成知识的迁移。在学完一个单元之后，对本单元的知识、方法进行反思性总结，通过反思沟通新旧知识的联系，挖掘知识之间的内在联系，促进知识的同化和迁移。但是，在复习阶段，过多的内容和章节往往让学生产生混乱的感觉，记忆起来更是十分耗时耗力。采用思维导图的方式就可以大大提高学习效率，思维导图的知识网络结构使知识更加系统化，有利于大脑更加准确清晰地提取相关重要信息，大大节约了学生的学习时间。

5. 古诗词学习

古诗词是中华文化的灿烂瑰宝与精髓。随着对中华优秀传统文化的大力弘扬，古诗词在教材中的比重不断增加。在传统的古诗词教学中，因为理解起来有难度，学生不求甚解、死记硬背、囫囵吞枣的现象较多。教师利用思维导图的特性，以思维导图为展现形式，用图像记忆的方法，引导学生绘制古诗词思维导图，则是突破以往学习弊端的一个好方法。学生在绘制过程中，利用大脑对图形记忆更持久的优势，回忆古诗词思维导图，学背古诗词就会既容易又记得牢。

以统编版小学语文二年级下册第六单元《15 古诗二首 绝句》为例。根据古诗的主要内容，我们可以绘制如下的思维导图：学生将四句古诗想象成四幅画面，把每幅画面中的主要景物都画出来，并且在旁边标上关键词，图文互补，相互映衬。学生借助这样的思维导图就能很快地记忆、理解古诗的内容，降低了古诗词学习的难度。

二、思维导图案例

1. 课文内容梳理的思维导图

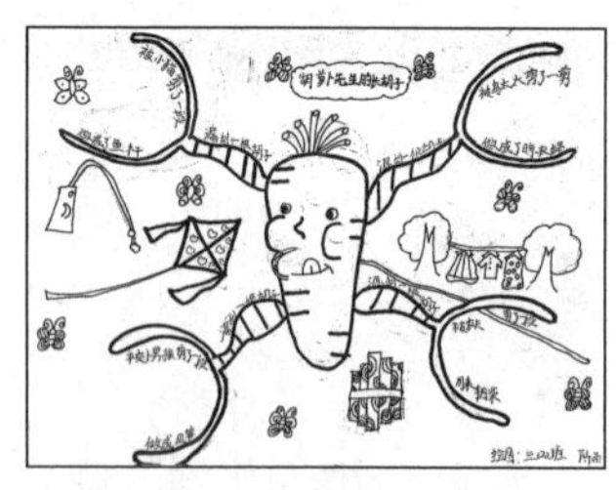

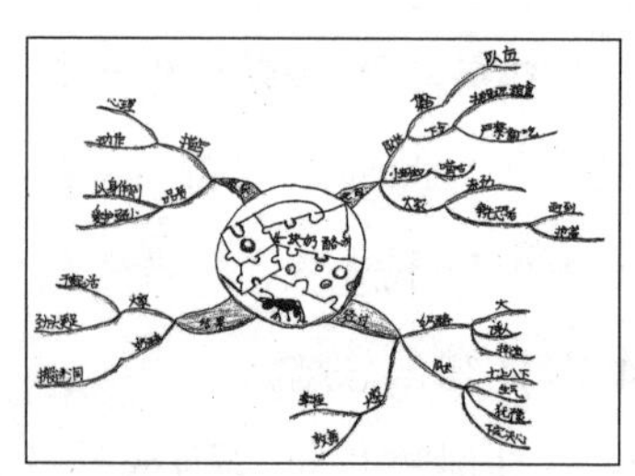

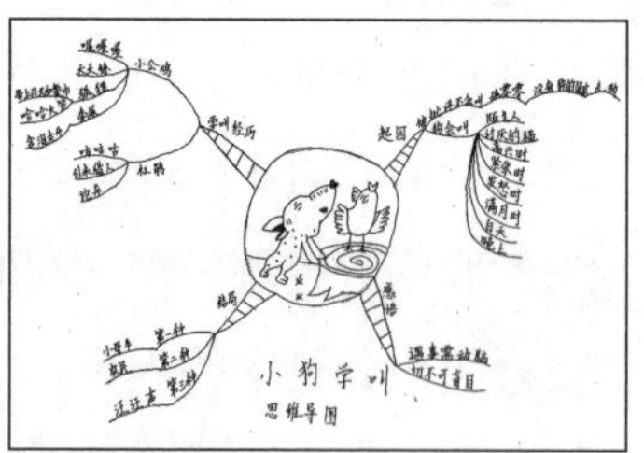

2. 生字词学习的思维导图

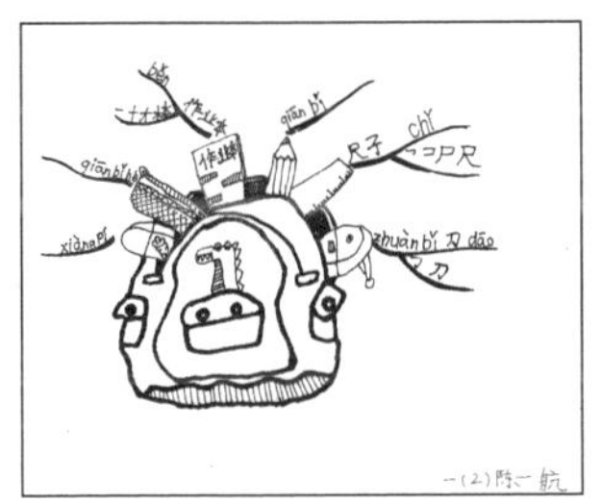

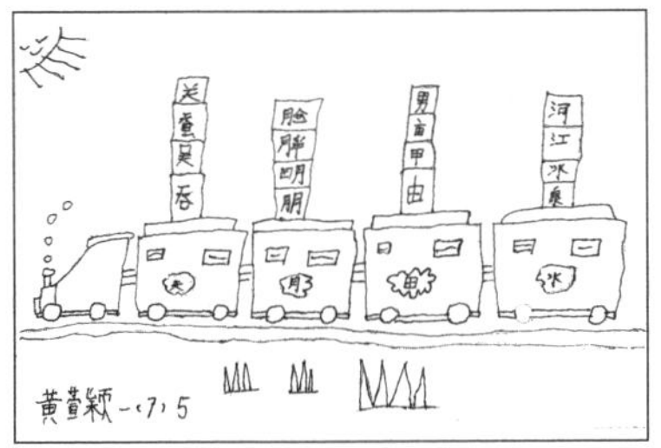

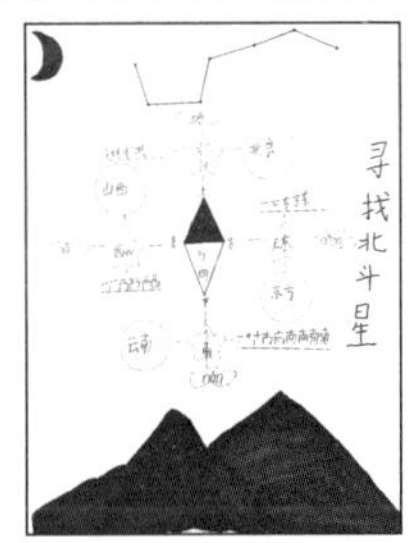

3. 搭建习作框架的思维导图

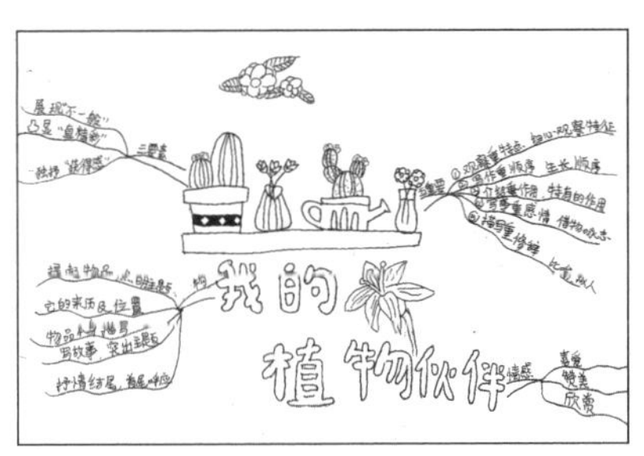

4. 单元知识总结的思维导图

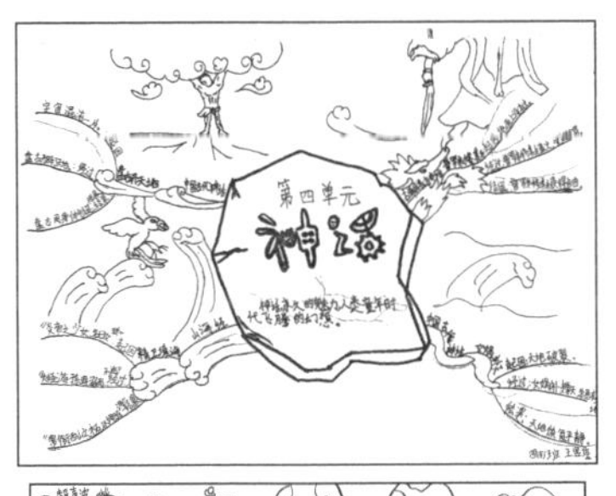

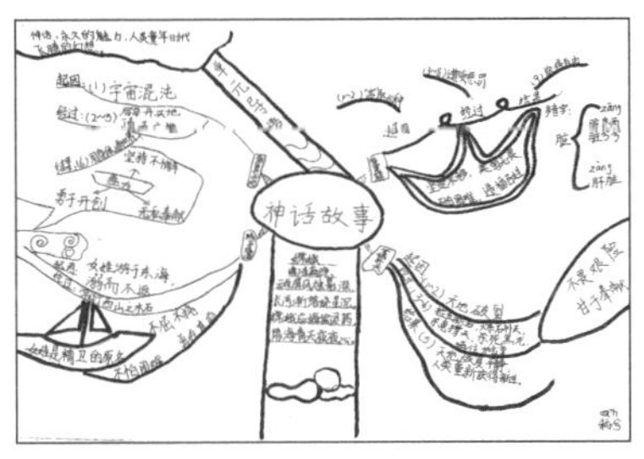

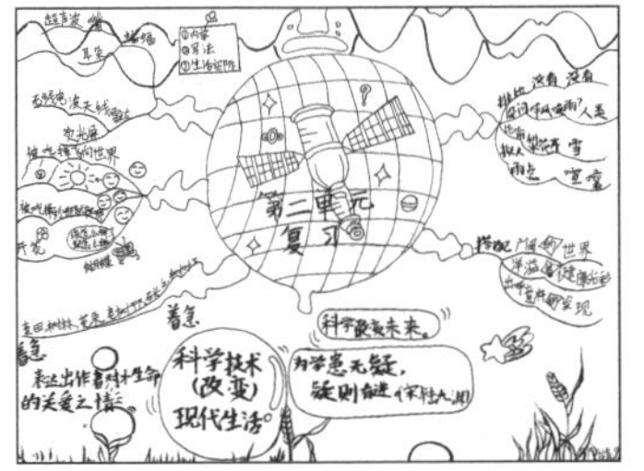

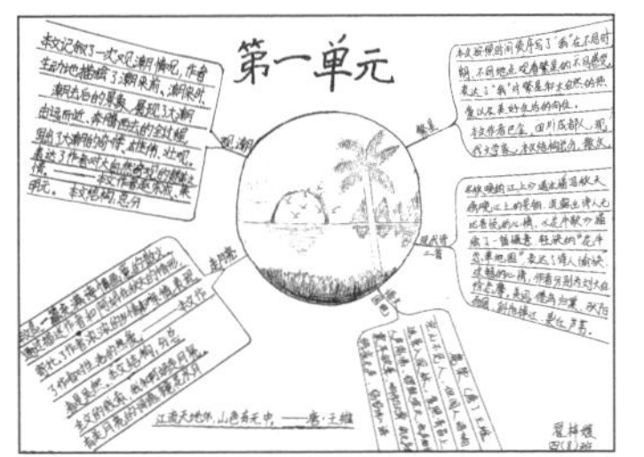

5. 古诗词学习的思维导图

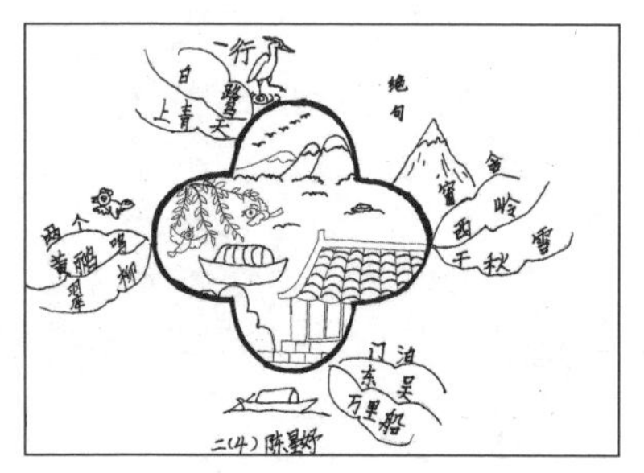

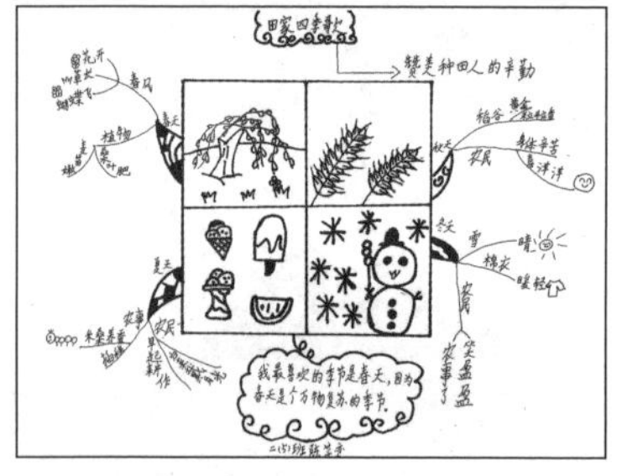

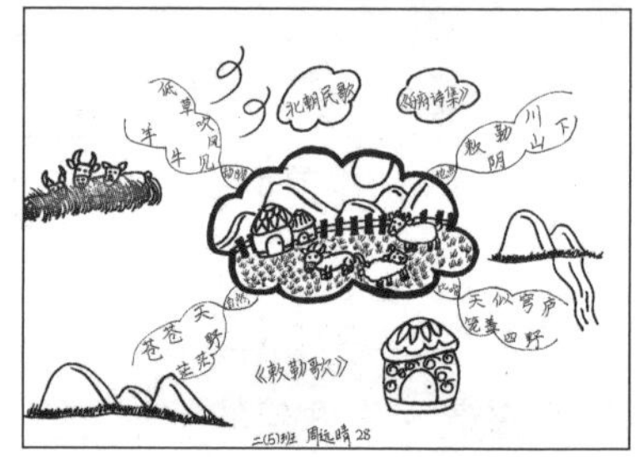

6. 整本书阅读的思维导图

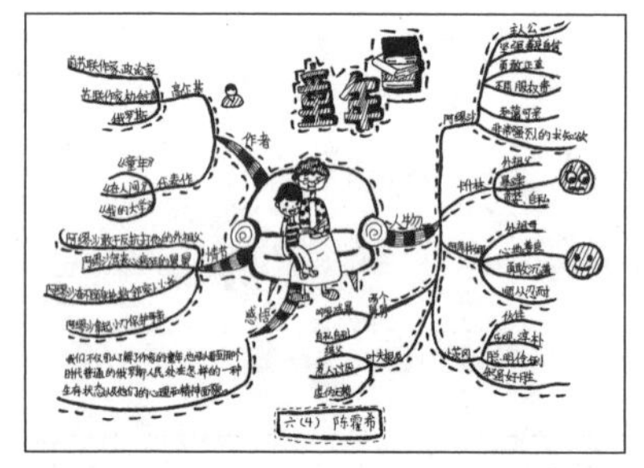

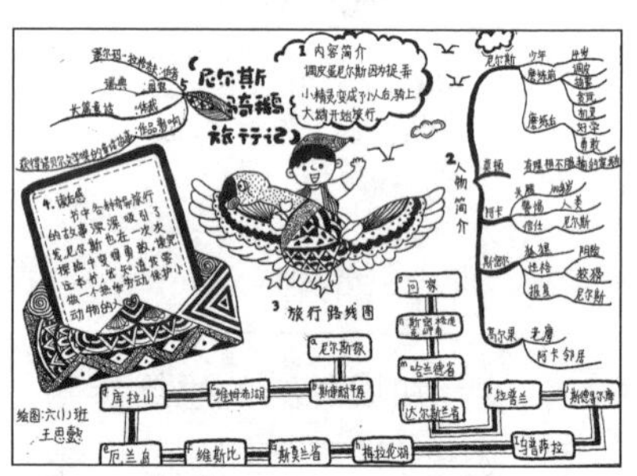

第三节　思维课堂的课堂观察

一、课堂观察量规的制定

课堂观察是当前课堂研究中广泛使用的一种研究方法。课堂观察就是指听课者带着明确的目的，凭借自身感官以及有关辅助工具，直接或间接从课堂情境中收集资料，并依据资料做相应研究的一种教育科学研究方法。

课堂观察不是传统的听评课。在传统的听评课活动中，很多时候教师带着一张“听课纸”进入课堂。一节课下来，一张“听课纸”是记满了，但头脑中的印象未必清楚。

与传统的“听课”不同，课堂观察需要凭借一定的辅助工具，并依据资料做相应的科学分析。课堂观察的方法有叙事式报告、量表、记码系统等。指向学生思维发展的小学语文课堂教学借助《观课笔记》，从教师的板书设计、学生座位表、教学内容与时间分配、师生关系、资源使用五大方面进行全方位、全过程的课堂观察。《观课笔记》的设计如下表所示。

<table>
<tr><td colspan="8">观课笔记　　　　日期：　　年　月　日</td></tr>
<tr><td colspan="8">课题______　学科______　执教者______　学校______　班级______　节次______</td></tr>
<tr><td colspan="8">板书：</td></tr>
<tr><td>1</td><td>2</td><td>3</td><td>4</td><td>5</td><td>6</td><td>7</td><td>8</td></tr>
<tr><td>2</td><td></td><td></td><td></td><td></td><td></td><td></td><td></td></tr>
<tr><td>3</td><td></td><td></td><td></td><td></td><td></td><td></td><td></td></tr>
<tr><td>4</td><td></td><td></td><td></td><td></td><td></td><td></td><td></td></tr>
<tr><td>5</td><td></td><td></td><td></td><td></td><td></td><td></td><td></td></tr>
<tr><td>6</td><td></td><td></td><td></td><td></td><td></td><td></td><td></td></tr>
<tr><td>关于提问</td><td colspan="7">1.（时间S）把握时机、用好等待　2.（内容N）突出冲突和关键之处
3.（方式F）采用对比和追踪方式　4.（目标M）达到启发与探究的目标</td></tr>
</table>

教学环节	教学内容	时间分配	教学方式（包括讲授、实验、师生活动、示范、演示课件等）	学生学习表现（包括听讲、观察、板演、回答、练习等）	资源使用	以学思教
1						
2						
3						
4						
5						
6						

续表

观课笔记	日期： 年 月 日
让我学习的三个地方	
我认为可以改进的三个地方	

二、课堂观察的信息收集

1. 板书设计

板书是教师运用文字和图表来传递教学信息的教学方式。板书运用是否恰当，是衡量一位教师综合能力的重要因素之一。板书对于学生理解课文内容、总结梳理课堂学习所得都有着至关重要的作用。同时，板书也是思维外显的关键载体，让思维的可视化成为可能，思维之花的绽放少不了优秀板书的辅助。

语文课堂的板书类型有多种形式，在指向学生思维发展的小学语文课堂教学中，我们多以思维导图的形式呈现教学内容、分析认识过程，更好地实现知识的概括化和系统化。

2. 学生座位表

学生座位表的设计如下图所示。

1	2	3	4 3	5	6	2+2+3+2+3 +4+4	8
2			1+2	2	2+4+4		
3		2+2	2		2+4	2+2+2	
4					2	2	
5	2+2+3			3+4	4		
6						3	(31人次)

表格分为6行8列，代表一般班级的座位排列情况，其中每个格子能够精确地定位一个学生，如第一行最左侧的学生可定位为（1，1），第一行

最右侧的学生可定位为（1，8）。如果一个学生在第1个教学环节中发言了，那么我们就在他所在的格子里写上1；如果该生在第2个教学环节中发言了，那么我们就在他所在的格子里写上2；以此类推。

观察学生座位表，我们可以科学地评判以下几种课堂现象。

（1）学生发言面

我们从上面的学生座位表中发现，这节课共有31人次回答问题，但集中于15名学生。学生发言面不广，仅覆盖了三分之一的学生。

从学生个体来看，在15名发言的学生中，7名学生发言一次；第一行第7列（1，7）的学生却回答了7次。发言机会过于集中在某个学生身上，削弱了其他学生参与课堂学习的机会。

（2）教师关注度

从发言人次来看，教师比较关注自己左手边的前三排学生。对于最边上的第1列、第8列学生则是忽视的，一节课的时间，一整列里没有一个同学参与回答。经多次课堂观察发现，教师普遍对距离自己较近的学生给予发言的机会更多，教室两侧、后排的学生得到发言的机会相对较少。

针对以上课堂观察，对于这位教师，我们可提出以下课堂教学改进建议：教师要加强对所有学生的关注度，提问的覆盖面要更广，关注到不同层面的学生；对于主动举手的学生，可以给予发言的机会，但不能过于集中；对于不经常举手的学生，要鼓励他们大胆发言，同时加强被动提问，使每个学生的思维都动起来。考察课堂教学效率的标准之一，应该是学生积极主动参与的程度。在一堂课上，要鼓励所有的学生以课堂小主人的姿态，积极主动地参与学习的全过程。

3. 教学内容与时间分配

教学时间分配不仅是组织课堂教学的一个重要环节，而且是优化教学过程、提高课堂教学效率的一个重要标准。苏联教育家巴班斯基在谈到优化教学过程的标准时，就强调：“不仅要看教学效果，还要看教师和学生的时间和精力消耗是否是最优值。”

（1）创设情境，引发思维挑战

情境的创设能够激发学生思维的张力，精心设计的教学导入能够起到意想不到的教学效果。但课堂导入要精练，既能快速地进入课文学习，又能有效地激发学生学习的欲望，良好而又有效的课堂导入时间控制在3分钟左右。

（2）抓住核心，搭建思维台阶

指向学生思维发展的小学语文课堂建立在突破文本核心问题的基础之上。教学环节通过逐层递进，螺旋上升，以主问题为引领，以支问题为辅助，将教学内容进行有效整合。对于课堂教学的重点环节，时间控制在25~30分钟为宜。

（3）学以致用，实现思维外化

指向学生思维发展的小学语文课堂要关注语言的表达运用，采用举一反三的形式，适时对学生进行当堂训练，在练习巩固的基础上实现思维的迁移。在语文教学中，比较常用的是捕捉文本语言点、空白点，进行“随文写话”，此教学环节可控制在5~8分钟。

（4）拓展提高，促进思维迁移

课文仅仅是一个例子，教师应该在文本学习与课外学习之间建立一条有效的学习与拓展路径，让学生感受到语文课是一种精神漫游，是好玩的，是有趣的。“读一读、辨一辨、写一写、猜一猜、演一演、画一画”都是形式多样的拓展学习活动，可以较好地打通文本与生活之间的联系。这个部分的学习内容可以延伸到学生课外的学习活动中。

在实际教学中，教师不能合理分配教学时间的现象比比皆是。有时教师课上讲得太多，留给学生独立思考、讨论练习的时间太少，容易致使学生出现倦怠、厌烦等不稳定情绪。有时教师课上讲得太少，讲课内容太粗、欠透，课堂结构松散，导致学生吃“夹生饭”，久而久之造成松懈、涣散，课堂教学效率低下。因此，教师在确定课堂教学任务以后，合理分配教学时间就显得十分重要了。

4. 师生关系

师生关系是你中有我，我中有你，相互促进的。新时期的教育观念强调要“以学生为主体，教师为主导，充分发挥学生的主动性”。因此，师生关系是平等的，是和谐的，是互相尊重的，是教学相长的。

学生是学习的主体，因此上好一堂课，学生的作用至关重要。在传统的师生关系中，教师是中心，学生成了容纳知识的“器皿”。在这样的模式下，要进行思维的碰撞与训练是根本不可能的。新型的师生关系是“教学相长”，它的核心是以尊重和理解为前提，以学生自主性为基础，以师生相互促进为动力，促进学生世界观、人生观和价值观的健康发展。

在《观课笔记》中，“教学方式（包括讲授、实验、师生活动、示范、演示课件等）、学生学习表现（包括听讲、观察、板演、回答、练习等）”这个板块的内容可以用来评判一节课中的师生关系发展是以教师的教为主，还是以学生的学为主。

5. 资源使用

教学资源是指为支持学习的有效展开而提供的各类素材，既包括教材、案例、影视、图片、课件等，也包括教师资源、教具、基础设备等。在多媒体教学环境下，运用一些教学软件、教学平台中的小组评分、光荣榜、抢答题、在线检测、现场评价等功能，能突破学习信息单一化输出的局限，使学习信息的呈现形式多样化。这样，学生学得既轻松有趣，又快乐高效，从而更好地实现知识由抽象到具体的转化，提高课堂教学效率。

三、课堂观察的案例分析

让板书呈现言语内容与形式的互相结合

——《22 手指》课堂观察案例

太仓市科教新城实验小学 吴敏敏

今天，我打开录像，仔细观看了自己执教的研讨课《22 手指》。这篇课文是统编版小学语文五年级下册第八单元的第二篇课文，是丰子恺先生写的一篇散文。丰子恺先生以风趣幽默的语言具体描写了五根手指的不同姿态和性格，阐明了“团结才有力量”的道理。

围绕本单元人文主题“风趣与幽默是智慧的闪现”，语文要素“感受课文风趣的语言”，我把本篇课文的板书设计如下：

22 手指

散文

姿态
性格（长、短）

“漫画式”语言
（细描、勾勒）
小中见大

板书的左侧是文本的主要内容：课文主要介绍了五根手指的不同姿态和性格，刻画了五个鲜明的手指形象。板书的右侧是文本语言的主要表达方式：课文通过“漫画式”语言，用细描工笔与线条勾勒的方式刻画了五个鲜明的手指形象，令读者联想到生活中类似的人。这种“小中见大”的写作方法，形象地阐明了“团结才有力量”的道理。

板书是教师的教学书面语言。随着教学过程的推进，教师会将课堂教学的重难点以凝练简洁的文字、符号、图表等形式呈现在黑板上。对于怎样才是好的板书，我个人有以下三点看法。

1. 板书要完整

板书是对课堂教学内容的高度概括，也是学生课后复习的主要依据。对于小学语文课堂而言，我们更多从“文本内容”（正板书）与“语言表达形式”（副板书）两个方面揭示教学重难点。以《22 手指》为例，以上板书内容就很好地展现了文本内容与语言表达形式，是两者互相结合的很好体现。如果我们长此以往坚持从“文本内容”与“语言表达形式”两个方面设计板书，那么将对学生回忆课文内容与习得写作方法带来很好的启发与借鉴。

2. 板书要精练

板书是随着教学过程的推进，教师逐步板演在黑板上的教学信息。小学语文课堂，一节课仅有40分钟。课堂教学时间非常宝贵，教师不可能洋洋洒洒地在黑板书写出大量的信息，这从时间上来说不可能做到，也不便于学生提取重要信息。因此，板书必须要精练，要提纲挈领。《22　手指》一课的板书，文本主要内容的关键词“姿态”“性格”这两个词语均来自文本，是中心句中的中心词；“漫画式”语言与“小中见大”均是丰子恺先生散文的最重要的特点。因此，选取这些关键词进行板书，是对文本内容与语言形式的最集中的提炼。

3. 板书要结构化

美国教育家布鲁纳认为：只有具备结构性的内容才能使学生做到快速理解，并在学习的中后期，不容易造成遗忘。在板书设计时，我们更加注重采用类似表格、知识树、括号图等图示形式将知识外化，并借助“图像记忆”的优势，助力学生建构和完善知识体系框架。《22　手指》一课的板书还没有形成鲜明的结构化的板书，这是教学设计中还没有得到更好体现的地方。结合本篇课文的主题“手指”，如果我们在黑板上画一只“手”，把五根手指的姿态一一画出来，并相对应地标注上每根手指的性格特点，那么这样的“图文式”板书可能对学生更有吸引力，也更加有利于学生识记每根手指的姿态与性格特点。我们可以做如下改进：

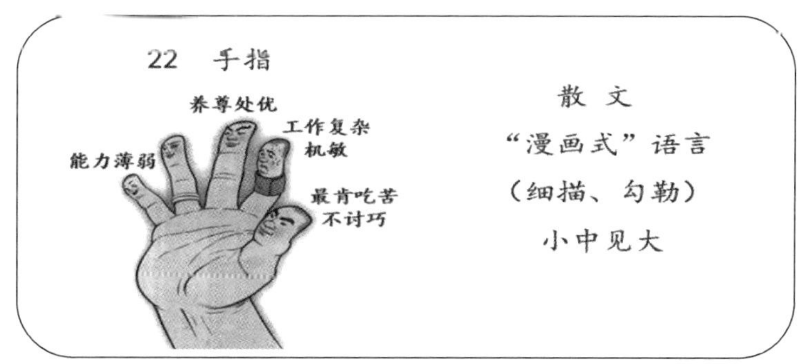

板书是课堂的“眼睛”，如果我们遵循从言语内容与言语形式出发，将两者有机融合，设计出完整的、精练的、结构化的板书，那么一定能为学生的思维发展提供“支架”，引导学生的思维向纵深处发展。

从“学生发言表”谈开去

——《蟋蟀的住宅》课堂观察案例

太仓市科教新城实验小学　陈洁

在陆艳秋老师执教的教学研讨课《蟋蟀的住宅》中，我重点观察了学生的发言情况。对应着班级座位表，我整理形成了下面这张“学生发言表”：

1 1+2	**2**	**3** 2	**4** 1	**5**	**6**	**7**	**8** 1+2+3
2	2+2+3			3	1		3
3		2+3+3	2+2		1+1+2 2+3+3　3		1
4		2	1+2+3 3+3				
5			3+3+3		1		
6		1+2+3					

备注：加粗的数字分别表示座位的行和列，其他数字为不同教学环节中对应座位上学生的发言情况。

从以上“学生发言表”中，我得出了一些观课结论。

1. 不同座位上的学生发言数据分析

从上面的表格中，我们可以看出本堂课学生参与课堂回答的人次很多，参与度也很高，共有39人次参与了课堂互动，中间还有多次的小组合作学习后的上台展示。其中绝大部分是学生主动回答问题，学生主动回答的意识较强，大部分学生乐于与同学交流，课堂氛围比较活跃。

教师课堂提问也照顾到全体学生，能就一个问题让多个学生谈体会、感受，为学生创造了许多参与的机会。在本课学习中，教师不仅关注到了积极举手的学生，还关注到了其他学生，尤其是关注个别不主动发言的学生，在简单问题的回答中指名让其发言。其中，第4列学生互动次数特别多，第7列学生则无互动。

2. 每个教学环节中的学生发言数据分析

每堂课上的互动都是与教学内容相结合的。陆老师这节课主要分成三个教学环节：游戏导入复习巩固、感受工程伟大、感悟思想落实语用。由表格中的数据，我们可以看出这堂课的互动分布是这样的：第一个教学环节“游戏导入复习巩固”，学生发言10人次；第二个教学环节“感受工程伟大”，学生发言13人次；第三个教学环节“感悟思想落实语用”，学生发言16人次。由统计数据可以看出，第三个教学环节互动人数最多。这是因为第三个环节的教学内容是本课学习的重难点。如何突破这个重难点，陆老师没有直接告诉学生，而是让大家在讨论的过程中逐渐达成共识，给予学生很多发言的机会，让学生主动地表达自己的想法。因此，发言学生人数多少是根据教学内容而定的。

3. 发言频次和发言面数据分析

本班学生共有43人，整节课共有39人次参与发言，发言人次较多。但是聚焦到每个学生个体，差异性还是较大的！全班有26名学生没有发言，而发言最多的一名学生整堂课发言7次。学生之间发言机会不均等，离差太大。

基于对本节课“学生发言表”的分析，我认为教师在点名学生发言时，要更多顾及学生发言面，课堂上让更多的学生获得思考、表达、展示的机会，尤其是对于一些性格较为内向、不擅长表现的学生，要创造更多的发言机会，从而形成全班积极参与、共同发展的蓬勃面貌。

板书：教学效果的保障

——《富饶的西沙群岛》课堂观察案例

太仓市科教新城实验小学　陈紫琳

2021年的寒假，我有幸学习了王清老师关于三年级上册第六单元《富饶的西沙群岛》第二课时的教学，那出彩的板书设计令我印象深刻。

王老师的板书不同于普通的板书，她的板书分为两个板块：一个板块是由学生课堂生成的内容，例如文本内容要点“风景优美”和“物产丰富”；另一板块是王老师根据课文内容绘制的西沙群岛的基本样貌，上到天上景色，下到海底景物，书本上提到的内容样样俱全。当学生在王老师的引导下将“海面—海底—海滩—海岛”一一说出来的时候，王老师就在黑板上一个一个画出来。一堂课渐渐接近尾声，一幅图文并茂的西沙群岛风景图就展现在学生眼前。

王老师的板书，至少有三个地方值得我学习。

1. 重点突出，生动展现课文内容

《富饶的西沙群岛》是一篇写景的文章，全文共七个自然段，按照“总—分—总”的顺序介绍了西沙群岛的地理位置、瑰丽风光和丰富物产，表达了作者对西沙群岛的热爱之情。随着课文学习的逐步展开，王老师根据学生的发言将“海面—海底—海滩—海岛”一一展现在黑板上，板书清晰地展现了文章的脉络。从板书中，学生可以一目了然地看到课文的重点，清晰而准确。

2. 图文结合，符合学生认知特点

板书充分考虑到了三年级学生的认知特点，西沙群岛的样貌绘制营造了海岛氛围，这些景物直观、生动、形象，为学生集中注意力打下了基础。在指导不同地点时，王老师每讲到一个地点就在图上标注出来，学生的注意力被吸引过来，图上标记好的地点也引出了相关景物的描写。以图释文、以图释疑、图文结合的板书很好地激发了学生的学习兴趣，增强了学生的方位意识。

3. 左右关联，图文结构完整清晰

为了让学生更好地把握课文主要内容，王老师在板书设计时特别注意图画与文字的相互结合，相互映衬。板书的左边是文字部分，“风景优美”和“物产丰富”相互呼应，“海面—海底—海滩—海岛”不同地点也都标注清晰；板书的右边是一幅西沙群岛的风景图。文字与图画相互配合，左右关联，板书图文结合，结构完整清晰。

王老师的板书设计没有拘泥于成法，设计形式从三年级学生的学习特点出发，图文结合的方式既生动形象地展现了课文主要内容，也激发了学生的学习兴趣，值得我在其他课文的教学中借鉴使用。

在有限的课堂时间内合理安排教学内容

——《火烧云》课堂观察案例

太仓市科教新城实验小学 冯文静

《火烧云》是一篇经典的写景文章，描写了傍晚时火烧云从上来到下去的过程中颜色和形状的变化，表现了大自然景象的瑰丽和变幻无穷，表达了作者对火烧云的赞叹之情。全文语言优美，描写生动形象，把火烧云的动态之美描写得淋漓尽致。

今天，非常有幸，我聆听到了闫文佳老师执教的《火烧云》。在短短40分钟时间内，闫老师精心设计教学环节，极大地促进了学生思维的发展，同时也给我们带来美的享受。

教学环节一：课堂导入，用时4分钟。闫老师以“你见过的云是什么样的？”和“你见过红色的云吗？”两个具体问题，引发学生的思维冲突，使学生快速进入火烧云的学习情境当中。简单明了的课堂导入环节，搭建了思维课堂的第一步。

教学环节二：细品文本，用时30分钟。闫老师抓住一个“多”字，领略色彩美；抓住一个“变”字，感悟变化美。在教学过程中，为了让学生感受火烧云的颜色美，闫老师带领学生在欣赏书中的几种颜色后，又及时进行了词汇的扩充练习。在说说火烧云还会有哪些颜色时，要求学生像课文那样，分“ABB、半X半X、事物+颜色”三种形式来说，学生的思路被打开了，个个情绪高涨。同时，在思维迁移练习阶段，闫老师设计了一个写话练习：按照“出现—形状—变化—消失”的模式，写一写火烧云还能变成什么。已经给出的句式，为学生的写作提供了框架，同时又不局限于课本内容。学生学习积极性高涨，实实在在地进入语言学习的训练中。

教学环节三：拓展延伸，用时6分钟。得法于课内，得益于课外。在学习了课文之后，闫老师组织学生交流分享大自然中其他神奇事物的变化，如日食和月食、潮水涨落等，促进了学生思维的迁移。

短短40分钟，三个教学环节，各教学环节之间环环相扣，打造出一个结构完整、重难点突出的思维课堂。如何在有限的教学时间里，合理安排教学内容，促进学生语文素养的提升与思维的训练，闫老师执教的《火烧云》一课给了我诸多的启发与思考。

巧引精导，激发思维火花

——《小毛虫》课堂观察案例

太仓市科教新城实验小学　冯长兰

教育的本质是推动，是引导，是激发。它既是一种方法，更是一种理念，其深层意义是以生为本，一切为了学生的学。在这种理念下，教师要努力当好学生生命的“牧者”，而不是拉动学生的“纤夫”。教学要以学生为主人，为学生的好学而设计。

指向学生思维发展的小学语文课堂不是一个简单进行知识传授的场所，而是学生生命成长最重要的阵地。在这样的课堂里，教师不再是课堂上的主角，不再是唱独角戏的填鸭式教学，不再是牵着学生走的所谓“启发式教学”，学生不再是压抑而被动的。这样的课堂教学，不论是放还是扶，不论是巧妙地引还是精准地导，都是以学生为主体，为学生的好学、乐学而设计，是以促成学生的不断发展为着眼点和落脚点的。

杜典老师执教的《小毛虫》一课便很好地落实了这一理念。《小毛虫》是统编版小学语文二年级下册第七单元中的课文，是一篇童话故事。这篇课文讲述了一条可怜而又笨拙的小毛虫羽化成美丽的蝴蝶的过程。通过毛虫的羽化告诉每个孩子，不要因为自己不如别人而感到自卑、失望，要乐观、充满信心，要尽心竭力地做好自己的事，唯有这样才能感受到生活的快乐和美好。

这篇课文趣味十足。因此，在教学过程中，要立足儿童心理，营造浓浓的儿童味，让孩子在学习过程中乐学好学、释放灵性、展示自我。

巧引。低年级学生年龄小，阅历浅，语言积累少。教师如何循序渐进地引导学生快快乐乐地学、扎扎实实地打好语言表达训练的基础，这无疑是低年级老师最需要思考的问题。课堂上，杜老师关注孩子的语言表达，通过巧妙的引导让孩子说完整的话，说准确的话，说生动具体的话。比如，在学完“只有它，这个可怜的小毛虫，既不会唱，也不会跑，更不会飞”这一句话后，引导学生感知其他小昆虫、小动物的日常，通过对比，展开想象并进行说话练习：“______既不会______，也不会______，更不会______。”学生纷纷展开想象，在这样合理的想象、具体的描述中，真真切切地感知到小毛虫的“可怜”。

精导。在教学中，当学生因生活经验缺乏或认知能力有限等而对一些内容无法仅凭字面来理解时，教师要有效地发挥“导”的作用。案例中，对于“小毛虫费了九牛二虎之力，才挪动了一点点”这句话中的“九牛二虎之力”一词，孩子们是无法从简单的语言文字上去理解的。杜老师就出示了视频，在活泼有趣的画面中让孩子们形象生动地认识到“九牛二虎之力”是用了很大很大的力气。接着，指导学生朗读，读出自己从视频中得到的感受。对于这个难点，老师没有就此结束指导。紧接着，老师出示有关“出力”的生活场景，让学生用上“九牛二虎之力”这个词说话。最后，再次指导学生朗读，读出现在对此词的感悟。就这样，在看、读、说一系列的教学活动中，孩子们深刻理解了“九牛二虎之力”，并懂得如何运用到生活中去。

教师的教是为了学生更好地学。我们的课堂要像鹅卵石，实实在在为孩子们铺好路、打好基石；我们的课堂要像磁铁，牢牢吸住孩子们的心。在我们的课堂里，学生不再是单纯的坐车人，而是开火车的主人，掌握好知识火车的方向，快乐向前！

教与学的方式：教得自在，学得灵动

——《每逢佳节倍思亲》课堂观察案例

太仓市科教新城实验小学　顾沁

《每逢佳节倍思亲》是一篇“文包诗”。在课堂教学中，我采用了“文诗互文”的教学形式，让师生成为教学过程中的参与者、合作者。在对文本的理解、对情境的营造、对教学资源的利用中，教学从一元主体走向多元主体，学生的思维实现了迁移拓展。

1. 以读促析，读中感悟

阅读是学生的个性化行为，不应该以教师的分析代替学生的阅读实践。这是一篇“文包诗”，上课之初，我就先出示古诗，让学生来读，要求读出古诗的韵味。在古诗的学习中，也要求学生充分地读，带着不同的心情去朗读。如：“一个‘独’字，两个‘异’字是孤独与思念的充分体现。谁再来读好这句诗？”“你能用朗读来表达人们与王维不同的心情吗？”“捧起书，把这份浓浓的思乡情通过朗读表达出来。”

2. 换位思考，深化感情

课堂是学生主动学习的场所，课堂上理应让学生充分地说，说出自己的所知、所想、所思、所悟。在本节课的教学中，我围绕王维的感情变化这一条主线来设计问题，让学生与王维进行换位思考，充分感受王维的思乡之情：

（1）王维15岁就离开了自己的父母、兄弟、家乡，只身一人来到一个陌生的地方。如果你是王维，现在想的是什么？

（2）一年一度的重阳节到了，王维看着这欢度节日的景象，他的心情是怎样的？

（3）“以前”和“如今”两个词形成一种对比，请你在对比中再次感悟王维的心情。

3. 学中设疑，发散思维

学生讨论是彰显自由精神的重要形式，在课堂上要引导学生充分讨论，提有价值的问题。很多老师上课时喜欢提一些简单的问题，学生只需回答“对”或“不对”，或者到书本上寻找现成答案即可。这样的问题没有回答的价值，对训练学生的思维也没有丝毫的益处。如果老师能提出思维水平较高、具有开放性的问题，那才有利于推动学生思维的发展。《每逢佳节倍思亲》是一首“文包诗”，我们可以设计这样的问题：“读了课文，你知道什么叫文包诗？文包诗有什么特点呢？”“同是重阳佳节，为什么王维的心情有如此大的不同？”这样才能激起学生思维的火花。

学会质疑是创新的开端。我们可以采取以下方法：

（1）从空白处质疑。“而如今我们却天各一方，不能相会……”这里出现了省略号，省略号会省略哪些内容呢？学生尝试补白。

（2）从情感处质疑。遥想以前在家乡时，每逢重阳节，王维总要和兄弟们头插茱萸，手挽着手去城外登高望远。如今他们天各一方，不能相会，此时的兄弟们、此时的王维会在想些什么呢？

（3）从题目中质疑。很多学生不明白为什么要用其中的一句诗来做题目。于是，我们可以设计这样的问题：“如果把这首诗读成一句话，会是哪一句？”（每逢佳节倍思亲）“如果再缩成一个字呢？”（思）由此可见，“每逢佳节倍思亲”是全诗中最能代表王维思乡之情的关键语句，“思”是全诗的诗眼。

著名教育家赞可夫说：“我们要努力使学习充满无拘无束的气氛，使儿童和教师在课堂上能够自由地呼吸。如果不能造就这样良好的教学气氛，那么任何一种教学方法都不可能发挥作用。”对于指向学生思维发展的小学语文课堂教学，我们要努力营造宽松、民主、和谐的教学氛围，应腾出时间让学生去自学、表现、互动。

依托希沃技术，打造语文思维课堂

——《蟋蟀的住宅》课堂观察案例

太仓市科教新城实验小学　金丽蓉

培养学生的思维能力是为了让学生在学习语文知识的过程中能够产生辩证思考、逻辑探究、直觉感悟等思维活动，并自然而然地内化语文知识，渐渐具备灵活、深刻、敏捷、独创等思维品质。

陆艳秋老师执教的教学研讨课《蟋蟀的住宅》，正是主动利用希沃技术去打造思维课堂，全面解放学生的头脑，为学生的长足进步做准备。作为观课者之一，40分钟的时间里，我重点观察了陆老师在课堂教学中的多媒体使用情况。

1. 运用希沃技术，创设多种教学情境

希沃技术作为一种现代化互动教学手段，既能保证学生在课堂上自主探究语文知识，也支持“线上+线下”混合互动，有利于帮助学生实现创新学习，逐渐形成创新型思维能力。

陆老师在复习环节运用希沃技术，为学生搭建展示自我的平台，创设了三个小游戏：运用希沃的分组竞争，创设男女生PK（对决）游戏，进行词语的复习；运用希沃白板的演示功能，为小蟋蟀修建住宅；让学生化身小导游，介绍自己修建的住宅。此处，陆老师利用希沃技术的拖拽、复制、缩放等演示功能，创设了建造游戏，让学生根据蟋蟀住宅的特点来为小蟋蟀建个家；随后，让学生运用放大镜功能，来介绍自己修建的住宅，体验成功的喜悦，激发学习兴趣。

希沃技术的运用，有效调动了学生的积极性。学生能够积极主动地参与到活动中来，得到了展示自我的机会。

2. 实现课堂互动，培养创新型思维能力

教师要善于利用希沃技术的辅助教学功能，去优化课堂互动效果，让学生全面进行语文探究、知识创新，充分发挥学生的主观能动性，为有意义的学习做好准备。

课堂互动效果将直接关系到一节课的整体效果，所以陆老师比较重视希沃技术的应用。比如在课中利用云平台设计了互动游戏，发送到学生平板端进行实操练习，提交后，教师即时反馈；为了理解“蟋蟀的住宅”是一项“伟大的工程”，巧用希沃技术的缩放功能将蟋蟀图“变小”，让学生直观感受蟋蟀的柔弱，与约30厘米长的洞穴形成视觉冲击，从而感悟修建工程的“伟大”，然后再利用希沃技术的拖拽功能，拖出“精美住宅”的图片，将“简单的工具”与“精美的住宅”再次进行对比，从而让学生体会蟋蟀的住宅是“伟大的工程”。在此过程中，陆老师利用希沃白板动态展示课件，引导学生一步一步深入文本主旨，促使学生深度剖析文本主题。

3. 注重课堂延伸，培养应用型思维能力

语文知识的现实应用价值是非常广泛的，小学生所开展的学习活动、交际活动都需要以语文学科能力为基础，所以语文课程的基础性教育地位也一直无法被撼动。那么，在“课堂拓展”时，教师就要利用希沃技术的知识库去拓展学生的知识视野，鼓励学生自主应用语文知识，让学生在实践中形成应用型思维能力。

例如，陆老师制作了微课《拟人的修辞手法》来指导学生的随堂写作，她还精心准备了《金蝉脱壳》视频，把视频与生活联系起来，将知识运用于生活中，培养学生热爱周围事物的好习惯。学生的思维得到了拓展，有助于学生将从生活中观察到的事物运用拟人的手法记录下来。

总而言之，希沃技术的应用与推广将进一步改善语文课程的教育质量，有利于优化学生本身的思维品质，让学生从被动学，变成主动学、快乐学。为此，我们也要积极地学习一些新技术、新方法，为有效提升学生的思维能力做好准备。

板书：图文结合，充满童趣

——《小壁虎借尾巴》课堂观察案例

太仓市科教新城实验小学　李抒韦

五月末六月初，在小壁虎开始出来活动的季节，孙婧怡老师在文创空间执教了一节生动有趣的语文课《小壁虎借尾巴》。

《小壁虎借尾巴》是一篇知识性童话，主要讲述了小壁虎的故事。一只小壁虎被蛇咬住了尾巴，为了逃命而挣断了尾巴。小壁虎分别向小鱼、老牛、燕子去借尾巴，但是它们的尾巴都有另外的作用，不能借给小壁虎。小壁虎正在难过的时候，突然发现自己已经长出了新尾巴。课文采用符合低年级学生接受理解的对话形式，分别介绍了鱼、牛、燕子等动物尾巴的不同作用，以及壁虎尾巴的再生功能。

孙老师能够充分利用课文编排特色，板书设计成为课堂教学的亮点。

1. 形式上：图文结合，直观生动

进入图文时代，图像技术的日益发展为教育教学提供了新的学习支架，图片、视频和动画所带来的生动直观的图像表征首先提升了语文学习的趣味性，其次有利于激发学生的想象力与创造力。在这一课的板书中，以直观的图画代替抽象的文字，用生动的小鱼、老牛、燕子图片分别代替“小鱼姐姐”“牛伯伯”“燕子阿姨”，在学生头脑中留下深刻印象，趣味十足。同时，还能引发学生联想，从而联系生活实际图景，将所学与生活紧密相连。

2. 内容上：思维导图，结构清晰

告别了传统的内容梳理，教师运用思维导图来激发学生思维，通过分支、线条锻炼发散性思维，引导学生由低层次思考向高层次思考递进，在多层次的问题碰撞中引发认知冲突，最后在问题梳理、反思、归纳中明晰解决问题的结构框架。孙老师通过提炼关键词“拨水”“赶蝇子”“掌握方向”，将第3—5自然段情节的反复性表现出来，引导学生有主题、有主次、有层次地将一篇课文的结构剖析出来。

3. 风格上：简洁明了，富有童趣

板书是教师在有限的空间、有限的时间当堂生成的，所以，板书内容应该求精求简。概括的文字、简单的构图、凝练而直观的形式是这节课板书最直观的特点。孙老师对板书中的图画和文字的选择，都以“简洁、生动”为主要出发点，通过概括、浓缩，有利于信息输出。除此之外，运用简笔画图像有利于低年级学生接受理解；借助明快、鲜明的颜色，紧紧抓住学生眼球，给学生带来一种美的享受。

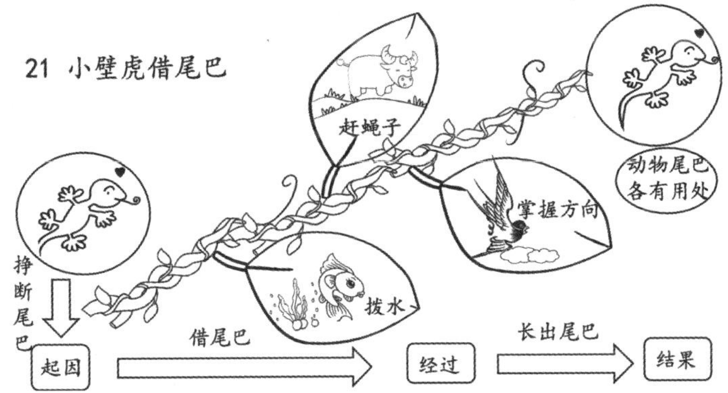

板书设计对于一节课是极为重要的，不容忽视。精美的板书设计让课堂溢满语文味，文字美、图像美和思想美融合在板书设计中，让学生在美的享受中抓住要点、发散思维，并对课文留下深刻印象。

依据教学内容，合理分配教学时间

——《蟋蟀的住宅》课堂观察案例

太仓市科教新城实验小学　汤冬梅

《蟋蟀的住宅》是法国著名昆虫学家法布尔写的一篇观察笔记。文章主要介绍了蟋蟀简朴、清洁、干燥的住宅和蟋蟀建造住宅的全过程，赞扬了蟋蟀不辞劳苦和不肯随遇而安的精神。课文运用了拟人的修辞手法，把蟋蟀比作人，把蟋蟀的住宅比作人的住宅，充满了童趣。

在《蟋蟀的住宅》这一课的教学中，我重点观察了教师如何根据教学内容合理分配教学时间。我关注到结合本单元“仔细观察，准确表达”这一语文要素，陆艳秋老师运用了希沃、云平台等多媒体信息技术，聚焦“主问题”，通过“活动化”教学设计，依托“图示化”板书设计等核心理念，促进了学生思维能力的提升。

1. 板块设计，凸显课堂结构

从学生的学习阶段来划分，教师将本节课分成“学习的起点”（课前导入）、“学习的过程”（课中学习）、“学习的迁移”（课后探究）三大板块，这三部分内容的教学时间分配分别为6分钟、33分钟、1分钟。从这一数据来看，教师将“学习的过程”（课中学习），也就是课堂教学中重难点的突破，作为本节课的主要着力点，是比较合理的。

从思维课堂的四个阶段来看，“思维的挑战”用时6分钟，“思维的进阶”用时16分钟，“思维的外化”用时18分钟，“思维的迁移”用时1分钟，其中培养学习能力、提升思维培养两个方面用时较多，体现了学生学习的自主探究，关注了学生的语用训练。这四个阶段的教学时间分配也是比较合理的。

2. 细节落实，促进思维提升

“思维的挑战”板块中，前置游戏用时4分钟，以生生互动的情景游戏，激发了学生的学习兴趣。揭示问题用时2分钟，出示了本堂课的主问题“蟋蟀的住宅能算是伟大的工程吗？”引发学生的思维冲突。

“思维的进阶”板块中，教师导学用时6分钟，学生自主学习用时10分钟。从这两处细节的处理，我们不难看出，本堂课的教学以学生为主，着重培养学生自主学习的能力，学生在自主探究的过程中，思维能力又上了一个台阶。

“思维的外化”板块中，对比阅读用时3分钟，写话训练用时14分钟，这一部分的教学主要指导学生灵活地运用所学的知识。其中，教师写话指导非常细致，给予了学生充分的时间进行练习与交流，语用训练落到了实处。学生在写、议、思、改的过程中，思维能力进一步得到了提升。

“思维的迁移”板块用时1分钟，教师布置了课外阅读的内容，主要以学生课后的探究为主。

由以上数据分析可以看出，本堂课的“教学内容与时间分配”是合理的、有效的，教学内容环环相扣，时间安排恰到好处，较好地达成了教学目标。学生在学习的过程中习得了知识，思维能力得到了提升。至于需要改进的地方，授课教师在“写话训练”环节用时14分钟，教学用时比重过大，可以适当精简练习，留出更多的时间用于学生品读、感悟文本语言。

依托媒体资源，深化课堂教学内核

——《赵州桥》课堂观察案例

太仓市科教新城实验小学　汤海波

《义务教育语文课程标准（2022年版）》指出：语文课程是一门学习语言文字运用的综合性、实践性课程。教学活动的设计，既要关注文本的人文内涵，又要注意归纳和领悟文本的读写方法。

今天我所聆听的这节公开课《赵州桥》是统编版小学语文三年级下册第三单元中的一篇课文。由于学生对于古桥的认识有限，王老师充分依托多媒体资源来丰富学生对赵州桥的外观特点、历史地位的认识与了解，很好地补充了学生的课外知识。

1. 运用多媒体技术，拉近学生与历史的距离

课堂开始，王老师就播放了一段有关赵州桥的视频资料。所选取的视频生动有趣，令学生在观看视频时惊叹连连，目光不由自主地被吸引过来，不知不觉就将自己的注意力集中于课堂之上。在随后的学习中，王老师还利用六块侧板，让学生以小组为单位到侧板上自由浏览有关赵州桥的文字、图片、视频介绍。学生在这种情境之中，能够充分发挥自身学习的主动性。依托多媒体资源，有助于拉近学生与历史的距离。

2. 运用云平台技术，提高学生学习积极性

王老师这节课的趣味性不仅体现在其导入环节的巧妙，更体现在其授课过程中充分利用云平台的技术，增强学生学习积极性。王老师一共创设了三个小游戏：先运用希沃的分组竞争，创设男女生PK游戏，进行词语的复习；然后让学生运用希沃白板的拖拽功能，搭建赵州桥；接着让学生化身小导游，介绍赵州桥。这三个互动游戏，分别起到了复习巩固、学习新知、迁移练习等不同的作用，在不同的学习环节中充分激发了学生学习的积极性。

3. 多种媒体与资源交互使用，突破教学难点

在一堂课的学习中，多种媒体与资源交互使用，各自发挥其优势与作

用，共同实现课堂学习效率的最大化。限于生活阅历和知识水平，学生对于赵州桥的外形特点不太了解，这时就可以让学生对照书上插图，仔细观察“什么叫双龙戏珠”，“飞龙是什么样的”。我们还可以拓展相关的图片资料，引导学生通过仔细看图来了解。

我们生活在一个信息化的时代里，媒体与资源的适时介入能够很好地帮助我们丰富对课文内容的理解，为学习助力。

多媒体：服务于教学的好帮手

——《蟋蟀的住宅》课堂观察案例

太仓市科教新城实验小学 王孙洁

孩子们神情专注，灵活地操作着未来教室的各项设备，在陆老师的引导下，孩子们成了课堂学习的主人，他们能够自主、合作、探究地进行语文学习，对语文学习产生了浓厚兴趣。这是我在陆老师执教的教学研讨课《蟋蟀的住宅》课堂上看到的美好景象。作为课堂深度观察者之一，40分钟的时间里，我重点观察了陆老师的多媒体使用情况。

这是在未来教室执教的一堂课，陆老师选择运用现代信息技术实现有效的教与学，如希沃白板、班级优化大师、云平台等软件的穿插使用，让学生在有限的课堂里得到最大的发挥和锻炼。双板、一体机和平板电脑也提供了硬件支持。

上课伊始，在复习环节运用希沃技术，为学生搭建展示自我的平台。陆老师创设了三个小游戏：先运用希沃的分组竞争，创设男女生PK游戏，进行词语的复习；然后让学生运用希沃白板的拖拽功能，为小蟋蟀修建住宅；接着让学生化身小导游，介绍自己修建的住宅。

在课中，运用多媒体技术突破重难点。例如，利用云平台设计了互动游戏，发送到学生平板电脑端进行实操练习；巧用希沃白板的缩放功能将蟋蟀图“变小”，让学生直观感受蟋蟀的柔弱；利用希沃白板的拖拽功能，将“简单的工具”与“精美的住宅”进行对比，从而让学生体会蟋蟀的住宅是一个“伟大的工程”。

在课堂快要结束的时候，陆老师引导学生感悟作者的写作方法。在细致观察金蝉脱壳的全过程之后，老师给出了一系列的动词，让学生尝试运用这些动词来完成写话练习。

无论是课前、课中，还是课堂快要结束的时候，陆老师充分运用多媒体技术赋能课堂学习，凸显了以下三个优势：

1. 突出信息技术优势

整堂课，陆老师在每一个环节都将信息技术运用得恰到好处。如在课堂导入环节，有效运用希沃的课堂活动功能，设置了竞赛游戏，进行词语的复习；利用希沃的拖拽、复制、缩放等功能，创设了建造游戏；运用放大镜功能，来介绍蟋蟀的住宅。

2. 巧用信息技术手段

丰富的信息技术既生动形象地展示了学习材料，也减轻了学生理解的难度。把时间交还给学生，让小组合作学习更加充分。学生来到侧板上，圈画蟋蟀建造住宅的动作，欣赏视频中播放的蟋蟀建造住宅的过程，从而体验这是一个“伟大的工程”。

3. 开发多媒体资源

陆老师制作了微课《拟人的修辞手法》来指导学生的随堂写作。在理解过程中，学生对写作的方法也能够灵活运用。陆老师将《金蝉脱壳》视频与《拟人的修辞手法》相结合，把视频与生活联系起来，将知识运用于生活中，鼓励学生将生活中观察到的事物运用拟人的手法记录下来。

多媒体信息技术服务于语文教学，在思维课堂的各个教学环节中都提供了很好的辅助作用。多媒体作为课堂教学的好帮手，使课堂更加有趣高效。

学海无涯“图”作舟

——《国宝大熊猫》课堂观察案例

太仓市科教新城实验小学　姚丽敏

思维具有发散性与聚合性的特点。发散性思维通过具体的图像表现出来，可以使得自己的思维更加具象化，表现形式可以用思维导图来呈现。如今，思维导图已经引起广大教育工作者的重视，在课堂实践中使用的频率也越来越高。作为一种教学辅助工具，它能够最大限度地扩展学生的思路，开发学生的思维。

在《国宝大熊猫》这篇习作的教学中，授课教师有意识地运用了思维导图，采用提前布置作业的形式，让学生收集大熊猫的有关资料，并以思维导图的形式呈现出来。相比传统形式的“写一写”，这种“画一画”的形式很好地激发起学生预习的兴趣，其优势体现在以下几个方面。

1. 优化教学环境，提高教学效率

三年级的学生，思维还未达到成熟，难以长时间地专注于一件事情，在课堂上容易走神。在习作导入环节，若是采用普通谈话式导入，略显乏味，难于以最快的速度将学生分散的注意力集中到课堂教学中来。授课教师为了解决这一问题，创造性地采用思维导图的形式进行导入。

［案例1］

师：课前老师让大家查找有关大熊猫的相关知识，并以思维导图的形式呈现出来。请同学们拿出自己绘制的思维导图，来介绍一下自己的创作思路。

学生拿着自己提前绘制好的思维导图，通过投影展现给其他同学，并仔细讲解绘制过程。学生绘制的思维导图画面精美，重点突出，颜色丰富，尤其突出了本次习作的主题。其他同学在观看的过程中兴致高涨，气氛热烈。

师：看到你们绘制的思维导图，老师为你们感到骄傲。同学们想不想知道如何将思维导图中的知识写成一篇优秀的作文呢？今天我们就来学习习作《国宝大熊猫》。

以课堂导入环节为例，在课堂教学中，老师让学生展示自己绘制的思维导图，学生根据自己的喜好，利用不同颜色的画笔及线条绘制出极具个人特色的思维导图，并通过思维导图介绍自己的预习情况。教师完全将课堂还给学生，提高了每一个学生的课堂参与度，成功地营造了一种轻松愉悦的课堂氛围，为后续的课堂教学打下了良好的学习基础。

2. 提升思维能力，奠定写作基础

在语文教学中利用思维导图，培养学生的写作能力，使学生学会如何利用文字来表达自己的情感。《义务教育语文课程标准（2022年版）》第二学段“表达与交流”指出：观察周围世界，能不拘形式地写下自己的见闻、感受和想象，注意把自己觉得新奇有趣或印象最深、最受感动的内容写清楚。学生的写作过程离不开想象，想象力是创造性思维产生的重要条件。在教学《国宝大熊猫》一课时，授课教师为了降低学生写作的难度，提高学生写作的自信心，利用了思维导图这一媒介，引导学生将思维导图上的重点巧妙地写到自己的文章中去。

［案例2］

师：通过课前思维导图的绘制，你们对大熊猫已经有了一定的了解。请同学们在完善自己思维导图的基础上，选择对大熊猫最感兴趣的一个点，根据课堂所学技巧，写一篇习作。

学生纷纷拿出自己的思维导图，选择其中一个点进行习作，既认真又专注。

教师进行课堂巡视，选择优秀的习作进行当堂阅读、评价。

运用思维导图，辅助作文教学，最大限度地开阔了学生的视野，让学生在想象的海洋里尽情地遨游，增强了学生习作的兴趣与自信心。在课堂教学实践中，教师要根据授课内容的不同，灵活运用思维导图，从不同方面促进学生创造性思维的发展，提高学生学习语文的兴趣。

抓住矛盾冲突来教学

——《蟋蟀的住宅》课堂观察案例

太仓市科教新城实验小学　俞秋艳

生活在城市里的孩子，大多对蟋蟀的了解不是很多，对蟋蟀住宅的了解更加缺乏。在作者的眼里，“蟋蟀的住宅”是一项“伟大的工程”，学生却不一定能体会到这一点。因此，抓住这一矛盾冲突，帮助学生通过自主学习和协作学习感受其建筑的伟大，是《蟋蟀的住宅》一课学习的重难点。

［案例1］

师：上节课，我们已经知道了蟋蟀住宅的特点，它有什么特点？

生：向阳隐蔽，便于排水，弯曲倾斜，舒适安全。

师：请你根据蟋蟀住宅的特点，给蟋蟀建造个家吧。从素材区选择合适的素材，在建造区进行建造。

学生上台操作，在电子屏幕上虚拟建造蟋蟀的住宅。

师：建造好了房子，谁来做小蟋蟀，带我们参观一下？

学生上台介绍：这里是我的门，它是半掩着的；这里是我的客厅，我经常在这里和小伙伴一起玩；这里是我的卧室，我经常在这里看书、睡觉。

师：听了你们的介绍，我觉得小蟋蟀的家真是太棒了。

学生的思维活动不是单向由教师向学生传递信息的过程，而是学生根据外在信息，利用自己的背景知识，建构自己知识的过程。学习活动要发生，必须满足一个前提条件：学生的背景知识和新知识之间有一定的相关度。在“设置问题情境，引发思维冲突”这一环节中，让学生上台自己给蟋蟀建造住宅，再向其他同学介绍蟋蟀的住宅，有助于学生在自己原有知识的基础上完成对新知识的意义建构。

［案例2］

师：课文中有一句话是作者法布尔对这个住宅非常高的评价，你们找找看在哪里？

生：假使我们想到蟋蟀……这座住宅真可以算是伟大的工程了。

师：一起读一读这句话。说到伟大，老师就想到了中国的万里长城、北京故宫、鸟巢……法布尔为什么说蟋蟀的住宅是伟大的工程呢？请同学们走进课文，自主学习，再来交流分享。

学生读“学习提示”：一读，自读第1~7自然段；二圈，用圆圈画出表示蟋蟀修建住宅的时间的语句；三思：蟋蟀修建住宅的过程。

组织交流：同学们找到了哪些表示时间的词语呢？

生1：大多是在十月、秋天初寒的时候。

生2：我一连看了两个钟头。

生3：一直到冬天。

生4：余下的是长时间的整修。

教师总结并出示观察表，让学生结合表示时间的词语说一说蟋蟀修建住宅的过程。

师：你的眼前浮现出了一只怎样的小蟋蟀呀？

生：这是一只聪明、坚持不懈、勤劳、吃苦耐劳的小蟋蟀。

教师总结：蟋蟀修建住宅的时间很长，这真是一只追求完美、精益求精的蟋蟀，所以法布尔发出了赞叹。

学生齐读：这座住宅真可以算是伟大的工程了。

小组合作学习第7、8自然段：一读、二画、三讨论。

在“聚焦核心问题，搭建思维台阶”这一环节的学习中，老师带领学生品读了课文的第1~7自然段，找出了蟋蟀建造房子的时间和过程。在熟读课文的基础上，采用师生互动的方式感悟蟋蟀建造住宅的时间之久。接着用小组合作的方式学习课文的第7、8自然段，让学生进一步感受这一工程的伟大。通过合作完成观察表，学生了解了蟋蟀建造住宅的时间、过程、动作、工具，感悟到蟋蟀吃苦耐劳和不肯随遇而安的精神，体会作者对昆虫的热爱之情。

在此教学环节中，教师紧紧抓住“工具的柔弱与简单”和“工程的浩大与壮观”之间的极大反差，将其与人进行对照，很好地帮助学生感受蟋蟀住宅的科学、精致、舒服、浩大和壮观，感受蟋蟀在建筑住宅时表现出的智慧和不辞辛苦。通过抓住矛盾冲突来学习，学生深深地体会到了作者法布尔对昆虫的喜爱之情。

爱上阅读，爱上语文课

——《小毛虫》课堂观察案例

太仓市科教新城实验小学　周盼盼

阅读教学告诉我们：“兴趣是最好的老师，对阅读有兴趣，能够感受到阅读的乐趣，是促使学生持续阅读的不竭动力，也是提高阅读能力的前提条件。”《义务教育语文课程标准（2022年版）》第一学段在“阅读与鉴赏”中也强调：“喜欢阅读，感受阅读的乐趣。”

在聆听《小毛虫》一课时，我就特别关注低年级的语文老师是如何激发学生阅读的兴趣，让他们沉浸在课文学习中的。

《小毛虫》是意大利著名艺术家达·芬奇为小朋友写的寓言故事。文章描写了一条小毛虫从结茧到破茧羽化的变化过程。一条可怜而又笨拙的小毛虫想要脱胎换骨，想要羽化成为美丽的蝴蝶，它需要付出多大的努力呀！从文本内容来看，课文的内容十分贴近学生的生活，学生对小毛虫如何变成蝴蝶的过程也非常感兴趣。

［案例1］

师：谁来把这句话读给大家听？请你来读。

生（用很累的语气读）：小毛虫费了九牛二虎之力，才挪动了一点点。当它笨拙地从一片叶子爬到另一片叶子上时，它觉得自己仿佛周游了整个世界。

师：你觉得小毛虫怎样？

生：很累。

师：哦，很累。谁再来读一读？

生（用更累的语气读）：小毛虫费了九牛二虎之力，才挪动了一点点。当它笨拙地从一片叶子爬到另一片叶子上时，它觉得自己仿佛周游了整个世界。

师：我觉得“费了九牛二虎之力”这个词语你读得特别好，你为什么要这样读？

生：因为“九牛二虎之力”可以说明它爬得很累。

师：“九牛二虎之力”是什么意思？你知道吗？

生：“九牛二虎之力”就是用了九头牛和两只老虎的力气。（众笑）

师：嗯，是的！课文用夸张的手法写出了小毛虫用尽全身最大的力气才挪动了一点点。小毛虫很累很累，是不是？你说呢？

生：是。

师：你同意了！你来读，读出小毛虫用出了全身最大的力气。

在以上的教学环节中，最有意思的应该是对“九牛二虎之力”的理解。学生从字面上理解，就是九头牛加上两只老虎的力气，他们能形象地感受到这个词语表达了小毛虫用了很大的力气。老师在此基础上点拨学生理解，这个词语不一定非得是指“九头牛加上两只老虎的力气”，而是用夸张的手法写出了力气之大。在一遍遍读的过程中，学生感受到了小毛虫的辛苦，深化了对语句的理解与认识。

［案例2］

师：现在，你想不想对这只被抛弃的、笨拙的，然而又不悲观、不羡慕，而是尽心竭力工作的小毛虫说几句呢？你想对它说什么？

生：小毛虫，你好棒啊！

师：多棒啊！当别人……

生：当别人抛弃你的时候，你不悲观、不羡慕，尽心竭力地做自己要做的事。

生：小毛虫，你真能干，你真了不起。

师：你知道它以后会怎么样吗？

生：以后，它可以睡觉。

师：睡觉之后呢？

生：变成蝴蝶，它就可以飞了，不用在叶子上爬了，而是在空中飞了。

师：这都是它尽心竭力工作的结果呀。所以说呀，小朋友，当别人抛弃你的时候，瞧不起你、嘲笑你的时候，你千万不要悲观，也不要去羡慕别人。只要你尽心竭力地做好自己的事情，相信你就会像小毛虫一样得到自己的收获，像小毛虫一样获得成功。

在这一环节的学习中，老师采用最多的学习方法就是“让学生说”：让学生说说对小毛虫的夸奖，让学生说说自己得到的收获。在多轮说话练习中，学生感悟到小毛虫在变成蝴蝶的过程中不悲观失望，积极乐观地面对生活的美好品质。这也很好地体现了新课标所要求的：感受语言文字的美，感悟作品的思想内涵和艺术价值，能结合自己的经验，理解、欣赏和初步评价语言文字作品，丰富自己的情感体验和精神世界。

第四节　思维课堂的校本培训

一、主题式“五环”校本研修

1. 什么是主题式“五环”校本研修?

主题式“五环”校本研修共分为五个环节：独立备课、集体磨课、抽签上课、评课议课、人人上课。

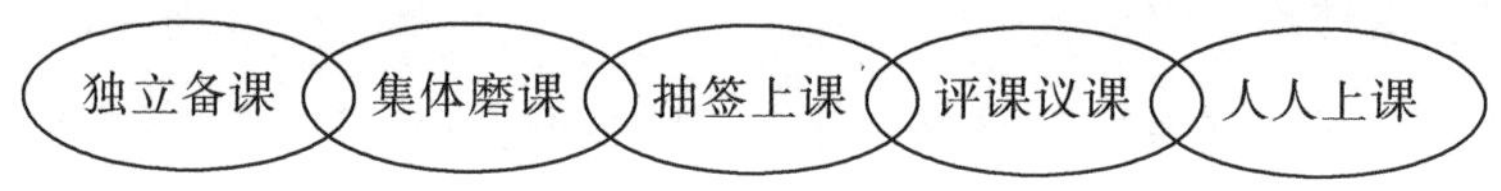

第一环：独立备课

以教师个人为主，首先要对此次教研活动的主题进行文献研究，开展理论学习，丰富自身对主题的认识。在此基础上深入研究教材，确立教学重难点，设计教案。每一位参与研修的教师都要拿出第一份体现个人教学主张的教学设计。独立备课时间约为1周。

第二环：集体磨课

在教师独立备课的基础上，通过“备课组”活动将个性的、零散的问题收集整理，发挥“同伴互助”的作用，研磨问题、思维碰撞、交流共融，从而形成第二份整合了“各家所长”的教案。

第三环：抽签上课

在“集体备课”的基础上，每一位参与研修的教师都要参加现场抽签，被“抽中”的教师承担执教研讨课的任务，当场上课。其余未被“抽中”的教师承担观课任务。

第四环：评课议课

承担观课任务的教师根据预先设计的《课堂观察量表》分别观察记录学生发言面、教师提问次数、有效问题数量等课堂现象。议课时，观课教师要人人发言，总结概述各自观课结果，用数据说话。参与教研的教师对各环节进行深入研究，并对课堂教学行为提出改进意见，最终形成经课堂实践后的第三份集体备课教案。

第五环：人人上课

每位教师带着经过集体备课、课堂实践、评课议课后最终形成的第三份教案离开教研现场。活动后，每位教师根据所带班级的不同，对教案再次进行个性化的修改，形成基于班情、基于学情的第四份教案，并到各自所在班级里进行再次实践。

2. 主题式“五环”校本研修如何实践？

（1）主题从何而来？

校本教研，主题从何而来？

主题，从教学问题中产生。

一切研究都从问题开始，问题是校本主题教研的出发点。教师在教学中遇到的最棘手、最实际的问题，与教学实践直接联系的问题，成为首选主题。

主题的设计，可以按月逐步推进。例如，9月份研究“教在儿童学的起点上”；10月份研究“为儿童的好学设计合理的问题”；11月份研究“生生互动，让课堂彰显活力”；12月份研究“激发质疑能力，让课堂充满挑战”；等等。围绕同一主题，语、数、英、音、体、美等所有学科，都可以建构起相应的教研活动。

主题的设计，也可以分学科进行。根据教育热点、关键年级、学科特征等因素，选择每个学科中亟须解决的问题。例如，语文学科重点关注三年级起步作文，开展“起步作文的语段指导”；数学学科重点关注毕业班复习，开展“数与代数的归类复习”；英语学科重点关注阅读教学，开展“语篇整体阅读”；艺术学科重点关注各学段学生艺术素养的序列建构；等等。

当然，教研主题源于教学问题，诚然无可厚非。但是，如果只以教师在教学实践中遇到的教学问题为话题，而不加任何选择、提炼的话，校本教研的主题会显得凌乱。当随机教研话题积累到一定数量后，教导处就要对这些话题进行归类分析，提炼核心的教研主题。

（2）校本研修如何组织？

对于“校本研修”，要形成共同的研修愿景。在《共同体》一书中，齐格蒙特·鲍曼说，“共同体”这个词传递的感觉总是很美妙的。共同体是一个温暖而舒适的场所，一个温馨的“家”，在这个家中，我们彼此信任、互相依赖。

在“校本研修”这一共同体建设中，其成员之间是否具有共同的价值认同、共同的利益需求以及强烈的认同意识是关键。学校要通过文化融合，增强所有参与研修的教师的热情，唤起他们对“校本研修”的归属感、认同感以及对其他成员的尊重感。

对于“跨校研修”，要制定严格的研修程序。如何在有限的时间里最大限度地挖掘“集体教研”的价值，已成为提高校本研修的关键所在。从约束职能上说，学校文化体现出一种道德守则，是学校管理中的软性约束。而制度是学校中的“法律”，是一种硬性约束。要使“集体教研”这种学校教研文化被所有教师所认同，在起步阶段必须有赖于制度规定，体现一种“行为导向”的作用。学校管理层要制定严格的“集体教研”制度，并始终如一地贯彻执行，增强教师对这一教研活动的主动性，提高执行力。

（3）“五环”中起决定作用的是哪几环？

“抽签上课”，人人都是主角。在传统的校本教研中，谁来上课都是预先设计好的，评课时大家只说好话，或者不痛不痒地说几句所谓的“不成熟的建议”。这种做法让本该属于教研活动主体的大部分教师处于“屏蔽”状态，没有点燃他们思维的火花，更提不起教师“参与教研活动的积极性”。主题式“五环”校本研修强调：人人都是教研活动的主体。其中“人人抽签”这一环节是最刺激的，没有提前预设，人人都要做好上课的准备。这一方式的转变，带来教师对参与教研活动的极大重视，从整体上提高了教师参与校本教研的积极性。

“评课议课”，教研抛开模糊。在以往的教研活动中，很多时候教师带着一张“听课纸”进入课堂。一节课下来，一张“听课纸”是记满了，但头脑中未必清楚。与传统的“听课”不同，课堂观察强调运用已经研制好的《课堂观察量表》，确定每位教师的观察点及各不相同的分工。有了这样具体的分工，在任务意识的驱动下，教师会增强对课堂的关注度，也为校本教研提供了科学的依据。课堂观察作为一种新的听课形式，为校本教研提供了科学的依据，成为促进教师专业发展的重要途径。

“人人上课”，教研连环跟进。正如考试的目的不只是让学生学会，更重要的是让学生会学，跨校研修的目的也不只是为了“上课”而“上课”，它更强调这是一个动态生成的过程。主题式“五环”校本研修的最后一环称为“人人上课”，即每位教师都要带着这份凝聚着全组教师智慧结晶、“四易其稿”的教案，到各自所在的班级再次执教，帮助教师养成自我反思与主体教研的习惯。

二、集团化跨校教研活动

“校本教研”是学校在推进新课程改革的过程中改进教学行为、提高教学质量的重要教学制度。但受学校教研制度不健全以及“应试教育”等传统观念的束缚，部分学校校本教研呈现出“内容确立空洞、研讨交流空谈、活动组织空架子、活动效果空想”的“四大皆空”现象。随着教育集团化办学的推进，借用校际教育差异带来的张力，把原有的单一学校管理模式和项目研究方式改变为联动和共振，已经成为提高教研活动效益的成功举措。

1. 文化先导，形成跨校研修的价值共同体

如果将教育实践的本质理解为一种交往活动的话，那么跨校研修便可用来指代不同文化情境中的交往共同体。为保证跨校教研的品质，各校必须在学校精神与文化上相统一。与一般意义上的“输出”“造血”不同，跨校研修更尊重各校之间的平等性。跨校研修强调在文化融合的基础上，

充分发挥各校教师自身的积极性和创造性，资源共享互建，价值诉求一致，从而使参加跨校研修的各校形成平等、合作、互动的格局，促进各校教研水平的整体提高。

（1）形成共同的研修文化

在跨校研修这一共同体建设中，形成共同的研修文化，能使参与跨校研修的各校教师具有共同的价值认同，形成强烈的认同意识。

首先，对主题的遴选是在全员参与基础上的优选。校本研修强调充分发挥每一位教师的主体作用，主题必定来自教师在教学中遇到的最棘手、最实际的问题，往往是与教学实践联系最紧密、教师最希望得到解决的问题。各校教师普遍反映的热点、难点问题，自然成为跨校研修的首选主题。在以往的教研中，教师们对教育热点、关键年级和主干学科亟须解决的问题普遍比较关注。

主题的确立，无关“优质学校”或“薄弱学校”，无关“我们”服从“你们”，只与教师的研修需求相关。这种对教师研修需求的重视与尊重，对激发每位教师的参与意识起到了积极的推动作用。

其次，要形成人人都可享用的教研成果。校本教研的目的直接指向提高教学质量，离开课堂实践的校本教研无异于“空中楼阁”。要让校本教研从“空中楼阁”走入“寻常百姓家”，对教研成果的运用提出了更大的考量。跨校研修形成的教研成果是共研、共有、共享的。它强调在整个过程中每位教师的主体参与，注重教研的过程与经验的积累。在跨校研修中达成的教育理念、几易其稿形成的教案、共同修改完成的课件都成为集团学校共有的教学资源，每位教师都能够在自己的课堂上使用，直接指向每一节课教学质量的提高。

（2）形成共同的主题文化

整体规划，统筹安排。跨校研修以集团内各所学校间形成的教研组为单位，在校际异质文化的碰撞中首先必须做好整体规划。一般说来，跨校研修以集团内的“优质学校”为组织者，在综合各校有关学科、年段、研修主题意见的基础上制定学期方案。一般以“月”为时间单位，一个月开展一次，各校轮流承办。在活动组织中，各校要培养能够引领整个研修活动的负责人，我们谓之“第一责任人”。“第一责任人”通常由各校相关学科的教研组长担当。他不仅要主持整个教研活动，更要对整个教研的进程进行实时跟踪，适时补位。

设计程序，严格执行。如何在有限的时间里最大限度地挖掘“跨校研修”的价值，已成为提高校本研修的关键所在。制定明确的研修程序，让每一位教师熟知、执行这一“游戏规则”，是确保跨校研修得以有序开展的关键。“交互式”课堂浸润体验是跨校教研活动中运用最多的教研方式。

“交互式”课堂浸润体验侧重于促进参与跨校研修的学校开展日常教学研讨交流。各校间互派教师到对方学校、对口班级执教，课的类型、课的内容由上课教师自己确定。“交互式”课堂浸润体验，正如它的名字，这种类型的跨校研修指向体验，通过体验不同学校的不同生源，引导教师实施基于学情的教学变革。

俗话说，没有规矩不成方圆。在跨校研修中，各校除去物理空间的间隔，各校教师不同的研究层次、不同的学习背景、不同的参与状态往往容易使跨校研修呈现“分散化”，只有制定明确的研修程序并使之成为教师的“行为导向”，才能确保跨校研修的正常开展。

重视管理，形成制度。现代著名管理学家赫伯特·西蒙有句名言：管理就是决策，管理过程就是决策过程。在跨校研修中，要使跨校研修这种开放的教研文化被所有老师所认同，在起步阶段各校必须有赖于制度来体现共同的价值追求。

从约束职能上说，学校文化是一种道德守则，是学校管理中的软性约束。而制度是学校中的“法律”，是一种硬性约束。在跨校研修中，要理顺决策、执行、监督、保障等影响跨校研修的关键因素，各校之间建立以规则程序为纽带的跨校研修运行机制，增强教师对这一教研活动的主动性，提高执行力。实践证明，推行集团化管理，提供给师生的不仅仅是一系列的行为准则，更重要的还有隐含在这些准则中的价值观念。

2. 抱团发展，凝聚跨校研修的强大生命力

一所优秀的学校，其背后必然有一个优秀的教师群体在支撑。教师发展，是决定学校发展的核心生产力。跨校研修激发了教师参与研修活动的热情，也带给教师发展无穷的可能性。

（1）实施捆绑机制，让不同起点的学校都能齐头并进

跨校研修是扩大优质教育资源、促进义务教育均衡发展的一项重要举措。跨校研修将集团内各校捆绑在一起开展校本研修，以团队带团队的方式，分享名校教学理念、名师教育智慧、丰富的课程资源等。其中，最有效的方式之一便是建立教师发展共同体。

学校重点打造两支教师队伍：教学科研团队和班主任队伍。双周一次的大教研组活动，在名校教研组长的引领下，集团内同学科教师一起参与教学问题研讨，增强教师的专业能力。实施班主任小团队建设，将集团内的青年班主任召集在一起，成立“青年班主任共同体”，邀请集团内所有骨干班主任、校外德育专家对其进行“打包培训”。这种方式充分整合了人力、财力、物力、时间、空间以及信息等资源，为教师合作提供支持，引领教师走上基于合作的专业发展道路。

跨校研修的动力之源是教师，通过建立伙伴协作的教师文化，将各校教师捆绑在一起发展，有效促进了优质教育资源的培植和充分利用，促进了集团学校整体办学水平的提高。

（2）开展团队研修，让不同层次的教师都能力争上游

在传统的校本教研中，谁来上课都是预先商量好的，甚至连评课的内容也早已预设。这让本该属于教研活动主体的大部分教师处于“屏蔽”状态，成为“看客”“观众”。

全员性原则要求策划教研活动时须让教研组内的所有教师都参与到活动中来，让组内的每一位教师都贡献自己的智慧，都成为思考者、研究者、实践者。主题式“五环”校本研修的每一环都要充分考虑到每位教师的作为：独立备课，人人要拿出自己的教案；集体磨课，人人要交流发言；抽签上课，人人有可能被抽中当场上课；评课议课，人人有观课任

务。因为有了这些"任务驱动"，每一位教师都有了强烈的责任心。尤其是最后形成的研修成果，人人可以享用，这让不同起点、不同发展层次的教师有了同样高的教学平台，这对教师尤其是薄弱教师来说是一种"助力"。

不仅如此，在跨校研修中，来自各校具有不同研究层次、不同学习背景、不同年龄阶段的教师们抱团研修，易于在这种民主、互助、开放的跨校教研氛围中碰撞出思维的火花，"求同存异"，既保留共性思维，又激发个性思维。

3. 指向课堂，建设跨校研修的核心主阵地

依据"空间聚集理论"，聚集在特定区域里的大量教育要素进行流动组合，有利于形成物质流、资金流、人才流、技术流和信息流，这样就可以获得相应的集合优势。跨校研修能够发挥集团学校的地理空间支撑作用，由伙伴协作带来资源生成，激活优质均衡发展新生长点的潜在能量。

（1）整合资源——跨校研修，联动发展

跨校研修的基本出发点是实现集团学校内部在理念、资金、人力、信息等方面的资源共享。资源共享是跨校研修产生整体效应的保障，是支撑组织初始运营的基础。校本研修，要加强各校在资源分享上的联系。

以制度建设为基础，各校教研活动要求"一体化"；依托网络，形成共有的研修平台，相互分享优秀教案设计、课件、题库等教学资源；建立校际骨干教师走课、大教研组活动等日常教学机制；强化教育科研和校本培训的"研训互动"。

资源的共享，为跨校研修聚集了"和而不同"的教学智慧，这些资源对于更好地建构学科知识体系、打磨课堂教学提供了智力支撑，为校本研修注入了源头活水。

（2）优化教案——跨校研修，巧用差异

差异性原理告诉我们，差异的存在，使得存在着差异且具有关联性的事物间生成了一种"张力"关系。这种"张力"既包括事物间的排斥力、对抗力，也包括事物间的吸附力、激励力等。而正是吸附力、激励力等的存在，才形成了差异对于事物发展而言的强大驱动作用。

在跨校研修中，各校具有不同的文化、不同的师资、不同的生源，存在很大的办学差异。即便是同一学科的教师，对同一教学内容的见解也不尽相同。跨校研修既能保护教师的个性思维，又能启发教师间相互借鉴、取长补短，很好地处理了个性与共性、个人智慧与集体智慧的关系，在差异所形成的“张力”中达到了和而不同的发展。

（3）观课议课——跨校研修，抛开模糊

与以往的教研活动不同，跨校研修能充分发挥同伴互助的优势，更强调课堂观察的科学性。与传统的“听课”不同，课堂观察强调运用已经研制好的《课堂观察量表》，确定每位教师的观察点及各不相同的分工。有的教师记录学生发言面，有的教师记录课堂提问次数，有的教师记录有效问题数量，等等。议课时，观课教师须人人发言，总结概述各自的观课结果，用数据说话。有了这样具体的分工，在任务意识的驱动下，教师会增强对课堂的关注度，也为校本教研提供了科学的依据。这是办学规模小、任课教师少的学校无法实现的，也是跨校研修的优势所在。

正如水的落差可以作为动力用来发电，教育的差异也可以是教育发展的资源。跨校研修，始终坚持以问题研究为根本，以课堂教学为重点，引导师生回归主体，引导教研回归实践，追求校本教研活动价值的最大化。它让每一个学校在差异所形成的“张力”中逐步建构开放式的教研生态，在合作共生的大格局下，各校最终都能回归基于校情的自主教研，提高校本教研效益。

第三章
思维课堂的精彩呈现

第一节　习作策略单元教学案例

写作是小学语文教学的重要组成部分，是学生认识水平和语言文字表达能力的综合体现，是教学的重点，也是教学的难点。

尽管教师花费了大量的时间与精力进行写作教学，但往往教学效果甚微。究其原因，习作教学没有系统的课程体系，教与学缺乏明确的目标定位是主要因素。

统编版教材的“习作单元”带来习作教学新走向。在小学语文统编版教材中，自三年级上册开始出现“习作单元”这样的特殊单元编排，这在以往教材体例中史无前例，是教科书编撰史上的一个创举。习作单元以“整体导入”，蕴含着严谨的学理推演，成为统编版教材的一大亮点。

表1　统编版教材各年级习作单元结构图

册次	习作要素	册次	习作要素
三上	留心观察	三下	展开大胆的想象
四上	把一件事情写清楚	四下	按一定的顺序写景物
五上	运用说明方法介绍一种事物	五下	学习描写人物的方法
六上	围绕中心意思写	六下	表达真情实感

习作单元一般由“导语”“精读课文”“交流平台”“初试身手”“习作

例文”“单元习作”六个板块组成，每个板块的安排都指向学生习作能力的培养。“精读课文”落实单元要素，在阅读中贯穿习作方法的指导；“交流平台”结合对精读课文的分析，梳理总结学习要点；“初试身手”让学生尝试运用学到的习作方法进行表达练习；“习作例文”从不同的写作角度提供范例，让学生进一步领悟方法；“单元习作”引导学生运用学到的习作方法进行实践，呈现学习成果。

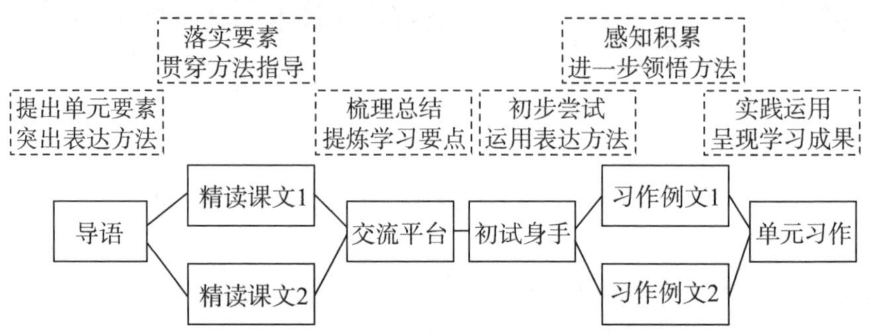

图1 习作单元各板块功能定位

三年级上册《15 搭船的鸟》

一、教材分析

《搭船的鸟》是统编版小学语文三年级上册第五单元中的一篇课文。课文记录了“我”乘船去乡下的外祖父家，偶遇一只美丽的翠鸟。小作者用浅近、朴素、清新的笔法，写出了这只翠鸟外形的美丽与捕鱼动作的快速，纯真明净的童趣给人留下难忘的印象。

二、教学目标

1. 从文字中感受翠鸟外形的美丽、捕鱼动作的快速。
2. 学习描写动物外形（先整体后局部）以及动作描写的写作方法。
3. 引导学生学会仔细观察身边的事物，感受生活中无处不在的美。

三、教学重点

通过品读对翠鸟的外形和捕鱼姿态、动作的描述，体会翠鸟的可爱、活泼和“我”对翠鸟的喜爱之情。

四、教学难点

先整体后局部的外形写作方法与动作描写。

五、教学过程

（一）环节一：设置问题情境，引发思维挑战

1. 出示一幅已经被打乱的拼图，请学生仔细观察后完成拼图。

2. 展示已经拼好的图案：翠鸟。

3. 请学生介绍自己所了解的翠鸟。

4. 教师总结：翠鸟是一种生活在水边的小鸟，颜色鲜艳、小巧玲珑、叫声清脆，很受人们的喜欢。

【设计意图】翠鸟是当下的学生并不太了解的一种小动物，尤其对于城市中的学生来说更是陌生。通过拼图的形式导入课文，不仅让学习新内容变得生动有趣，而且还给学生提供了动手操作的学习环境与合作学习的机会，引发了学生学习新知的兴趣与动力。

（二）环节二：聚焦核心问题，搭建思维台阶

任务一：感受翠鸟外形的特点

活动1：读课文第2自然段，这是一只怎样的小鸟？

活动2：抓住“彩色、美丽、翠绿、蓝色、红色”等关键字词，感受翠鸟外形的特点。教师引导学生拓展更多的表示颜色的词语。

活动3：随文说话。

观察“大公鸡”的图片，完成说话练习：“我看见一只（　　）的大公鸡，（　　）的鸡冠，（　　）的眼睛，（　　）的羽毛……”

任务二：感受翠鸟捕鱼的特点

活动1：读课文第4自然段，感受翠鸟捕鱼的特点。

活动2：小组合作学习，出示任务单。

读：读读第4自然段。

圈：把描写翠鸟捕鱼的动作圈出来。

说：想象这些动词表示的动作，你好像看见翠鸟在怎样捕鱼？

活动3：组织交流，抓住“冲、飞、衔、站、吞”等关键动词，感受翠鸟捕鱼动作之快。

【设计意图】翠鸟外形的美丽、捕鱼动作之快是课文学习的重点。“任务一”“任务二”两个模块设置了不同的学习活动，将学习重点逐一化解。抓住表示颜色和动作的词语这一文本学习的重点，并拓展相关的语言训练，为思维的发展搭建了台阶。

（三）环节三：进行写话练习，实现思维外化

1. 欣赏经典动画片《猫和老鼠》中的猫抓老鼠视频。

2. 说一说：猫是怎么抓老鼠的？请同学们抓住动作来交流一下。

3. 放慢镜头，把动作分解，学生再看一遍猫抓老鼠的视频。

4. 随文写作：写猫抓老鼠的一个片段，用上合适的动词。

5. 组织交流，师生点评习作片段。

【设计意图】在小学语文课堂学习中，最常用的迁移运用便是“随文写话”。针对本课学习的重点：动词的使用，指导学生进行相关的语言迁移练习。《猫和老鼠》是一部经典的动画片，学生在欣赏了笨猫汤姆对机灵老鼠杰瑞一路穷追不舍后，再来写一写这个令人捧腹大笑的片段，很好地实现了语言的迁移与应用训练。

（四）环节四：适度拓展提升，促进思维迁移

1. 师：学了课文《搭船的鸟》，翠鸟外形的美丽、捕鱼动作之快都给我们留下了深刻的印象。在生活中，只要我们善于观察，时时处处都会有新发现。

2. 组织学生交流，分享生活中的新发现以及美好的事物。

【设计意图】语文学习的外延与生活的外延相等。生活，是创新知识的来源。教师通过引导学生用发现美的眼睛去观察生活，发现生活中的美，架起书本与生活之间的桥梁，让书本知识走向生活，在生活中体现学习价值。

六、板书设计

15 **搭船的鸟**

外形美	先整体后局部
捕鱼快	动作描写

【设计意图】板书揭示了文本主要内容（外形美、捕鱼快）、语言表达方式（先整体后局部、动作描写），将课堂学习的重难点鲜明地展示出来。这样简洁明了的板书，便于学生识记与记忆。

四年级上册《17 爬天都峰》

一、教材分析

《爬天都峰》是统编版小学语文四年级上册第五单元中的一篇精读课文。课文描写了在暑假里，“我”和爸爸去爬天都峰，路遇一位素不相识的老爷爷，“我们”互相鼓励，克服山高路陡的困难，一起爬上天都峰的事情。课文向人们揭示了在困难面前，有时要善于互相学习，从别人的身上汲取力量，共同进步的道理，也告诉我们，一个人只要有决心、有勇气，再大的困难都可以克服。

二、教学目标

1. 流利、有感情地朗读课文，读好对话，揣摩人物的思想感情。

2. 通过对语言文字的感悟，体会“我”和老爷爷是如何相互鼓舞、坚定信心，从而战胜困难的。

3. 知道写一件事要按一定的顺序把时间、地点、人物、起因、经过、结果写清楚，体会并学习作者根据表达目的进行选材的方法。

三、教学重点

通过对语言文字的朗读感悟，体会“我”和老爷爷是如何相互鼓舞、坚定信心，从而战胜困难的。

四、教学难点

了解课文是如何按照爬山前、爬山中和爬上峰顶后的顺序将“我”爬山的过程写清楚的。

五、教学过程

（一）环节一：设置问题情境，引发思维挑战

1. 朗读课题《17　爬天都峰》。

2. 这是一篇记叙文，记叙文有六要素：时间、地点、人物、事情的起因、经过、结果。

3. 请学生围绕“记叙文六要素”，说一说这篇课文主要写了什么。

4. 教师评价：在介绍“爬天都峰”的过程中，是按照爬山前、爬山中、爬上峰顶后的顺序来介绍的。写事，要按照一定的顺序，这是记叙文的一大特点。

【设计意图】依照文体特征，选取不同的教学方法。这是一篇记叙文，记叙文有六要素：时间、地点、人物、事情的起因、经过、结果。教师引导学生回顾课文主要内容，达到了温故知新的学习效果。

（二）环节二：聚焦核心问题，搭建思维台阶

任务一：品读课文，感受爬山的过程

活动1：爬山前

师：自由读课文第2自然段，你感受到了天都峰的什么特点？

师：把这段话概括成两个字。找一找，这段话中的哪两个字最能概括天都峰的特点？（高、陡）

师：从哪里能感受到天都峰的高和陡？（抓住“啊，峰顶这么高，在云彩上面哩”“再看看笔陡的石级，石级边上的铁链，似乎是从天上挂下来的，真叫人发颤”等关键语句，感悟天都峰的高和陡。）

师：面对这么高、这么陡的天都峰，“我”犹豫不决，那是什么原因让“我”下定决心去爬天都峰的？分角色朗读“我”和“老爷爷”的对话。

活动2：爬山中

师：自由读课文第6～7自然段，你从哪些文字中可以感受到爬山很艰难？

组织交流，抓住关键语句“奋力向峰顶爬去、攀着铁链上、手脚并用向上爬、爬呀爬、终于”等交流自己的感受。

聚焦关键字“爬”“攀”，即四个“爬”、一个“攀”，作者正是通过这样的“细节描写”写出了爬天都峰的艰难。

活动3：爬上峰顶后

师：站在天都峰顶上，看着壮丽的风景，“老爷爷”和“我”有说有笑。

分角色朗读，一人“我”，一人“老爷爷”，一人“爸爸”，一人旁白。其他同学边听边想，说说明白了什么道理。

组织交流：在困难面前，要善于互相学习，从别人的身上汲取力量，共同进步。

任务二：聚焦写法，感受表达的形式

活动1：提出问题

师：这是一篇记叙文，除了有序表达，课文是怎么把爬山的过程写得

这么有趣的？

活动2：小组合作

寻找课文中相关的语句，总结出课文写得这么生动有趣的方法。

活动3：组织交流

师：为了写出天都峰的高和陡，小作者不仅写了看到的，还生动地刻画了自己想到的。这样细腻的写法，可以叫作“细节描写”。

观看微课《细节描写》，了解关于“细节描写”的写作方法。

【设计意图】课文按照爬山前、爬山中、爬上峰顶后的顺序将“我”爬山的过程写得清楚、有趣。在课文学习时，紧紧抓住“爬山前、爬山中、爬上峰顶后”这三个时间段，重点品读描写天都峰高和险的关键词句，感受小作者登山的不易。作为习作策略单元的精读课文，除了对文本内容的理解，还应进一步感受课文是如何写的，即语言的表达方式。这样便于为下个环节的“语用”做好铺垫。

（三）环节三：进行写话练习，实现思维外化

1. 总结写法：我们一起学习了课文《爬天都峰》，文章按照爬山前、爬山中、爬上峰顶后的顺序，运用“细节描写”写出了“山的高陡和爬山的艰难”；用对话揭示了“我们要勇于面对困难，互相鼓励，互相汲取力量”的道理。

2. 观看视频《冒着严寒巡逻的边防战士》。

3. 出示写作要求：运用细节描写的方法，写出“雪厚”“天冷”以及边防战士在雪地上行走的艰难。请把他们艰难行走时不同的样子写出来。

4. 学生当堂完成习作片段。

5. 组织交流。

（1）环境描写：雪厚、天冷

一场大雪过后，只见群山已经披上了厚厚的银装，天地之间一片白茫茫。积起的白雪达到2米多高，战士们走得出去吗？再看看雪中艰难行走的边防战士，白雪没过了他们的膝盖，刺骨的寒风和零下30度的低温，足以让人冻成冰块吧！

（2）动作描写：走得艰难

巡逻的边防战士背着枪，冒着风雪，奋力地向前走，一会儿拉着绳索向前走，一会儿用手先拨开前面的雪再慢慢走，一会儿甩掉脚上的雪后吃力地向前走，一会儿弯着腰、跌跌撞撞地走……

走呀走，战士们手拉手，心连心，历尽千辛万苦，终于走到了边界，找到了被大雪覆盖的界标。

【设计意图】在儿童的语言学习中，模仿起着重要作用。大量的研究和实践都已表明：儿童主要靠模仿来丰富语言。学生学语言的过程就是语言模因复制、传播的过程。学习了课文“细节描写”的写作方法，让学生尝试用这种方法写一写边防战士在雪地上行走的艰难。这样的随文练笔及时、有效地巩固了课堂所学。

（四）环节四：适度拓展提升，促进思维迁移

1. 师：通过本课的学习，你有什么收获？（围绕课文的主要内容，或者围绕“细节描写”“对话揭理”的写法来交流都可以。）

2. 推荐阅读《登天都峰》。这篇短文写了明代著名旅行家徐霞客和朋友登天都峰的故事。

师：同样是写爬天都峰的短文，它与课文在文本内容和写作方法上有何异同？

【设计意图】比较阅读是思维课堂中经常使用的一种教学方法。比较阅读指把内容、形式相近或相对的两篇文章或一组文章放在一起，对比着进行阅读，这样既可以开阔视野、活跃思想，又能使认识更加深刻、充分。同样是写爬天都峰，课文与课外阅读的短文在表达内容和表达形式上有何异同？这一开放性的问题，将给学生的思维发展带来挑战。

六、板书设计

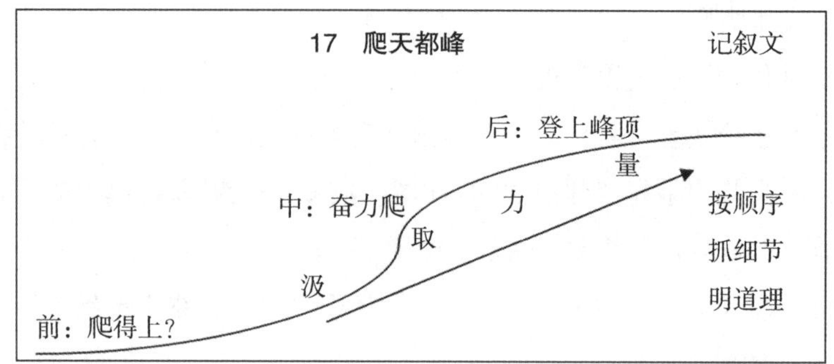

【设计意图】板书以寥寥数笔勾勒了一座山峰的外形，按照事情发展的顺序分别对应着“爬山前、爬山中、爬上峰顶后”三个时间段。一条直线向上延伸，代表着不断向上的力量，这也是课文揭示的道理：从别人身上汲取力量！副板书是课文写作的特色：按照一定的顺序，抓住细节描写，对话揭示道理。

四年级下册《16 海上日出》

一、教材分析

《海上日出》记叙了作者乘坐机帆船在海上观看日出的情景，语言质朴、准确、生动，是描写日出的经典散文。作者依次描写了晴天、多云、黑云天气下的日出，表达了对这一自然奇观的喜爱之情。课文第一部分是第1自然段，点明了观看日出的时间和位置。第二部分是第2~5自然段，描写了海上日出的景象。第三部分为第6自然段，作者直抒胸臆，运用一个反问句式，总结感受，表达了对海上日出这一壮观景象的赞美之情。

二、教学目标

1. 认识“扩、刹”等3个生字，读准多音字“荷”，会写“扩、范”等9个字，会写“清净、扩大”等9个词语。

2. 默读课文，能说出日出时的景象。

3. 了解课文按太阳变化的顺序写景的方法。

4. 随文练笔，选取一两种景物，抓住景物的变化写一写。

三、教学重点

学习课文第2~5自然段，品读天气晴朗时的日出景象，感悟作者对奇伟壮观的大自然景观的热爱和赞美之情。

四、教学难点

了解作者按太阳变化的顺序，抓住颜色、光亮、位置变化描写日出的动态过程。

五、教学过程

（一）环节一：设置问题情境，引发思维挑战

1. 教师播放日出的照片，学生欣赏。

2. 以“日出时的景色是怎样的”为话题展开交流，学生介绍自己看到过的日出景象。

3. 师：今天，让我们随着作家巴金去领略海上日出的壮丽景象吧。

4. 教师板书课题，学生朗读课题。

【设计意图】问题情境是引发思维冲突、激发学习兴趣、锻炼思维能力的重要前提。问题情境应符合学生的生活经验，与日常生活密切相关。教学时，教师将学生在生活中看日出的情境与课文相联系，无论是在海上看日出，还是在海边看日出、在山上看日出、在高楼上看日出，都能引起学生思维与文本的共鸣。

（二）环节二：聚焦核心问题，搭建思维台阶

任务一：感受天气晴朗时海上日出的壮观景象

活动1：读课文第2、3自然段，圈画出描写天气晴朗时海上日出景象的字词。

活动2：组织交流。

颜色（从“红是真红”到“颜色红得非常可爱”再到“深红的圆东西”）

位置（从“小半边脸”到“努力上升”再到“跳出了海面”）

亮光（从“没有亮光”到“发出了夺目的亮光”）

活动3：用简笔画的形式记录天气晴朗时海上日出的景象。

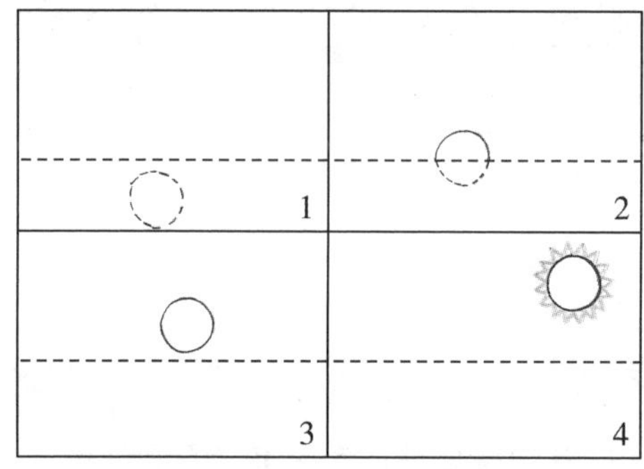

任务二：感受有云时海上日出之美

活动1：天边有云时又是怎样的一番景象呢？请学生自由朗读课文第4、5自然段。

活动2：组织交流。

（1）多云

预设：“这时候要分辨出哪里是水，哪里是天，倒也不容易，因为我就只看见一片灿烂的亮光。”

（2）黑云

预设一：“然而太阳在黑云里放射的光芒，透过黑云的重围，替黑云镶了一道发光的金边。”抓住动词“镶”，通过看图理解“镶”字的妙处。

预设二：“后来太阳才慢慢地冲出重围，出现在天空，甚至把黑云也染成了紫色或者红色。”抓住动词“染”，感受太阳一层一层地晕染着黑云，体会“染”字的妙处。

活动3：有感情地朗读第4、5自然段。

【设计意图】作者着力描写晴天和有云时海上日出的过程，通过颜色、亮光、位置的变化，准确生动地展现了这种动态的自然景观。教学中，指导学生找出语句中的关键词语，结合语言环境理解句意，并引导学生体会这些词句所包含的情感。用板画演示、配乐诵读等形式展现晴天日出的动态过程，强化学生的感受，进而突破本课的教学重难点。

（三）环节三：进行写话练习，实现思维外化

1. 海上日出的景象是壮美的，大自然中还有很多壮丽的景象。请学生欣赏视频《暴雨来了》，说说暴雨来临前后哪些景物发生了变化。

2. 组织交流。

预设：天色越来越暗、乌云越来越密集、风刮得越来越大、雨点越来越大……

3. 学生完成写话练习。

4. 展示学生的写话片段，师生点评。重点关注：写出了暴雨来临前后景物的变化。

【设计意图】“按一定的顺序写景物”是本篇课文的写作方法，也是本单元的语文要素。在感受了课文按照太阳变化的顺序生动具体地描绘海上日出的景象之后，学生进行《暴雨来了》的相关写作训练，能很好地巩固“按一定的顺序写景物”的写作方法，实现课文作为习作策略单元精读课文的价值功能。

（四）环节四：适度拓展提升，促进思维迁移

1. 复习课文，说说海上日出的景象。

2. 推荐阅读徐志摩《泰山日出》、刘白羽《日出》等经典美文。

3. 关注身边的景物，观察日落、刮风、下雨、叶落等自然景象的变化过程，尝试写一写。

【设计意图】同样是写日出，徐志摩的《泰山日出》、刘白羽的《日出》与课文有何异曲同工之妙？学生在品鉴这些经典美文的同时，会感受到瑰丽壮观的日出景象、富有艺术感染力的文笔以及作家心中澎湃的激情。这些都将给学生带来美的启迪。

六、板书设计

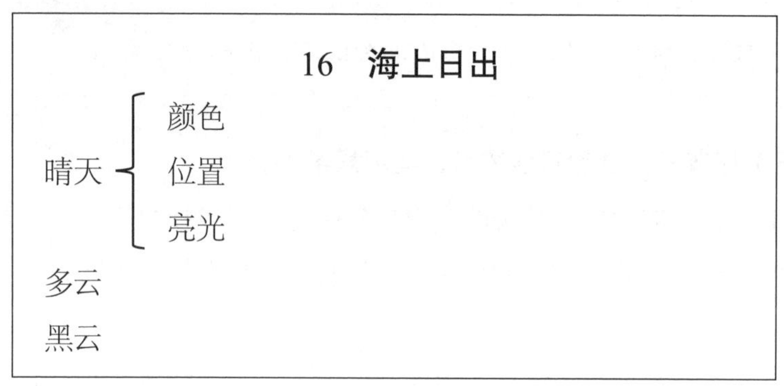

【设计意图】板书清晰地呈现了课文的主要内容：《海上日出》主要描写了晴天、多云、黑云天气时日出的不同景象。天气晴朗时的日出是文本写作的重点，作家巴金分别从太阳颜色、位置、亮光的变化，写出了晴天时日出的雄伟、壮观。这样的板书设计，对于学生回顾、复述课文内容具有很好的指引作用。

五年级上册《17　松鼠》

一、教材分析

《松鼠》是一篇知识性、科学性、趣味性都较强的文艺性说明文（又称科学小品文）。课文用准确的说明、生动的描写介绍了松鼠的外形漂亮、行动乖巧、性格驯良等特点，表达了作者对松鼠的喜爱之情。

二、教学目标

1. 整体感知课文，理清层次，了解松鼠的外形特点和生活习性。

2. 学习课文用生动的描述来准确说明事物特征的方法，体会文艺性说明文的特点。

3. 感受松鼠的漂亮、驯良和乖巧，增强喜爱动物的情感。

三、教学重点

聚焦“松鼠的特点及说明方法”这一主问题，感受松鼠外形及生活习性的主要特点。

四、教学难点

了解课文是如何用生动的说明来介绍松鼠的外形特点与生活习性的。

五、教学过程

（一）环节一：设置问题情境，引发思维挑战

1. 师：同学们，这节课我们将继续学习第17课《松鼠》。

2. 这是一篇说明文，板书：说明文。

3. 师：通过上一节课的学习，你知道这篇说明文介绍了松鼠的哪些知识？

教师随机总结、归纳学生的发言：外形特点、生活习性。

4. 师：课文中有一句话，把松鼠这两方面的特点都总结在一句话里，找一找在哪里，用横线画下来。

5. 出示：松鼠是一种漂亮的小动物，乖巧、驯良，很讨人喜欢。

师：松鼠是怎样的乖巧、驯良，让你喜欢呢？让我们进入课文的学习。

【设计意图】这是一篇说明文，教学导入要针对课文的文体特征而设问。说明文一般会用理性客观的科学语言，追求语言表达的准确性与科学性。引导学生筛选、捕捉有效信息，是此类文章的教学价值。因此，在导入时，要根据文章体裁来设计导语，指出重点，力求起到思维定向、内容定旨、情感定调的作用，为学生下一阶段的思维活动奠定基础。

（二）环节二：聚焦核心问题，搭建思维台阶

任务一：感受松鼠的外形特点

活动1：品读描写松鼠外形的语句。

活动2：抓住关键字词，感受松鼠的外形特点。

活动3：体会打比方说明方法的作用。

任务二：感受松鼠的生活习性

活动1：感受松鼠活动的三大特点。

活动2：品读搭窝语段，体会表达顺序的作用。

活动3：感悟做比较、列数字、摹状貌等说明方法的作用。

【设计意图】本环节的教学采用“分步推进”，通过两个分问题：松鼠的外形特点、生活习性特点，用圈画、品读关键字词等方法感受松鼠的特点，并从具体的说明方法中感悟作者是“如何写”的。

（三）环节三：进行写话练习，实现思维外化

1. 学生自主交流松鼠如何吃食物的课外知识。

2. 播放视频，观看松鼠是怎样吃花生的。

3. 仿照课文的写法，使用一定的说明方法，写一写松鼠是如何吃花生的。

4. 组织交流分享，教师对学生的随文写话进行点评、修改。

【设计意图】按照“理解→重构→呈现”的结构思考力三层次模型，我们要让学生在理解的基础上将隐性思维显性化，即思维外化，成为看得见或听得到的语言作品。因此，随文写话是结构化语文思维课堂常用的一种活动。通过随文写话的练习，学生巩固、深化说明方法的运用，实现“语用”功能。

（四）环节四：适度拓展提升，促进思维迁移

1. 介绍法国博物学家布封，感受布封为了写出这样的文章花了多少时间、多少精力。让学生感悟到一切美景美文都是源于作家对自然的爱，对世界的爱。

2. 拓展阅读法国博物学家布封的《马》。

【设计意图】迁移是一种学习对另一种学习的影响，能将在一种情境中习得的知识与技能应用于另一情境，达到“举一反三”的效果。如果不

能将知识运用到新情境中去解决问题，那么学习者的学习就只能是死记硬背、机械训练，仍然停留在浅层水平上。拓展阅读同一作家、同一主题、同一体裁的阅读材料，能够更好地打开学生的阅读视野，促进思维的迁移与提升。

六、板书设计

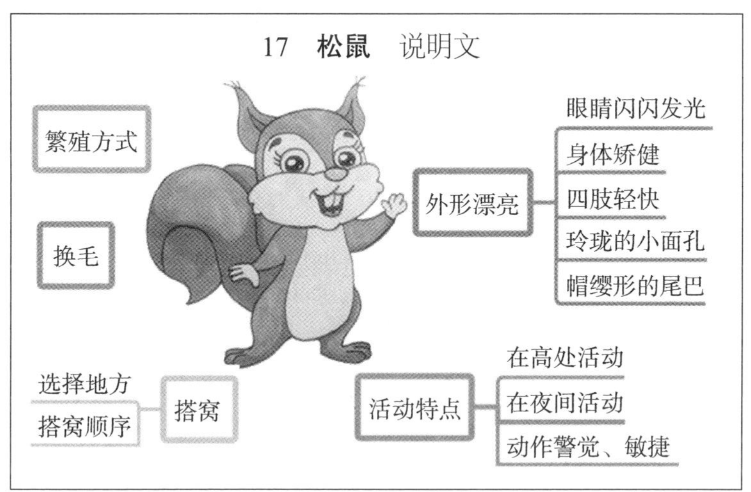

【设计意图】“图示化”的知识结构使知识由繁杂变得简化概括，使学生对知识的体系和结构产生形象化的感受和认识，符合小学阶段学生思维发展的特点。板书将《松鼠》一课的知识结构采用“图文式”的形式直观形象地概括出来，便于学生记忆与理解。

第二节　科普童话阅读教学案例

爱因斯坦曾说：想象力比知识更重要。现代社会需要的创新型人才，其基本素质之一就是具备丰富的想象力。在小学语文教学中，借助科普童话教学，培养学生对自然科学的兴趣，启迪学生对未来远景的期待，成为培养学生思维力的有效形式之一。

科普童话是童话的一个分支。它以科学知识为内容，通过想象、象征、夸张等手法塑造形象，介绍自然科学和社会科学知识。科普童话既富于科学的启迪，又具有文学的魅力，深受学生喜爱。

其教学策略主要有以下几种：

1. 抓住科普知识点。每一堂课都有知识内容的核心部分，这是学生知识建构的“关键点”，也是学习的“难点”。每一篇科普童话均会围绕某一个科普知识点建构故事，这个科普知识点就是整堂课设计核心问题的依据。

2. 抓住句式相同点。人的思维是“语言的思维”，语言是思维的“物质外壳”，思维与语言有着密切的关系。童话故事在创作手法上，最常见、最经典的便是反复性结构。相同的句式推动故事情节的发展，相同的句式也是学生进行语言训练的好载体。鼓励学生利用自己已有的知识储备去思考、去联想、去创造、去表达，在丰富的语言体验中提高学生的理解力和想象力。

3. 抓住文本留白点。很多科普童话中都有留白，这些作者有意或无意留的“空白”便是培养学生想象力的一个生长点。在阅读活动中，给学生一个质疑和创新的问题环境，有利于促进学生科学探究的思维和创造性思维的发展。

一年级下册《14　要下雨了》

一、教材分析

《要下雨了》是统编版小学语文第二册第六单元中的一篇生动有趣的科普童话故事。课文通过小白兔与小燕子、小鱼和小蚂蚁的对话，介绍了燕子低飞、鱼游到水面、蚂蚁搬家这三种预示下雨的现象，使学生知道通过观察大自然也能预测天气变化。

二、教学目标

1. 能够借助图片、联系生活等方式理解课文内容。

2. 能够正确、流利地朗读课文，读好对话、读准语气。

3. 能够直接从对话中提取信息，了解小动物们在下雨前的行为及其原因。

4. 培养学生喜爱自然、乐于观察的意识。

三、教学重点

通过课文的学习，知道燕子低飞、鱼游到水面、蚂蚁搬家这三种预示下雨的自然现象。

四、教学难点

从对话中提取信息，了解小动物们下雨前的行为及其原因。

五、教学过程

（一）环节一：设置问题情境，引发思维挑战

1. 师：今天，我们继续学习课文《14　要下雨了》。（学生朗读课题。）

2. 师：这是一篇带有科普知识的童话故事，我们称为“科普童话”。（教师板书：科普童话。）

3. 师：首先让我们来闯词语关。（教师出示词语，指名学生朗读。）

4. 师：小动物和天气之间，究竟有怎样的奇妙关系呢？让我们一起进入课文的学习。

【设计意图】这一教学环节分为两部分：第一部分是通过复习旧知识来导入，锻炼了学生对基础内容的思考和巩固。第二部分是设疑，根据即将学习的内容向学生提出总问题，激发学生对新课学习的主动性和积极性。

（二）环节二：聚焦核心问题，搭建思维台阶

任务一：学习燕子低飞部分

活动1：品读句子变化。

活动2：抓住语气词，品析对话。

活动3：通过对话，了解燕子在下雨前的行为及其原因。

任务二：合作学习鱼游水面、蚂蚁搬家部分

活动1：小组合作学习，分角色朗读。

活动2：品读人物对话，了解动物在下雨前的行为及其原因。

活动3：分析小白兔的心情，感悟人物的心理变化。

【设计意图】先从对词语、句子等基础内容的理解上，读好课文，初步走入课文的情境。在要下雨的情境中，对文中各类角色的动作、语言、心情进行深入的理解和体会。本文是通过小动物之间的对话来展开故事情节的，适合进行分角色朗读的训练。引导学生结合图片、动作、语气词等信息，在已经创设好的情境中进行分角色表演，在反复朗读中把握课文内容，加深对课文的理解。

（三）环节三：进行写话练习，实现思维外化

1. 创设语言交流的情境，让学生尝试用“因为……所以……”的句式说说燕子低飞、蚂蚁搬家的原因。

2. 创设情境，延伸对话。小白兔是怎样将要下雨的情况告诉小蚂蚁的？模仿前文，进行对话。

3. 交流反馈。

【设计意图】用“因为……所以……”的句式进行练习，不仅锻炼了学生的说话能力，更考验了学生对课文内容的理解和总结。将动物之间的对话进行延伸，让学生仿照之前的对话进行创造，大大发挥了学生的想象，锻炼了学生的思维。在掌握课文知识的基础上进行语言迁移练习，是检验学习效果的有效方式。

（四）环节四：适度拓展提升，促进思维迁移

1. 师：在自然界中，还有谁会告诉我们“要下雨了”这个消息呢？

2. 积累有关要下雨的气象谚语。

3. 收集身边的小动物在天气变化时的特殊行为，请家长一起帮助记录下来。

【设计意图】在课文内容的基础上进行拓展与提升，能够加深学生对知识的理解和升华，不仅训练了学生的发散性思维，提高了学生的语文素养，而且有效地提升了学生对语文学习的兴趣。

六、板书设计

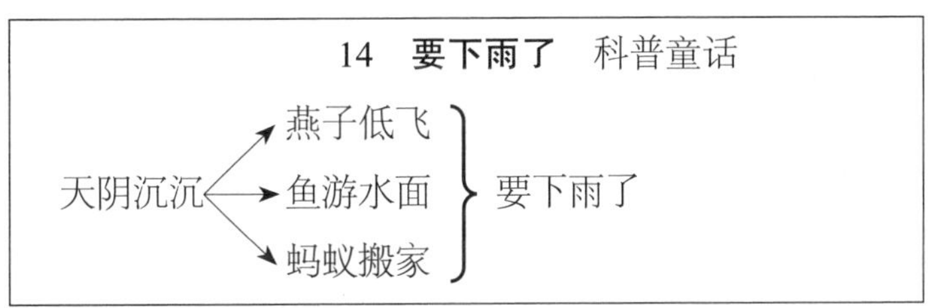

【设计意图】板书采用文字与符号相结合的方式，将预示“要下雨了”的三种现象：燕子低飞、鱼游水面、蚂蚁搬家，直观地展示出来。这是课文学习的重点，也是文本的主要内容。结构化的板书，清晰明了，一目了然。

一年级下册《19　棉花姑娘》

一、教材分析

课文通过棉花姑娘请求小动物给自己治病的故事，介绍了燕子、啄木鸟、青蛙和七星瓢虫分别吃不同种类害虫的科学常识。全文共6个自然段，第1自然段交代了故事的起因；第2～5自然段是故事的经过，介绍棉花姑娘请求燕子、啄木鸟、青蛙给自己治病，最后七星瓢虫治好了棉花姑娘的病；第6自然段是故事的结果。课文角色丰富，叙事完整，适合低年级学生阅读。

二、教学目标

1. 正确、流利地朗读课文，读出祈使句请求的语气，读好角色对话。

2. 了解不同的动物能消灭不同害虫的科学常识。

3. 通过比较，初步体会“碧绿碧绿的、雪白雪白的”的表达效果，并进行拓展说话。

三、教学重点

指导学生读好对话，读出祈使句请求的语气，体会棉花姑娘的急切心情。

四、教学难点

通过比较，初步体会“碧绿碧绿的、雪白雪白的”的表达效果，并进行拓展说话。

五、教学过程

（一）环节一：设置问题情境，引发思维挑战

1. 猜谜语：

叫花不是花，开得白花花，用手摘下来，朵朵能纺纱。——打一植物（谜底：棉花）

2. 课件出示棉花图，学生观察图片，说一说棉花的样子。

3. 教师揭题，板书课题（板书：棉花姑娘），简介棉花。

【设计意图】这是一年级的一篇科普童话。此处针对低年级学生思维特点，以生动有趣的谜语导入课文，便于激发学生学习的兴趣。同时，谜语大多根据事物的某一特征，通过形象的手法加以描绘，巧妙地设置疑团让学生去猜想。猜谜语的过程也是学生发展推理、判断能力的过程。

（二）环节二：聚焦核心问题，搭建思维台阶

1. 师：棉花姑娘生病了，她得的究竟是什么病呢？

2. 师：棉花姑娘请了谁来治病呢？

3. 师：他们是怎么样治病的呢？

4. 师：他们有没有治好棉花姑娘的病？

5. 师：最后是谁治好了棉花姑娘？

【设计意图】这个教学环节围绕“给棉花姑娘治病”设计了一串紧密相关的问题，引导学生与文本深度对话。随着故事情节的发展，学生的思维也在层层深入地发展。这些问题搭建了思维发展的台阶。

（三）环节三：进行写话练习，实现思维外化

1. 课件出示资料及图片，师生共同阅读。

喜鹊：我叫喜鹊，每天清晨和伙伴们一起飞到田野里、草地上，追逐害虫。蝗虫、松毛虫等害虫都逃不过我的眼睛，所以人们称我为“田野卫士”。

蜻蜓：我叫蜻蜓，我是昆虫中出色的“飞行家”，可以连续飞行一小时不着陆。我最爱吃蛾子、苍蝇、蚊子等害虫，是人类的好朋友。

2. 根据以上材料，仿照课文第2~4自然段的对话形式，编两组对话。

（1）（课件出示句式）____飞来了。棉花姑娘说：“____！”____说：“______，我只会______，你还是请别人帮忙吧！”

（2）分小组合作创编对话，各小组派代表朗读创编的对话，师生评议。

【设计意图】“喜鹊”与“蜻蜓”分别用自己的语言介绍了各自吃不同害虫的科学常识，在句式上也具有相同性。在学完文本语言的基础上，让学生进行语言的迁移练习，实现了“语用”功能。

（四）环节四：适度拓展提升，促进思维迁移

拓展阅读科普著作《奇妙的植物》。

【设计意图】拓展阅读是进行思维训练的一种常用方法。通过阅读同

一作家、同一主题、同一体裁的阅读材料，能够更好地打开学生的阅读视野，促进思维的迁移与提升。《奇妙的植物》通过生动的文字和形象的图片介绍了世界上形形色色植物的相关知识，是对课文内容的补充与延伸。

六、板书设计

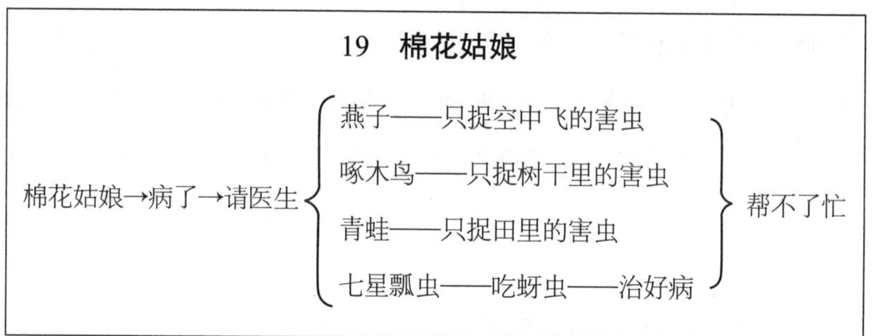

【设计意图】板书通过括号图的形式，将燕子、啄木鸟、青蛙、七星瓢虫分别吃什么害虫的科学常识，直观、形象地展现了出来，这也是课文的主要内容。这样的设计，让学生一目了然地掌握了课文的结构，把握住了课文学习的重难点。

一年级下册《21 小壁虎借尾巴》

一、教材分析

《小壁虎借尾巴》是一篇知识性童话。课文主要讲述了小壁虎被蛇咬住了尾巴，为了逃命而挣断了尾巴，小壁虎分别向小鱼、老牛、燕子去借尾巴的故事。全文以生动通俗的语言，介绍了鱼、牛、燕子等动物尾巴的不同作用，以及壁虎尾巴的再生功能。

二、教学目标

1. 借助图画、形声字偏旁表意的特点、联系上下文等方法了解字义，把课文读正确、读流利，尝试分角色有感情朗读。

2. 借助连环画课文的特点，读懂故事内容，说说故事的主要情节。

3. 理解课文内容，初步了解壁虎、鱼、牛、燕子等动物尾巴的作用。

三、教学重点

本文配有六幅插图，教学中利用连环画课文的特点，让学生带着课后问题“小壁虎都找谁借过尾巴，结果怎么样”看图读文，找到相关信息，并连起来说说故事的主要情节。

四、教学难点

理解课文内容，初步了解壁虎、鱼、牛、燕子等动物尾巴的作用。

五、教学过程

（一）环节一：设置问题情境，引发思维挑战

1. 出示小壁虎图，问：“同学们，你们知道这种小动物叫什么名字吗？”

2. 师：读了这个课文题目，你想知道些什么？

预设：小壁虎为什么借尾巴？他向谁借尾巴？是怎么借的？结果怎样？

师：对！小壁虎生来就有一条长长的尾巴，可是有只小壁虎却要去借尾巴，这是怎么回事呢？让我们到《小壁虎借尾巴》这个故事中寻找答案吧！

【设计意图】由课题引发学生思考：小壁虎有尾巴，却要去借尾巴。这是怎么回事呢？学生的思维在这里得到启发和碰撞，促使学生提出许多自己的疑问，同时也能自然而然地引入课文。

（二）环节二：聚焦核心问题，搭建思维台阶

任务一：了解小鱼尾巴的作用

活动1：品读第3自然段，教师指导学生尝试分角色阅读，感受小壁虎的礼貌。

活动2：抓住关键字词（动词），感受小鱼尾巴的特点，了解小鱼尾巴的作用。

活动3：借助句式与连环画整理信息，将下面句子表达完整。

小壁虎爬到（　　）向（　　）借尾巴，可是它要用尾巴（　　）。

任务二：了解老牛、燕子尾巴的作用

活动1：小组合作，自主探究老牛、燕子尾巴的作用。

活动2：全班交流，分角色朗读第4、5自然段。

活动3：借助句式与连环画整理信息，将下面句子表达完整。

小壁虎爬到（　　）向（　　）借尾巴，可是它要用尾巴（　　）。

【设计意图】详细教学第3自然段——向小鱼借尾巴，为后面的自主学习提供了铺垫：向谁借，怎么借，结果如何。同时加入了语句的训练，了解到如何用商量的语气表示自己的礼貌。这三段内容形式相似，用“小壁虎爬到了哪儿？看到了什么？说了什么？它为什么没有借到尾巴？”这几个问题帮助学生厘清文章的写作思路和表达方法，为说话、写作打下坚实的基础。

（三）环节三：进行说话练习，实现思维外化

1. 师：呀，真神奇，小壁虎爬呀爬，经过了很长一段时间，尾巴居然自己长出来了。这就是动物的再生能力。(教师介绍再生能力。)

2. 师：每种动物的尾巴都有着神奇的作用，课文中的小鱼用尾巴拨水，老牛用尾巴赶蝇子，燕子用尾巴掌握方向。

3. 创设情境：小壁虎爬呀爬，爬到树林里。瞧，谁来了？谁来和它打个招呼？竖起小耳朵，听听小松鼠的自我介绍。

师：听明白了吗？它的尾巴会……（教师介绍小松鼠尾巴的作用。）

师：你会接着讲好这个故事吗？自己先小声练练。(学生评价：它也是用商量的口吻来讲的，用上语气词，特别有礼貌。)

4. 师：学了这篇课文，再看看连环画，你是否能用自己的话说说这个故事呢？

【设计意图】展示学生和教师收集的资料，展现出动物的尾巴形形色色，各有各的作用；在此基础上，学生根据个人的喜好自由选择一个内容练习表达。教师创造各种表达的机会，激发学生表达的愿望。这样的教学方式，学生乐意表达，而且有内容可说，积累了语言表达方式。

（四）环节四：以篇带篇，促进思维迁移

1. 师：你还知道哪些动物的尾巴有什么妙用呢？（根据课前收集的资料，全班讨论交流，感受动物世界的神奇。）

2. 拓展阅读《动物脚爪的妙用》。

【设计意图】壁虎的尾巴具有再生功能，那么大自然中其他动物的尾巴还有哪些神奇的妙用呢？通过交流学生搜集的材料，开阔了学生的视野，丰富了他们的科学知识。《动物脚爪的妙用》一书，引导学生从关注“尾巴”到关注动物身体的其他部分，比如“脚爪”，进一步开阔了学习的视野。

六、板书设计

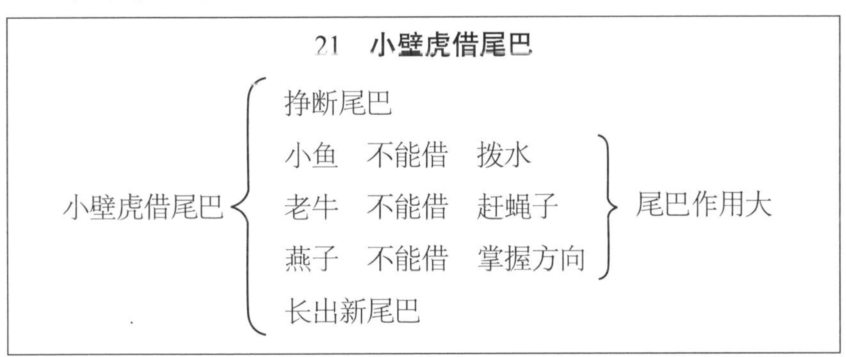

【设计意图】板书采用括号图的形式，生动形象地展示出了课文的主要内容，标注的文字也写明了动物尾巴各自的作用。这样就将故事发生的起因、经过、结果一目了然地概括出来了。

二年级下册《22　小毛虫》

一、教材分析

本课是一篇外国童话，通过写小毛虫的一系列变化，告诉我们“万事万物都有自己的规律”，我们要尊重自然的规律。课文配有三幅色彩艳丽的插图。第一幅图中，小毛虫趴在叶片上探头探脑，好奇地打量着周围的一切。蚂蚁、瓢虫、蜜蜂等昆虫开心唱跳、欢快飞舞。第二幅图中，小毛虫织成茧屋，把自己裹了进去。第三幅图描绘了小毛虫变成美丽的蝴蝶，翩翩起舞。三幅插图形象地呈现了小毛虫从结茧到羽化成蝶的变化过程，可以有效地帮助学生理解课文、讲述故事。

二、教学目标

1. 流利、有感情地朗读课文。

2. 理解课文内容，了解小毛虫变成蝴蝶的变化过程。

3. 体会课文所蕴含的道理，并从中受到启迪：只有勇于面对成长中的挑战，才能品尝到成长的喜悦。

三、教学重点

学习课文，了解小毛虫从结茧到羽化成蝶的变化过程。

四、教学难点

通过课文的学习，明白“万事万物都有自己的规律”，我们要尊重自然规律的道理。

五、教学过程

（一）环节一：设置问题情境，引发思维挑战

1. 复习生字：将课文中的生字卡片随机发放给学生，然后指名学生

“找生字”，持相应生字卡片的学生必须在第一时间快速地站起来，并举起自己的生字卡片。

2. 回顾课文内容，说说课文的主要内容。（课文主要写了一只小毛虫从结茧到变成蝴蝶的变化过程。）

3. 谈话引入：小毛虫是如何变成美丽的蝴蝶的？下面，就让我们一起继续走进课文，去具体了解一下吧!

【设计意图】对于二年级学生而言，识字已是“家常便饭”。但是通过变化识字的方法：“找生字”游戏，充分激发了学生的识字兴趣。“小毛虫是如何变成美丽的蝴蝶的？”这个问题，开门见山地将学生带入课堂学习中。

（二）环节二：聚焦核心问题，搭建思维台阶

活动1：学习课文第1、2自然段，了解小毛虫的可怜、笨拙。

自由朗读第1、2自然段，说一说：读后你知道了什么？

（1）学生自由读课文。

（2）教师指名学生说一说从这两个自然段里读懂了些什么。

（3）根据学生的回答，板书：可怜、笨拙。

活动2：找一找，课文是如何描写小毛虫可怜的？想一想，它为什么可怜？

1. 根据学生的汇报，出示：“这个可怜的小毛虫，既不会唱，也不会跑，更不会飞。”

2. 质疑：为什么小毛虫“既不会唱，也不会跑，更不会飞”，它就可怜呢？

引导学生与前文其他昆虫“又是唱，又是跳，跑的跑，飞的飞”做比较，感受其他昆虫的自由、快乐，体会到小毛虫什么都不会，没办法和其他昆虫一起玩，所以才可怜。

活动3：文中是怎样描写小毛虫笨拙的？请找出相关句子，读一读。

1. 指名朗读描写小毛虫笨拙的句子。

2. 想一想：小毛虫用了很大的力气，才移动了很短的距离，这个过程说明了什么？

学生可能会回答：小毛虫不灵活、反应慢等。

教师相机解释：反应迟钝、手脚不灵便，这就是“笨拙”。

3. 交流：读一读“当它笨拙地从一片叶子爬到另一片叶子上时，它觉得自己仿佛周游了整个世界”，从这句话中你想到了什么？

【设计意图】这个环节主要通过抓住文本中的关键词语来感悟小毛虫为了挪动一点点的距离，付出了非常大的努力，感悟这是一只“笨拙”的小毛虫。此外，对比教学在这个环节中得到了很好的运用：小毛虫的笨拙与其他昆虫的自由、快乐，形成了鲜明的对比。

（三）环节三：进行说话练习，实现思维外化

1. 引导学生结合生活实际说一说。

2. 学习课文第7自然段，了解小毛虫变成蝴蝶的情形。

3. 师：在小毛虫自己的努力下，奇妙的事情发生了，读一读第7自然段，说一说，发生了什么奇妙的事情？

学生读文后回答：小毛虫变成了美丽的蝴蝶。

4. 师：谁来说一说你从小毛虫变成蝴蝶的过程中想到了什么？你受到了什么启发？请联系生活经历说一说。

5. 学生独立思考，再互相交流。

6. 师：如果这只蝴蝶飞过你的身边，你会对它说什么？（指名说一说。）

【设计意图】这一教学环节通过引导学生结合自己的生活经验，交流自己的心得感悟，深化对文本内涵的理解。学生会在相互交流与碰撞中明白：我们每个人都有自己该做的事情，万事万物都有自己的规律。引入生活情境，是帮助低年级儿童加深理解和感悟文本的有效途径之一。

（四）环节四：适度拓展提升，促进思维迁移

1. 推荐阅读丹麦作家安徒生创作的经典童话《丑小鸭》。

2. 对比阅读：小毛虫与丑小鸭有哪些共同的特点？

预设学生的回答：

小毛虫与丑小鸭在刚开始的时候都非常弱小。小毛虫既不会唱，也不会跑，更不会飞；丑小鸭长得非常丑陋，经常被同伴嘲笑。

小毛虫与丑小鸭都没有放弃自己，他们努力地向上。小毛虫尽心竭力地做好自己的事情；丑小鸭尽管被同伴嘲笑，但他没有灰心丧气。

他们的身边都有一群与他们形成鲜明对比的同伴。小毛虫的身边有会唱、会跑、会跳、会飞的昆虫们；丑小鸭的身边有瞧不起他的其他鸭子们。

……

3. 请学生试着自己也来编写一个主题相同的童话故事。

【设计意图】《丑小鸭》是学生非常熟悉的一个童话故事，其创作手法与《小毛虫》有很多相似的地方。请学生对比阅读《小毛虫》与《丑小鸭》这两则童话故事，学生能在比较阅读中深化对课文主题的理解，并在阅读过程中加强思维深刻性。这时，再让学生用同样的创作手法来编写一个童话故事，完成了由读到写的拓展训练。

六、板书设计

22　**小毛虫**
毛虫——可怜、笨拙
蝴蝶——轻盈、灵巧
（不悲观　不失望　尽心竭力）

【设计意图】板书通过对比的方法，将“小毛虫”与“蝴蝶”等其他昆虫进行对比，形成了矛盾冲突，小毛虫是多么笨拙，蝴蝶是多么轻盈灵巧。两个事物的强烈对比引发了思维的冲突，也推动了故事情节向前发展。

第三节　科学小品文阅读教学案例

科学小品文属于文艺性说明文，在说明中兼用文艺性笔调讲述科学道理，介绍科学知识，是用小品文的形式来表现科学内容的文章。

科学小品文以儿童的思维模式为视角，借助某些文学写作手法，将适宜儿童认知的科学内容生动、形象地表达出来，充满想象力。在教学这类科学小品文的时候，我们需要注意以下几点。

1. 提取科学信息

科学小品文的主要目的就是向学生普及科学知识，阐述科学道理。因此，对于科学小品文，提取文本中的科学信息是课堂教学的第一要义。教师可以引导学生利用文章中的重点段落、关键语句，或集中提取或分散摘录重要的科学信息。

2. 揣摩写作技巧

科学小品文经常运用一些说明方法，比如列数字、下定义、打比方、举例子、做比较等方法。在教学时，教师要引导学生细心地揣摩其写作技巧，感悟作者是如何运用以上说明方法将科学知识、科学道理精准而生动地讲述出来的。另外，也要关注“引用材料、讲述故事、设置悬念、留下问题”等局部写作特色，感受作家的写作技巧。

3. 品析语言风格

科学小品文以准确性说明为前提，语言的整体风格较为严谨科学。但是，同样要品析语言的生动性与形象性。这就应抓住文中的比喻句、拟人句、描述句、议论句、抒情句等句子，从语言的形象、情感、趣味等方面进行鉴赏。

4. 体会思想感情

科学小品文都蕴含了一定的科学思想，领悟这些科学思想，也是阅读科学小品文的一个重要方面。

与以往的教材相比，统编版教材中科学小品文的比重有所增加，我们在执教这类文体时，要实现科学知识与语言学习的有机统一。

三年级下册《13　花钟》

一、教材分析

课文按照“归纳现象—揭示原因—实际运用”的思路，说明不同的花会在不同的时间开放及其原因。第1自然段介绍了不同花卉开放的时间不同，第2自然段介绍了不同植物开花时间不同的原因，第3自然段讲述了植物学家利用花的这种特点制作成有趣的花钟。

二、教学目标

1. 品读第1自然段，感受文本语言的多样性、有序性，赏析作者是如何把景物姿态写“活”的，体会写法的精妙。

2. 在理解课文的基础上，感悟鲜花开放的不同表达方式，学习用不同的说法表达同样的意思。

3. 激发观察的兴趣，初步培养学生留心观察周围事物和认真思考的习惯。

三、教学重点

以“花钟”为线索组织学生品读课文，按照“品味花美，归纳现象”“自主合作，探究原因”“感悟奇妙，实际运用”等教学思路，引导学生品味语言的优美和写法的奇妙。

四、教学难点

注重各种形式的朗读，让学生比较、理解、感受多样的表达方式，学习运用形象、生动、具体的描写方法，将读与写有机结合起来。

五、教学过程

（一）环节一：设置问题情境，引发思维挑战

1. 师：同学们，这节课我们将继续学习第13课《花钟》。

2. 出示图片和词语：

鲜花朵朵　争奇斗艳　芬芳迷人

牵牛花　蔷薇　睡莲　万寿菊　烟草花　月光花　夜来香　昙花

3. 师：通过上一节课的学习，说说你对“花钟”的理解。

过渡：是呀，花钟可真奇妙！这可是留心观察的结果呀！这节课就让我们继续走进课文，去品味优美的词句，去欣赏奇妙的“花钟”。

【设计意图】复习词语，为朗读、理解课文奠定基础。引导学生回顾课文内容，初步了解“花钟”，帮助学生快速进入新课的学习，从而架起沟通新旧知识的桥梁。

（二）环节二：聚焦核心问题，搭建思维台阶

任务一：感受花钟的神奇美妙，学习课文多样的句式表达

活动1：指名朗读课文第1自然段。

活动2：绘制一个“花钟”，将课文中提到的鲜花及其开花时间标注出来。

活动3：抓住关键字词感受花儿开放的美丽情景。

活动4：体会拟人修辞手法的作用。

活动5：学生交流其他花的开花时间，丰富课外知识。

任务二：理解不同植物开花时间不同的原因

活动1：学习原因“与温度、湿度、光照有关”。

活动2：学习原因“与需要昆虫传播花粉有关”。

【设计意图】第1自然段是课文学习的重点，按照“认识花名、了解花时、感悟花开”这样三个步骤逐步与文本深度对话，通过“比一比、品一品、填一填、练一练”等方式研读课文，引导学生体会不同句式的表达效

果，增强语言感悟能力。借助多媒体教学，化抽象为具体，创设了优美的情境，促进学生直观感受和有感情地朗读课文。

（三）环节三：进行写话练习，实现思维外化

1. 出示例句："牵牛花吹起了紫色的小喇叭。"

2. 品读这句话写作的妙处：用上了拟人的手法，将牵牛花的姿态生动地展现了出来；"紫色"还写出了牵牛花的色彩美。

3. 用上拟人的方法，写一写你喜欢的花：

蔷薇__________　　睡莲__________

万寿菊__________　　烟草花__________

月光花__________　　昙花__________

（　　）__________

4. 组织交流分享，对学生的随文写话进行点评、修改。

【设计意图】用拟人的手法写出鲜花开放的美好姿态，是课文的一大写作特色。在重点品读"牵牛花吹起了紫色的小喇叭"这一例句之后，让学生用上同样的手法写一写其他鲜花的开放，为"语用"创造了一个载体。当然，写作是开放的，除了教师提供的这几种鲜花，学生还可以写自己喜欢的其他鲜花，因此最后将一个开放性的句式提供给学生。

（四）环节四：适度拓展提升，促进思维迁移

1. 介绍国内外的一些花钟，感受工人的心灵手巧和别出心裁，感悟到要细心观察才能有所发现，有所创造。

2. 拓展阅读《海底世界》。

【设计意图】此处的拓展分为两个层次：对文本的拓展和对大自然中动物世界的拓展。学习的外延是宽广的，我们不仅要让学生通过对文本的学习学好课文，更要给学生打开一扇窗户，让他们感受课本之外的世界。

六、板书设计

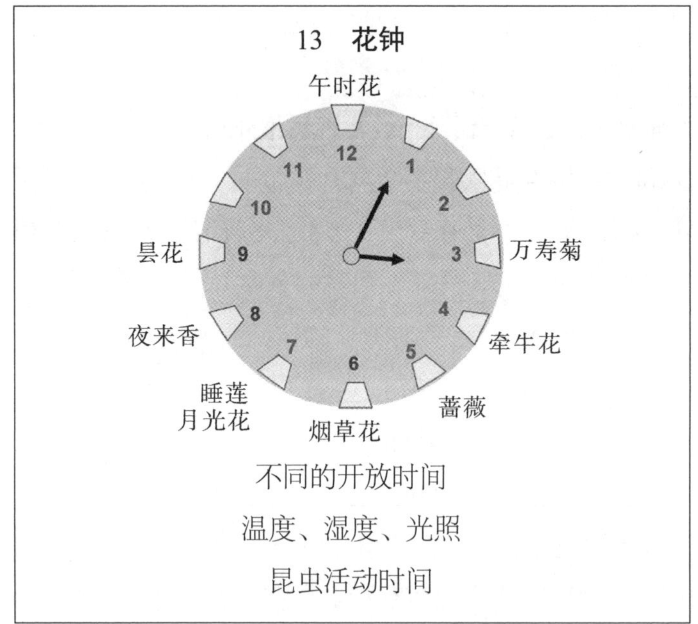

【设计意图】板书以一个“花钟”的样子为外形，将课文中描写到的各类鲜花与不同的开放时间一一对应，标注上去。图文结合的板书很好地揭示了课文的主要内容，生动形象，便于学生记忆与理解。

三年级下册《23　海底世界》

一、教材分析

作者通过生动形象的语言，描绘了一个“景色奇异、物产丰富”的海底世界。文章以流畅自然的语言为基调，没有华丽的辞藻，不见雕琢的痕迹，但是给人亲切热情的感觉。我们通过作者对海底世界的描绘，可以感受到作者对整个自然、对生命的热爱。

二、教学目标

1. 引导学生凭借生动形象的语言文字，感知海底是个景色奇异、物产丰富的世界，激发学生热爱大自然、探索自然奥秘的兴趣。

2. 重点理解“巴”“反推力”等词语，学会用“有的像……有的像……有的像……”的句式说话、写话。

3. 初步学习围绕中心句，把一个意思表达清楚的“总分”构段方式。学习打比方、做比较、列数字等写作手法的使用，感悟说明文的表达方法。

三、教学重点

聚焦“你可知道，大海深处是什么样的吗？”这一主问题，感受海底世界“景色奇异、物产丰富”两大特点。

四、教学难点

学习“总分”的构段方式，围绕中心句，把一个意思表达清楚。

五、教学过程

（一）环节一：设置问题情境，引发思维挑战

1. 师：同学们，这节课我们将继续学习第23课《海底世界》。

2. 师：通过上一节课的学习，你知道这篇课文介绍了海底世界的哪两个特点？

教师随机总结、归纳学生的发言，板书：景色奇异、物产丰富。

3. 课文中有一句话，把海底深处这两方面的特点都总结在一句话里，找一找在哪里，用横线画下来。

4. 出示：海底真是个景色奇异、物产丰富的世界。

师：海底世界是如何的景色奇异、物产丰富，让人喜欢呢？让我们继续学习课文，走进海底世界一探究竟。

【设计意图】“海底真是个景色奇异、物产丰富的世界。”这句话是课文的中心句，“景色奇异、物产丰富”是中心句的中心词。在课文导入环节，直接将中心句、中心词提取出来，开门见山地进入课文学习。

（二）环节二：聚焦核心问题，搭建思维台阶

任务一：感受海底的景色奇异

活动1：品读描写海底暗中有光的语句，通过对比，感悟海底光线的明暗。

活动2：抓住关键句概括每一段的主要意思，品读关键字词感受海底景色奇异的特点。

活动3：了解设问句的句式特点及承上启下的过渡作用。

活动4：体会比喻、拟人等修辞手法的妙用。

任务二：感受海底的物产丰富

活动1：感受海底物产丰富的特点。

活动2：品读描写海底动物活动方式、植物差异的语句，体会先总后分的构段方式。

活动3：感悟做比较、列数字、打比方等说明方法的作用。

【设计意图】本环节的教学采用“分步推进”，通过两个分问题：海底世界景色奇异、海底世界物产丰富，用圈画、品读关键字词等方法感受海底世界的特点，并从具体的说明方法中感悟作者是“如何写”的。

（三）环节三：进行写话练习，实现思维外化

1. 学生自主交流海底世界千姿百态的植物。

提供句式：海底的植物真是千姿百态，有的________，有的_______，有的__________。

2. 播放视频，观看有关海底世界的资料。

3. 仿照课文的写法，用上一定的说明方法，围绕一个意思写一写海底植物的千姿百态。

4. 组织交流分享，师生对随文写话进行点评、修改。

【设计意图】随文写话是指向学生思维发展的语文课堂教学中常用的一种学习活动。这里让学生模仿课文第3自然段中对海底动物的描写，写一写海底的植物，迁移句式，从而巩固、深化说明方法的运用，实现“语

用”功能。

（四）环节四：适度拓展提升，促进思维迁移

1. 范读《我爱长江》，感悟长江的长和美，进一步感悟所有的美景美文都来源于作家对自然的爱、对生活的爱。

2. 观看纪录片《蓝色星球2》。

3. 大自然中处处有美景，仿照课文第3自然段的写法，选择一个开头写一段话：

（1）天上的云彩千变万化，……

（2）下课了，操场上真热闹！……

（3）公园的景色真美！……

【设计意图】本教学环节提供了三个不同指向的拓展学习：指向情感目标的、指向知识目标的、指向语用目标的。在课堂教学中，教师可以根据学生的课堂学习实际情况，加以选择，以学定教。

六、板书设计

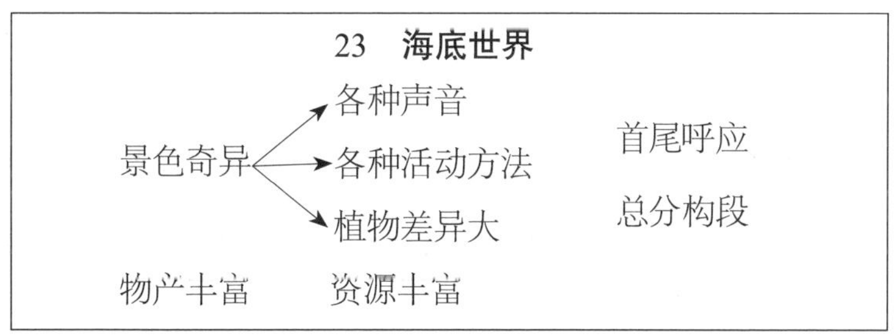

【设计意图】板书呈现结构化，左边是主板书，揭示了课文的主要内容：从“景色奇异、物产丰富”两大方面介绍了海底世界，分别写了海底世界的“各种声音、动物的各种活动方法、植物差异大、资源丰富”；右边是副板书，揭示了课文的构段方式：首尾呼应、总分构段。主板书、副板书分别从文本内容、语言形式方面较好地揭示了课堂教学的重难点。

四年级上册《7　纳米技术就在我们身边》

一、教材分析

这是一篇介绍纳米技术的文章。作者以大胆的想象、通俗易懂的语言，向我们介绍了纳米技术的神奇，展示了纳米技术在应用上的美妙前景。文章除了向我们介绍“纳米”等科学术语，还在内容上突出介绍纳米的神奇，将纳米技术在社会生活中的应用通过想象表现得淋漓尽致。大批的举例使枯燥的科学知识变得生动起来，让我们看到了纳米技术在应用上的前景。

二、教学目标

1. 认识“乒、乓”等11个生字，读准多音字“率”，会写“纳、拥”等15个字，会写“纳米、无能为力”等16个词语。

2. 朗读课文，能把科学术语读正确，把课文读流利。

3. 能提出不懂的问题，并尝试解决。

4. 结合查找的资料，加深对课文内容的理解。

三、教学重点

通过阅读，把握文章的说明重点，体会文中的科学精神，借助网络丰富对“纳米”的认识。

四、教学难点

科学研究需要大胆的想象，同时又要有严密的理论探讨，这些对待科学的态度以及探求科学的品质是学生学习的难点。

五、教学过程

（一）环节一：设置问题情境，引发思维挑战

1. 师：这节课，我们继续学习第7课《纳米技术就在我们身边》。

2. 出示词语，指名学生朗读，复习旧知。

3. 师：通过第一课时的学习，我们已经归纳整理了四个问题，你还记得吗？

（1）纳米技术是什么？

（2）纳米有多小？

（3）纳米还可以用在哪些方面？

（4）作者是用什么方法介绍纳米的？

【设计意图】这一单元的单元目标是：阅读时能提出不懂的问题，并试着解决。在课堂导入环节，通过回顾上节课提出的四个问题引入课文的学习，力求起到思维定向、内容定旨、情感定调的作用，为学生下一阶段的思维活动奠定基础。

（二）环节二：聚焦核心问题，搭建思维台阶

任务一：解决问题“纳米技术是什么”

1. 师：纳米技术是什么？其实这个问题课文中也提到了，要解决这个问题，我们应该读哪一部分内容？

2. 请学生自由读一读课文第2自然段。

3. 小结：现在我们知道了“纳米技术是什么”。大家回忆一下，我们的学习方法是什么？

引导学生明白，可以结合下文进行思考，从而解决问题。

4. 请用这个方法尝试解决新问题：纳米有多小？

任务二：解决问题“纳米有多小”

1. 出示句子：纳米是非常非常小的长度单位，1纳米等于十亿分之一米。如果把直径为1纳米的小球放到乒乓球上，相当于把乒乓球放在地球

上，可见纳米有多么小。

2. 师：同学们，纳米是一种新生事物，它小到我们无法看到。对于纳米，大家应该挺陌生的吧？接触过纳米的请举手。课文中写道：纳米技术就在我们身边。你相信吗？读读课文，看看作者举了哪些例子来说明。

小组合作学习，完成学习单：

纳米技术	特点	应用
纳米涂层	杀菌、除臭	冰箱
“碳纳米管”	结实、轻	“碳纳米管天梯”
纳米吸波材料	吸收雷达波	隐形战机

3. 师：原来生活中处处都有纳米技术啊，课前老师请同学们进行了资料搜集，我们一起来交流分享。

4. 师：同学们，现在你一定对纳米的作用有了更多的了解，看来查阅资料是很有效的解决问题的方法。但纸上得来终觉浅，绝知此事要躬行。老师给大家带来了神奇的纳米擦，我们一起来感受一下。

【设计意图】纳米技术是一种高科技，一种新技术，它就在我们的身边，但学生并一定非常了解。在教学中，先引导学生从文本中学习，通过品读课文第2自然段，知道什么是“纳米技术”。在课文学习的基础上，教师组织学生交流搜集到的课外知识，实现了书本知识向生活知识的拓展学习。

（三）环节三：进行写话练习，实现思维外化

1. 师：纳米技术可真是太神奇了!作者说我们可以乘坐碳纳米管天梯到太空旅行，多有意思；作者说使用纳米吸波材料，可以让雷达探测不到，这就是隐形战机；作者说纳米机器人可以杀死癌细胞；利用纳米缓释技术，可以服一次药管一周，甚至一个月。如果让你来利用纳米技术，你会运用到哪些地方？请你写一写。

2. 组织交流分享，师生对随文写话进行点评。

【设计意图】爱因斯坦说：想象力比知识更重要！科技的发展源于我

们对未来生活的无限遐想，无限期盼。鼓励学生对纳米技术的使用进行想象与创造，说不定学生的大胆想象在未来的某一天真的能够实现呢！

（四）环节四：适度拓展提升，促进思维迁移

1. 拓展阅读《神奇的纳米技术》。

2. 完成阅读训练题：

（1）运用纳米机器人做脑手术与传统手术的情形相比，它的优势是什么？

（2）本文所运用的说明方法主要有哪几种？举例说明。

（3）机器人除了可以运用在治病上，你认为它还有什么用途？请写出两种。

【设计意图】课外阅读资料中补充了纳米技术在人类生活中的其他运用，让学生更加深刻地感受到纳米技术在现实生活中的应用以及广阔前景，激发了学生对科学技术的向往和热爱之情。

六、板书设计

7　纳米技术就在我们身边	
生活	联系上下文
航天	联系生活实际
军事	查阅资料
医疗	

【设计意图】本课的板书设计采用“正、副板书”的形式，正板书是课文写作的内容：从“生活、航天、军事、医疗”四个方面介绍纳米技术在生活中的应用；副板书是学习课文的主要方法，主要采取“联系上下文、联系生活实际、查阅资料”等方法来深化对课文的学习。

四年级下册《6　飞向蓝天的恐龙》

一、教材分析

课文以“飞向蓝天的恐龙”为题，向人们介绍了科学家根据研究发现所提出的一种假设：鸟类很可能是一种小型恐龙的后裔。证实假想的探索过程，同时向我们开启了一扇探索古生物的科学之门。课文语言准确生动，内容层层深入，环环相扣。

二、教学目标

1. 能简明扼要地介绍恐龙演化成鸟类的过程。

2. 学习总分结构的写法，体会语言表达的准确。

3. 感受说明文语言的特点，能有大胆质疑、热爱科学、钻研科学的精神。

三、教学重点

聚焦“恐龙如何飞向蓝天”这一主问题，能用简明扼要的语言来介绍这一过程。

四、教学难点

了解恐龙飞向蓝天的演变过程，体会科学工作者从事科学研究的执着与艰辛，感受课文准确生动的语言特色。

五、教学过程

（一）环节一：设置问题情境，引发思维挑战

1. 师：同学们，这节课我们将继续学习第6课《飞向蓝天的恐龙》。

2. 通过上节课的学习，我们知道这是一篇科普性说明文，板书：科普性说明文。

3. 师：谁来说说这篇说明文主要介绍了什么内容呢？

4. 师：如果用文中第一段的一句话来表达，你知道是哪一句吗？用横线画下来。（“恐龙的一支……变成了凌空翱翔的鸟儿。”）

5. 师：恐龙是怎样一步步飞向蓝天的呢？让我们进入课文的学习。

【设计意图】抓住第一自然段的中心句：“在中生代时期，恐龙的一支经过漫长的演化，最终变成了凌空翱翔的鸟儿。”导入课文的学习，直指文本学习的重点：鸟儿是由恐龙的一支演化而来的。这句话，同时也是对课题的回应。

（二）环节二：聚焦核心问题，搭建思维台阶

任务一：感受恐龙飞向蓝天的研究历程（学习第二自然段）

活动1：品读文中科学家为研究恐龙飞向蓝天而寻找证据的过程性语句。

活动2：抓住关键字词感受说明文逻辑严密的表述，体会说明文写作技巧。

活动3：抓住“点睛之笔”“画卷”，体会打比方的说明方法。

任务二：感受恐龙的一支演化为鸟儿的过程（学习第四自然段）

活动1：感受恐龙的繁衍、演化过程（小组合作完成表格）。

活动2：品读关键语段，体会列数字、举例子、做比较三种说明方法的作用。

活动3：感悟总分结构段落的特点，感受恐龙家族庞大。

【设计意图】这篇课文的学习有两个主要内容：恐龙飞向蓝天的背景、恐龙变成鸟儿的演化过程。教学中，引导学生用圈画、品读关键字词等方法学习课文，并从具体的说明方法（列数字、举例子、做比较）中感悟作者是“如何写”的。

（三）环节三：进行写话练习，实现思维外化

1. 学生自主交流恐龙演化的课外知识。

2. 播放视频，观看恐龙演化过程。

3. 仿照课文的写法，用上一定的说明方法，写一写千差万别的狗。

4. 组织交流分享，师生对随文写话进行点评、修改。

【设计意图】这是一篇科普性说明文，语言表达准确，用上了“列数字、举例子、做比较”等说明方法是文本写作的主要特点。通过学生仿写“各种各样的狗”，尝试进行语言的模仿与训练，达到语用的功能。

（四）环节四：适度拓展提升，促进思维迁移

1. 教师介绍了解恐龙的渠道：阅读书籍、上网查阅资料、参观科技馆等等。

2. 拓展阅读，推荐相关网站和书籍。

【设计意图】恐龙是距离学生非常遥远的一种神奇的生物，学生在书本里、电影里、科技馆里都看到过它。为学生推荐更多了解恐龙的渠道，能给他们的学习打开一扇窗户，让他们更多地接触、了解恐龙的知识，从而培养学生热爱科学、探索求知的浓厚兴趣。

六、板书设计

6　飞向蓝天的恐龙

科普性说明文

推想演化	打比方
研究历程	列数字
美好愿望	举例子
	……

【设计意图】课文写作的思路非常清晰，板书上的关键词将课文的写作思路简明扼要地提取了出来，便于学生全面掌握课文主要内容。副板书揭示了本篇课文主要的说明方法，指向语言表达形式。

第四节　科幻阅读教学案例

小学阶段的儿童，思维方式正处在从具体到抽象、从简单到复杂、从低级到高级的发展过程中。这种发展，不是自发产生的，而是在学习过程中实现的。科幻阅读，仿若文学意义上的虚拟现实眼镜，给予了儿童丰富而又独特的世界，儿童可以利用科幻文学作品中的各种知识塑形和探索智慧。

当代著名作家阿西莫夫说："我九岁时就开始读科幻小说，从科学幻想小说里我知道了太空飞行，知道了其他星球的形状，逐渐对天文学发生了兴趣。"美国发明家西蒙·莱克被誉为"现代潜艇之父"，他在1870年阅读了凡尔纳的科幻小说《海底两万里》，从此迷上了海底旅行和探险。他的公司于1898年成功制造了第一艘"潜艇"，并收到了凡尔纳的贺信。

小学生课外阅读中，有很多书目就是属于科幻类。科幻文学是文学创作的一个独特领域，它用充满科学性的文学语言反映人们在生活中所遇到的各种现实难题和生存困境。随着科幻文学受到越来越多的关注，它已经进入小学生的阅读视野内。在小学阶段，建构科幻阅读主题课程，能最大限度激发儿童的想象力，培养儿童不一样的思维方式，培养其以想象力与创造力为核心的人文科学素养。

1. 低年级：科普绘本阅读指导课

对于想象力的发展来说，"自由"是最重要的因素。但这种"自由"，绝非毫无根据、任意妄为的"自由"。它以科学为基础，是基于科学知识的合理想象。科幻的入门，是科普，是科学知识的普及。指导学生读一些科普类绘本，将奠定学生丰厚的科学知识基础。

2. 中年级：跨学科融通的科幻主题课

跨学科整合是目前课程改革的热点，它根据学生的学习需要，打破学科间的界限，以统一的主题、问题、概念、基本学习内容来连接不同学科，目的在于使学生在此过程中建立系统的思维方式，体验知识间的联系。学习应该是为未来而准备，多学科融通的科幻阅读主题课程正在试图创造这样一种新的教育模式，它“以兴趣为中心，以学生为主体，以学生综合素养的养成为导向”，更易引发学习兴趣并启迪思维。

3. 高年级：科幻创作指导课

阅读与写作是语文学习的“一体两面”，彼此之间一衣带水。广泛阅读，最终要提炼升华为个人的独立创作。到了中高年级，我们尝试指导学生大胆地发挥奇思妙想，创作科幻童话，乃至科幻小说。对于科幻创作，首先强调思维力，让学生尽管去想，不论对错，不计过往，激发儿童丰富的想象力与创造力是科幻创作指导课的主要目标之一；其次，强调科学性，学生创作的作品能够预示科学发展的前景，具有一定的科学前瞻性。

二年级下册《24　当世界年纪还小的时候》

一、教材分析

课文用轻松活泼的语言，编织出世界之初简单、自由、和谐的生活。课文构思新奇，充满儿童情趣且想象丰富。在作者笔下，世界万物都有了生命，太阳、月亮、水这些事物，经过作者的奇思妙想，变成了一个个单纯天真、可爱鲜活的孩童形象。经过学习，太阳会发光，月亮会变化，水往低处流，生活中常见的自然现象变得奇特而有趣。

二、教学目标

1. 正确、流利、有感情地朗读课文，感受课文奇妙的想象。

2. 发挥想象，用自己的话来续编故事。

3. 明白“只要万物都做它最容易做的事，这世界就很有秩序了”的道理。

三、教学重点

学习“太阳会发光、月亮会变化、水往低处流”的自然现象，激发学生丰富而神奇的想象力。

四、教学难点

明白世间万物都要按照自然规律运行，世界就会很有秩序的自然道理。

五、教学过程

（一）环节一：设置问题情境，引发思维挑战

1. 出示词语，指名读，找一找规律。

太阳　　月亮　　水

发光　　变化　　流动

上山下山　反反复复　往低处流

2. 情境导入，出示世界初始图片。

【设计意图】三组词语分别对应着“太阳会发光、月亮会变化、水往低处流”三种自然现象。通过词语的复习，加深了对课文的理解。情景引入，引发想象，让学生进入对问题“当世界年纪还小的时候”的探究。

（二）环节二：聚焦核心问题，搭建思维台阶

任务一：感受太阳学本领的奇妙之处

活动1：品读描写太阳的语句。

活动2：抓住关键字词，感受太阳的奇妙之处。

活动3：运用句式。

譬如说（　　），当它（　　）的时候，（　　）。

活动4：指导朗读。

任务二：感受月亮和水的奇妙之处

活动1：小组合作学习第3、4自然段。

活动2：交流月亮和水的奇妙之处。

活动3：指导朗读。

任务三：理解“只要万物都做它最容易做的事，这世界就很有秩序了”的道理

活动1：观看视频，教师诵读。

活动2：交流哪些事物在做最容易做的事情，说说自己的感受。

活动3：体会人类的有秩序。

活动4：指导朗读。

【设计意图】本教学环节体现了“由扶到放”的学习策略。教师详细指导“太阳会发光”这一自然段的学习，引导学生抓住关键词语来品读；小组合作学习“月亮会变化、水往低处流”两个自然段，迁移学法，培养学生的自主学习能力。

（三）环节三：进行说话练习，实现思维外化

1. 出示说话练习的要求：选一个开头，接着往下讲。

（1）这世界还相当的有秩序……

（2）很久很久以前，当世界年纪很小的时候……

2. 学生自由创编，先小组交流，再指名全班交流。

3. 师生点评、生生互动。

【设计意图】课文充满了神奇的想象，“太阳会发光、月亮会变化、水往低处流”这三种自然现象是详细描写的，此外还有万物的自由生长，作者略写了雨、人等现象。在学习课文的基础上，让学生发挥大胆、神奇的想象，让学生选一个开头，接着往下讲。每一个学生都是一个独特的个体，通过说话练习，激发他们的创造力。

（四）环节四：适度拓展提升，促进思维迁移

1. 介绍原著《当世界年纪还小的时候》：很久很久以前，当世界年纪还很小的时候，星星孤独地散落在各处，于是开始学习汇聚。先尝试排成勺子的形状，然后排成长颈鹿、小姑娘……

2. 拓展阅读《当世界年纪还小的时候》(二)，学生交流最喜欢哪些奇妙的想象。

【设计意图】比较阅读作为文本解读的重要方法，为学生深入理解作品提供了有力的抓手，也为教师的教学提供了一个突破口，是启发学生思维的重要教学策略。当我们引入原著《当世界年纪还小的时候》，无疑为学生的深入学习打开了一扇窗户。

六、板书设计

24　当世界年纪还小的时候		
太阳	发光	上山下山
月亮	不断变化	
水	往低处流	
世界万物	自由生长	相当有秩序

【设计意图】板书揭示了课文的主要内容：课文详写了"太阳会发光、月亮会变化、水往低处流"这三种自然想象，略写了世界万物在自由生长，却相当有秩序。关键内容的提取，对于学生识记并理解课文内容具有鲜明的导向作用。

二年级下册《25　羿射九日》

一、教材分析

本文是一篇神话故事，课文运用充满神话色彩的语言，描述了羿为帮助人们脱离太阳炙烤的苦海，射掉了九个太阳，使地球的温度适宜人们居住，让我们感受到羿造福苍生的高尚情操和古代人民想征服自然的顽强意志。

二、教学目标

1. 认识本课的12个生字，会写9个生字。正确、流利地朗读课文。

2. 初步理解课文，能用自己的话概述课文的主要内容。

3. 体会上古时代人类征服自然的美好愿望，了解传统文化精髓。

三、教学重点

借助课后练习中的表格，按照故事的起因、经过、结果，有条理地讲述故事，重点要把羿射日的过程讲清楚。

四、教学难点

感受古代人民丰富神奇的想象力，感受“神话”这一文学体裁的特点。

五、教学过程

（一）环节一：设置问题情境，引发思维挑战

1. 朗读课题。

2. 复习课文中的词语。

羿射九日　觉得　值日　熔化　人类　艰难　神箭手　神弓

爆裂　乱窜　炎热　害怕　庄稼　从此　滋润　奔腾　重新

3. 这是一篇神话故事。让学生能借助上面这些词语，说说《羿射九日》的故事情节。下面的句式可以帮助学生讲述故事内容。

在很久很久以前，天空中同时出现了（　　）炙烤着大地，人类的生活十分（　　），神箭手（　　）用神弓射下了（　　），让大地重新现出了（　　）。

【设计意图】这是一篇神话故事，教学时引导学生抓住教师给出的关键词语、基本句式来简单回顾课文主要内容，为学生下一阶段的思维活动奠定基础。

（二）环节二：聚焦核心问题，搭建思维台阶

任务一：了解射日起因

活动1：品读十个太阳开始是怎样工作的。

活动2：了解后来十个太阳是怎样工作的。

活动3：思考为什么会发生这样的变化。

任务二：感受太阳的特点和人们生活的艰难

活动1：品读比喻句，感受其写作用处。

活动2：品读描写十个太阳的语句，感受太阳的特点。

活动3：想象一下，十个太阳一同出来，还会给人类带来哪些灾难？

模仿课文句式说话：

（　　）被（　　）了

（　　）快要（　　）了

任务三：详读射日经过，体会人物形象

1. 学生自主朗读射日经过。

2. 抓住“翻过、蹚过、登上、搭上、拉开、对准”等关键动词，感悟羿的人物形象。

3. 指导有感情地读好课文第4~7自然段。

【设计意图】为了写出十个太阳给人类生活带来的灾难，课文用了一个比喻句“十个太阳像十个大火球，炙烤着大地”，以及几个相同的句式“禾苗被晒枯了，土地被烤焦了、江河里的水被蒸干了”。在品读课文语句的基础上，让学生进行模仿句式练习，一来丰富语言积累，二来增强对十个太阳一起出来给人类生活带来巨大痛苦的情感体验。

（三）环节三：复述故事情节，实现思维外化

1. 出示表格，呈现整个神话故事的情节。

起因	经过	结果
十个太阳炙烤着大地，人类的日子很艰难。	羿射下了九个太阳，留下了最后一个。	大地上重新现出了勃勃生机。

2. 根据表格里的内容，指导学生讲一讲这个故事。

3. 指名学生试讲，师生点评。

【设计意图】《义务教育语文课程标准（2022年版）》指出：听故事、看影视作品，能复述大意和自己感兴趣的情节。能较为完整地讲述小故事，能简要讲述自己感兴趣的见闻。复述课文，可以依托的载体有很多，在本篇课文的学习中，依托的是表格。表格里呈现了故事发生的起因、经过、结果，这些内容相当于一根“拐杖”，为学生复述课文内容提供了帮助。

（四）环节四：适度拓展提升，促进思维迁移

1. 介绍中国古代著名神话《嫦娥奔月》。

2. 组织交流：

（1）按照故事发生的起因、经过、结果，来讲一讲这个故事。

（2）故事中，哪些神奇的想象最吸引你？和同学分享你的感受。

【设计意图】《嫦娥奔月》是中华民族几千年来流传最为广泛的美丽神话故事之一。它体现出中华民族古代文明的聪明才智和创新思维，寄托了中华民族千百年来试图飞天登月的美好梦想。在课文学习之后，引入《嫦娥奔月》这一神话故事，是对课内学习较好的拓展阅读。设计的学习任务同样和课文学习相照应：讲述故事主要内容、感悟故事中神奇的想象。

六、板书设计

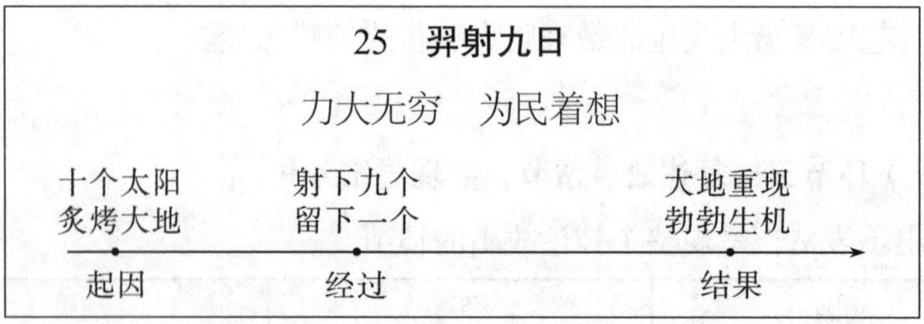

25 **羿射九日**

力大无穷　为民着想

十个太阳 炙烤大地	射下九个 留下一个	大地重现 勃勃生机
起因	经过	结果

【设计意图】板书以时间轴的形式展示故事内容，主板书提示故事主要内容的三要素：起因、经过、结果；副板书是人物形象的关键词：力大

无穷、为民着想。板书的内容就是本课学习的重点：能够简单地讲述故事的主要内容，感悟羿的人物形象。

课外阅读《海底两万里》

一、教材分析

《海底两万里》这部科幻小说是法国著名作家凡尔纳的代表作品“凡尔纳三部曲”之一。书中主要讲述了生物学家阿龙纳斯随“鹦鹉螺号”潜水艇艇长尼摩及两位同伴一起周游海底的故事。作者以奇特的科学幻想、精彩的场景描写以及栩栩如生的人物刻画征服了一批批的读者，令大家对神秘莫测的海底世界充满了好奇和探索的心理。

二、教学目标

1. 通过文字阅读，了解海底世界的神奇与美丽，激发学生对海底探奇的兴趣。

2. 通过艺术创作，将想象力与创造力相结合，展现学生对奇幻的海底生物的认识。

3. 通过科学解密，掌握从物体的颜色、形状、大小等方面进行观察的方法。

三、教学重点

感受凡尔纳奇特的科学幻想，选择其中一个知识点将各个学科有机地融合起来，实现跨学科的整合学习，激发学生对神奇的海底世界的探知兴趣。

四、教学难点

学习科学的观察方法，并通过语言迁移练习加以运用。

五、教学过程

（一）环节一：设置问题情境，引发思维挑战

任务一：认识海底生物

师：阅读了《海底两万里》，你一定认识了许多海底生物吧？请选择最感兴趣的三种生物，完成下列表格。

生物名称	摘抄语段	特点

任务二：观察与分析

1. 对海底生物的描写涉及哪些方面？请在表格中的对应内容下面打√。

凡尔纳的观察分析表

名称	观察内容							
	颜色	形状	大小	结构	运动	气味	花纹	软硬

我的观察分析表

名称	观察内容							
	颜色	形状	大小	结构	运动	气味	花纹	软硬

2. 师：通过课前的学习，哪一种海底生物给你留下了深刻的印象？

请学生从颜色、形状、大小、花纹、运动方式等方面，介绍一种海底生物。

【设计意图】这里用三张表格完成了对海底生物的课前导学：自己最感兴趣的海底生物、凡尔纳对海底生物的观察角度、我的观察角度。对于海底生物，从感性的了解，到理性的观察分析，学生思维也在经历由形象到抽象的发展。

（二）环节二：聚焦核心问题，搭建思维台阶

任务一：交流科幻小说《海底两万里》，认识海底生物

1. 语文教师上场：我们阅读了一本有意思的科幻小说《海底两万里》，去海底森林打猎，去珊瑚王国探险，看过海底火山，又钻过海底通道。在这奇幻的旅程中，我们认识了许多海底生物，请你选择最感兴趣的一种生物来介绍一下。

2. 学生自由介绍，指导学生抓住海底生物的颜色、形状、大小、花纹、运动方式等方面来说。

3. 出示《海底两万里》中凡尔纳对海底生物的描写，品读精彩语句：

在软骨鱼类中，有化石花斑鱼，这是一种鳗鱼，长15英寸，淡青色的头，紫红色的鳍，蓝灰色的脊背，腹是鲜明的银白红褐色斑点，眼膜周围由金黄色圈起来。——《海底两万里》（第184页）

路旁尽是错杂的小珊瑚树所形成的混乱的珊瑚树丛，树枝上遮满白光闪闪的星状小花。我看见好像是薄膜一般的和圆筒形样子的细管在海波下颤动。我要去采它们带有纤维触须的新鲜花瓣。但是，当我的手挨近这些有生命的含羞草的时候，雪白的花瓣便缩入它们的朱红匣中去了，珊瑚丛随即转变为一大团的石圆丘。——《海底两万里》（第79页）

4. 师：凡尔纳用他那极为丰富的想象、生动的语言，描绘出了一幅奇幻绚烂的海底世界。现在让我们也大胆想象一番，在我们的海底旅程中，还会遇到哪些奇异的生物呢？

5. 发挥学生的想象力，自由交流想象中的海底生物。

【设计意图】这一教学环节由语文教师执教，紧紧围绕《海底两万里》这本书中的文本内容，展开教学。教师对文本进行了细心的选择，抓住凡尔纳对于海底生物的描写，从长相、用途两个方面着手分析，让学生感受到作者丰富的想象和生动的语言。

任务二：艺术创作，动手捏一捏海底生物

1. 美术教师上场：展示自己创作的、想象中的海底生物。

它的名字叫电珊。它的形状像珊瑚，附着于海底的岩石之上。它有什么奇特的地方呢？在它凹凸不平的枝干表面有一个个会发光的小亮点，吸引着来来往往的浮游小生物。只要小生物一旦靠近，枝干周围的触须就会把猎物牢牢抓住，消化了以增加自己的养分。

2. 美术教师指导用超轻黏土创作海底生物的流程：

（1）捻出身体各部分的基本形状；

（2）一层一层贴出花纹；

（3）注意色彩对比鲜明。

3. 学生分组创作：小组合作，用超轻黏土创作一些学生想象中的海洋生物。

4. 全班交流：你们的作品有什么奇特之处？

师生共同点评，注重从作品的造型生动、色彩搭配、想象丰富等艺术角度进行评价。

【设计意图】这个环节是艺术创作的环节，从美术的视角指导学生制作超轻黏土作品。有了之前文本内容的铺垫，学生对于奇幻的海底生物有了自己的了解、自己的想象，进而将这种想象以艺术的形式展现出来，而这种展现也要依据一定的方法，这就是美术学科的价值所在。美术教师以自己的作品为例，一步步为大家展现制作的过程，学生的思路一下子被打开了，他们创作出的作品也是异彩纷呈。

任务三：科学解密，揭示海底世界的秘密

1. 科学教师上场：同学们，你们的想象可真神奇，创作的海底生物也是千奇百怪，充满了无穷的想象力。老师想追问你们两个问题：

（1）同学们在创作的时候主要是从生物的哪些方面入手的呢？

（2）凡尔纳在描写海底生物的时候又是从哪些方面入手的呢？

2. 小组合作，每人选择一两个主要方面，组长负责统计，完成统计后用贴纸来表示每个小组的投票情况。

3. 师：同学们，你们有什么发现吗?

师：其实，当我们直接观察物体的时候，我们应该首先从物体的颜色、形状、大小等方面来入手进行观察，这就是一种科学的观察方法。凡尔纳在创作《海底两万里》的时候，正是用这样的科学观察方法进行描写的。

4. 介绍科学观察方法：科学研究中的观察，讲究客观性、准确性、真实性，以求真为目的。凡尔纳作为一个科幻小说家，不仅细致描绘了各种海底生物的样子，更通过自己神奇的想象，将这些可能存在或者可能不存在的海底生物写得如此缤纷多彩。

5. 教师总结：著名物理学家李政道曾经说过，科学和艺术是一个硬币的两面。而语言才能更好地阐释这一切，它们的完美结合才能实现人类最美好的愿望。

【设计意图】科学教师在本环节向学生展示了科学的观察方法，原来对作品的观察不是随随便便进行的，它也是有着科学方法的。这节课，科学的意味变得更加浓厚了。特别是教师的最后一句总结语，更深入地阐明了科学与人文的完美结合，也从另一个方面表明了这样一节三科连上的科幻主题课的意义所在。

（三）环节三：进行写话练习，实现思维外化

1. 凡尔纳描绘的美轮美奂的海底世界令人如临其境，深邃的大海拥有如此之多的瑰宝，海底变幻无穷的奇异景观和各类生物让我们领略到海底世界的神奇。请学生发挥自己的想象，选一种自己最感兴趣的海底动物或植物，或者一处海底风景，写一写它们的样子。

2. 学生当堂写作。

3. 组织交流：对于最远的极地、最深的海沟、最大的珍珠、大蜘蛛、章鱼、鲨鱼、海底森林等等，抓住物体的颜色、形状、大小等特征进行描写。

【设计意图】让学生掌握一定的科学观察方法是本节科幻人文阅读课的教学目标之一。在学生通过课堂学习掌握了从颜色、形状、大小、运动方式等方面进行观察的方法之后，适时的随文练笔能让学生内化这种方法，实现语言的迁移练习。

（四）环节四：适度拓展提升，促进思维迁移

1. 除了凡尔纳的小说，还有很多例子可以说明：2016年9月15日我国第一个真正意义上的空间实验站发射成功，它将主要开展地球观测、新技术应用、航天医学等方面的研究。它的名字叫天宫二号。

2. 美国的载人行星探险——月球实地考察计划，被命名为阿波罗计划。阿波罗其实是古希腊神话传说中的太阳神。

3. 获第73届世界科幻大会雨果奖的小说《三体》作者刘慈欣，既是名高级工程师，又是位科幻作家；著名科普作品《十万个为什么》的主编叶永烈，擅长幻想，也成为科幻作家，写出了《小灵通漫游未来》这样脍炙人口的作品。他们和凡尔纳一样，都运用幻想，将科学与人文完美地结合在一起。

4. 向学生推荐《爱丽斯漫游奇境记》《小飞侠彼得·潘》《尼尔斯骑鹅旅行记》等科幻读物，在科学与文学相结合的美好阅读中，放飞想象的翅膀。

【设计意图】科学积淀素养，人文丰富内涵，阅读点亮人生！科学人文阅读课的魅力就在于打破学科间的壁垒，使其融会贯通，带给师生更广阔的学习空间。在小学阶段的课外阅读书籍中，很多就是科幻文学的读物。从《海底两万里》出发，学生能在科幻课外书的阅读中，度过更加美好的科学人文阅读时间。

六、板书设计

《海底两万里》	
法国　凡尔纳	
文字阅读	
艺术创作	神奇的想象
科学解密	

【设计意图】科幻主题阅读课倡导各学科互相渗透、互相融合、优化组合，强调各学科之间相互补充、相互促进，从而打破了学科界限，使原有的分科界限逐渐缩小。从上面的板书中，我们可以清晰地看到：语文、美术、科学三科在本课中发挥的作用，从阅读层面丰厚人文素养，从创作层面丰厚艺术修养，从科技层面丰厚科学素养。语文、美术、科学三科连上，形成了横向链接、彼此关照的“课程链”。

课外阅读《小飞侠彼得·潘》

一、教材分析

《小飞侠彼得·潘》是一本享誉世界的经典童话。它讲述了一个晚上，彼得·潘来到小姑娘温迪的家，教温迪和她的两个弟弟在空中飞行，并一起来到了永无岛，也称梦幻岛。在岛上，他们遇到了善良的印第安人、凶残的海盗和漂亮的美人鱼，惊险的事情接连不断。由于邪恶的海盗头子胡克作恶多端，战争不断爆发，海岛没有宁静之日。尽管不幸的事件一个接一个，但彼得·潘总能大显身手，想出巧妙的办法将小伙伴搭救。这本书人物形象鲜明、情节生动有趣，蕴含着关于亲情与成长的深刻主题。

二、教学目标

1. 通过人物形象的讨论，感受不同人物的性格特点。

2. 赏析书中的精彩片段，体会并学习作者抓住人物的语言、动作、心理活动等进行细致描写，通过环境描写、场面描写来烘托气氛和塑造人物形象的表现手法。

3. 介绍作者及《小飞侠彼得·潘》的续集《重返梦幻岛》，激发学生阅读这个系列书籍的兴趣。

三、教学重点

运用音频、视频等多种教学资源，设计贴卡片、写话、制作思维导图等多种学习活动，激活学生的想象力，促进学生思维的发展。

四、教学难点

在游戏、交流、讨论中分享童年的梦幻与向往，感受作品所蕴含的“亲情与成长”主题。

五、教学过程

（一）环节一：设置问题情境，引发思维挑战

1. 师：在英国伦敦的肯辛顿公园中，矗立着一座小男孩的青铜雕像，你知道他是谁吗？（他就是世界经典童话《小飞侠彼得·潘》中的主人公彼得·潘。）

2. 师：这本书的诞生与肯辛顿公园有什么关系呢？

出示相关内容：英国作家詹姆斯·巴里，每天上下班都看见一群孩子在肯辛顿公园的草地上玩耍，用树枝盖房子、拿泥巴当点心、扮演仙女和海盗，玩得很开心，由此萌发了创作意念。1904年，他创作了童话剧《彼得·潘》，在伦敦公演，引起轰动。后来巴里将它改写为长篇童话，彼得·潘很快成为家喻户晓的人物形象，就像中国的孙悟空和哪吒一样。后来这部作品又被拍成了电影、制作成了动画片，成为西方各国每年圣诞节经常播放的节目，作为献给孩子们的礼物。

3. 分层设计，学生自由概括本书的主要内容。

（1）填空式概括。

（2）自己独立概括。

【设计意图】这一板块主要是了解作者、写作背景以及主要故事内容，在概括主要内容的环节设计了分层作业，供学生自由选择。填空式概括相对简单，自己独立概括相对难些，由易到难，给学生搭建思维的台阶。

（二）环节二：聚焦核心问题，搭建思维台阶

1. 厘清人物关系：温迪家里有爸爸达林先生、妈妈达林夫人、弟弟约翰和迈克尔，还有狗保姆娜娜、仆人莉莎。这是一个成人的现实世界。

2. 彼得的永无岛或者说梦幻岛，都有些什么？（那里有小仙女叮克铃、美人鱼、印第安人、海盗、各种野兽，还有一群跟随彼得的被父母丢弃、遗忘的男孩子们。这是一个儿童的独立王国。）

3. 揭示特点一：这么多的人物在作者的笔下个个形象鲜明。

4. 品析彼得·潘的人物形象：主人公彼得·潘是个怎样的男孩？请你用一个词概括他的特点，写在黄色卡片上，并想想你是从哪里读出来的。

先小组里交流，然后两小组上台贴卡片（成太阳形）、交流。

5. 总结：彼得·潘是个外表可爱、内心不愿长大的小男孩。他具有普通孩子的许多特点，如淘气、爱玩、骄傲、勇敢、侠义、乐于助人、疾恶如仇、富有冒险精神等。但他又不同于普通孩子，他会飞，永远长不大，拥有永不衰竭的旺盛精力，所以是个半人半仙的形象。作者用生动的语言把他描绘得神气活现，由此他成为孩子们心中的“孩子王”，成为自由快乐的象征，像太阳一样光芒熠熠，受到全世界儿童的喜爱。

【设计意图】这一环节是品析人物形象，聚焦彼得·潘这一主人公，利用小组合作学习、贴卡片说依据的开放形式，读出彼得丰富、多元的个性特点，领悟他作为一个世界经典形象的丰富内涵，训练学生思维的宽度。

（三）环节三：品读生动情节，培养思维的广度

1. 揭示特点二：这本书除人物形象鲜明以外，情节也十分生动有趣，充满了奇思妙想，具有魔幻的色彩。你觉得什么情节特别有趣？（温迪为彼得缝影子、男孩子们为温迪造小屋、美人鱼奇观……）

2. 小结：书中像这样生动精彩、充满奇思妙想的故事情节比比皆是。沉浸在这些神奇、美妙的情节中，让人感到无比的快乐。

3. 观看视频写话。

（1）观看《小飞侠彼得·潘》电影片段“云端看海盗”。

（2）写话。

要求：请你用生动的语言描述你看到的神奇情景。

提示：

① 用上动词（如趴、举、望、跳、喊、飞等）。

② 用上比喻等修辞手法。

（3）展示交流，师生评价。

【设计意图】这一环节引领学生回顾书中生动有趣的情节，感悟“想象丰富奇幻”这一特色，并借助视频创设情境，让学生进行写话训练，激发想象力，培养学生思维的广度。

（四）环节四：感悟思想主旨，拓展思维的深度

1. 揭示特点三：这本书除了人物形象鲜明、情节生动有趣，还蕴含着关于亲情与成长的深刻道理，给人以很多的思考。

2. 提挈文本内容：彼得为什么要离开家，住到永无岛去？（他追求自由快乐。）

3. 小组合作学习：彼得到底爱不爱妈妈？他需要母爱吗？从哪里可以看出来？

【设计意图】文学作品都具有育人功能，所以这一环节重在引领学生感悟书中关于亲情与成长的思想主旨。彼得·潘是自由快乐的象征，但又有逃避现实、不爱学习等弱点。学生应该从他身上学习什么，获得怎样的思想启迪？教学中运用思维导图以及假设问题的方式引领学生去思辨，让学生充分表达主观感受，从而获得正确的价值观，懂得既要在心中建一个自由快乐的“永无岛”，又要爱家人、坚强成长，由此挖掘学生思维的深度。

（五）环节五：拓展阅读续篇，培植思维的高度

课后阅读英国当代著名作家杰拉尔丁·麦考琳写的续篇《重返梦幻岛》。用自己喜爱的方式制作三张思维导图：故事情节图、主要人物图、主旨感悟图。

【设计意图】《重返梦幻岛》是《小飞侠彼得·潘》的续集，同样是一部令人非常感动的作品。因此，教师在拓展环节把这部优秀的作品推荐给学生，并且要求学生能用思维导图的方式提炼要点。学生带着任务驱动去阅读，一定能收获更多的阅读感受。

六、板书设计

小飞侠彼得·潘
人物形象鲜明
情节生动有趣
蕴含深刻道理

【设计意图】《小飞侠彼得·潘》是一部经典的、充满科幻色彩的儿童作品。人物形象鲜明、情节生动有趣、蕴含的道理深刻感人，是这部作品广受世界人民喜爱的主要原因。板书就把这三个主要原因揭示了出来。

第五节　小古文阅读教学案例

2018年，全国统一使用统编版教材，古诗文篇目大幅增加。弘扬中华优秀传统文化，体现中华民族风格，已经成为语文教学的方向。

小古文是统编版教材针对小学阶段的学生特点所选入的篇幅短小、内容浅显易懂、寓意深刻的文言文。“小古文”这个概念最初是在2006年由原

《小学语文教师》主编李振村先生提出来的。从三年级开始，在每一册教材中陆续出现了《司马光》《守株待兔》《王戎不取道旁李》《囊萤夜读》等13篇小古文。

表2　统编版教材各年级小古文分布表

册次	课题	册次	课题
三上	《24　司马光》	三下	《5　守株待兔》
四上	《13　精卫填海》 《25　王戎不取道旁李》	四下	《22　文言文二则　囊萤夜读 铁杵磨针》
五上	《25　古人谈读书》	五下	《15　自相矛盾》 《21　杨氏之子》
六上	《21　文言文二则　伯牙鼓琴 书戴嵩画牛》	六下	《14　文言文二则　学弈 两小儿辩日》

四年级下册《22　文言文二则　囊萤夜读》

一、教材分析

课文讲述了晋朝有个人叫车胤，家境贫寒，夏天的夜晚没钱买油点灯看书，就用白色薄绢做成袋子，装上几十只萤火虫照着书本，勤奋读书。这个故事告诉我们，无论环境多么恶劣，都能创造条件勤奋苦学。

二、教学目标

1. 认识课文中的生字，正确、流利地朗读课文，读出文言文的韵味。

2. 能借助注释、插图、用字组词等学习文言文的常用方法，理解课文中每句话的意思。

3. 初步感受文言文的精致与典雅，知道无论环境多么恶劣，都能创造条件勤奋苦学。

三、教学重点

聚焦“学习文言文的方法”这一主问题，通过借助注释、借助插图、用字组词等方法理解课文内容。

四、教学难点

理解部分文言文字词的意思，初步感受文言文的精致与典雅。

五、教学过程

（一）环节一：设置问题情境，引发思维挑战

1. 师：同学们，相信你的学习环境一定很不错，即使到了晚上也不会影响你的学习。可是有这样一个孩子，他家里条件不好，没有钱买油点灯，他是怎么克服困难，努力学习的呢？

2. 导入新课。

（1）教师引导：这个孩子就是车胤。（出示车胤的简介，认读名字。）今天，我们来学习一篇与车胤有关的文言文。

（2）出示课题：《囊萤夜读》。本文出自《晋书·车胤传》。

教学范写生字“囊、萤”两个字。

【设计意图】这是一篇文言文，与我们平时接触到的“白话文”还是有一定的不同。文言文语言精练、简短，用不多的字数就可以描述出作者所写的内容。在课前，引导学生关注文体特征，针对课文的文体特征而设问，为学生下一阶段的思维活动奠定基础。

（二）环节二：聚焦核心问题，搭建思维台阶

任务一：初读全文，理解第一句的意思

活动1：学生自由读全文。

活动2：理解文章的第一句话并读出节奏。引入理解字词的方法：借助注释、组词、联系上下文等。

活动3：初步感受人物特点。

活动4：总结方法。

任务二：用学到的学习方法，学习第二句

活动1：利用“借助注释、组词、联系上下文”等理解文言文的方法读懂第二句，并读出节奏。

活动2：再次感受人物形象。

活动3：探究文章布局，再次朗读。

【设计意图】文言文语言精练简洁，一字传神，寥寥几字便能将意思传达清楚。教学中，从初读课文，再到品读课文、理解内容、读准课文，扎实做好每一步教学过程。抓住思维发展的阶段，从引入学习文言文的方法，到利用学习方法自己学习，学生实现了学习的自主构建。

（三）环节三：进行情景对话，实现思维外化

1. 创设情景对话：现在你就是文中的车胤。

车胤啊车胤，你家里穷得连灯油都买不起，你还读什么书啊？

车胤啊车胤，你很聪明，你想到了囊萤夜读，可那萤光很微弱，能读书吗？

车胤啊车胤，你夜以继日地读书是为了什么呢？

2. 介绍车胤的成就：车胤，史书记载公元333年生人，东晋南平郡人士。入仕为官，官至吏部尚书，为东晋大臣。

3. 用朗读深化自己的理解。

【设计意图】学生理解了文本，感受到了鲜活的人物形象，在此基础上通过情景对话把人物内心的想法说出来。这是语言内化的过程，也是学生思维得到发散性发展的过程。

（四）环节四：适度拓展提升，促进思维迁移

1. 总结读懂文言文的方法，出示，指名读。

2. 拓展阅读《凿壁借光》。利用课上学到的学习文言文的方法，自己学习《凿壁借光》，感受匡衡的勤学。

【设计意图】课上学会了学习文言文的方法，紧接着再学习另外一篇同一类型的文言文，达到了“举一反三”的效果。如果只是“就事论事”，那么学生只会从课本上学到的知识。通过增加与文本内容紧密相关的拓展，学生不仅掌握了学习这一类文言文的方法，而且拓宽了学生的视野，促进了学生的思维发展。

六、板书设计

囊萤夜读（车胤）	
	借助注释
勤奋苦读	查找资料
	小组合作

【设计意图】本课的知识结构采用板块化的形式直观形象地概括出来，板书的左边是“车胤”这一人物形象的特点，板书的右边是学习文言文的主要方法。

五年级下册《15　自相矛盾》

一、教材分析

《自相矛盾》选自《韩非子》。这个单元的语文要素之一是“了解人物的思维过程，加深对课文内容的理解”。这个楚国人为什么会犯自相矛盾的错误呢？因为他一心想把自己的矛和盾都卖出去，卖盾时夸自己的盾最坚固，而卖矛时又夸自己的矛最锋利，导致言过其实。因此旁人的一句问话“以子之矛陷子之盾，何如？”便让他哑口无言了。

二、教学目标

1. 整体感知课文，知道《自相矛盾》这则故事的主要内容。
2. 熟读文本，理解语句的意思，体会文言文的特点。
3. 用自己的话讲讲这个故事，并展开想象，续编故事。

三、教学重点

联系上下文理解字词的意思，能用自己的话来讲一讲这个故事。

四、教学难点

了解人物的思维过程，加深对课文内容的理解。

五、教学过程

（一）环节一：设置问题情境，引发思维挑战

1. 看图猜成语。

提示：出示图片，让学生猜“画蛇添足、掩耳盗铃、唇亡齿寒”等成语。

2. 教师出示课题，学生齐读课题。

3. 师：今天这节课，我们一起来学习一个选自《韩非子·难》的成语故事《自相矛盾》。课文主要讲了一个怎样的故事呢？

【设计意图】整体感知，揭示主题。课堂教学一开始，以猜成语入手，激发学生的学习兴趣。进而引出本课的教学主题，并以一个开放式的问题，引发学生的思考，学生对本文题材也有了进一步的感知。

（二）环节二：聚焦核心问题，搭建思维台阶

1. 联系上下文，猜想加点字的意思。

提示：“誉”的意思是“夸耀”；“弗”的意思是“不”；“立”的意思是“存在”。

2. 用组词法，理解加点字的意思。

提示：“坚”的意思是“坚固”；“利”的意思是“锋利”；“应”的意思是“回应”。

3. 用自己的话讲讲这个故事。

（1）把故事讲正确。

提示：通过结合注释、联系上下文、组词等方法，用自己的话把原文的意思讲正确、讲清楚。

（2）把故事讲生动。

提示：可以加上表情、动作，来讲讲这个故事。

4. 小组讨论：这个楚国人销售失败的原因是什么？

提示：这个楚国人根本没有想到他说的话太绝对了，结果事与愿违，闹了笑话。

【设计意图】对小学生来说，学习文言文本身就是有一定难度的。如何让他们的思维能更上一个台阶？教师的引导至关重要。从释词入手，一步步引导学生理解课文内容，并能用自己的话来讲述这个故事。小组合作交流这个楚国人销售失败的原因，把学生的思维推向更深层次。

（三）环节三：设计探究活动，实现思维外化

任务一：看可笑之人

师：这个楚国人可笑在哪里？

要点：

（1）他可笑在夸耀自己的矛和盾时，把话说得太绝对了。

（2）他可笑在把牛皮吹破了，自己还没察觉。

（3）他可笑在被人问得哑口无言。归根结底，他错在夸盾时只想着盾，夸矛时只想着矛，不能把两者结合起来想。

任务二：闻可笑之言

1. 有感情地朗读。

楚人有鬻盾与矛者，誉之曰："吾盾之坚，物莫能陷也。"

又誉其矛曰："吾矛之利，于物无不陷也。"

提示：要读出楚国人夸耀的语气，语调上扬、声音洪亮、表情骄傲。

2. 师：他口中的盾和矛分别有什么特点？

提示：盾（物莫能陷）、矛（于物无不陷）

任务三：知可笑之因

1. 师：以子之矛，陷子之盾，会有怎样的结果？（小组讨论。）

要点：如果盾破，说明盾不坚固。如果矛折，说明矛不锋利。

提示："其人弗能应也"说明这个楚国人也发现了自己的话彼此矛盾。

2. 师：谁能向楚人道明他错在哪里？联系生活实际来说一说。

要点：说话言过其实，自相矛盾。

【设计意图】研读文本，明理导思。明白了课文的主要内容是不够的，还需要透过文本研究其背后的内容。看可笑之人，闻可笑之言，才能更好地知可笑之因。这三个环节，环环相扣，更进一步探讨了这个楚国人销售失败的原因。那么如何将这个道理深入浅出地说出来呢？联系生活，便是最好的方式。

（四）环节四：适度拓展提升，促进思维迁移

1. 出示《掩耳盗铃》。

范氏之亡也①，百姓有得钟②者，欲负③而走，则钟大不可负；以锤④毁之，钟况然⑤有声。恐人闻之而夺己也，遽⑥掩其耳。恶⑦人闻之，可也；恶己自闻之，悖⑧也！

【注释】① 范氏之亡也：范氏是春秋末期晋国的贵族，被其他四家贵族联合打败后，逃往齐国。亡，逃亡。② 钟：古代的打击乐器。③ 负：用背驮东西。④ 锤：锤子。⑤ 况然：形容钟声。⑥ 遽：急速。⑦ 恶：害怕。⑧ 悖：荒谬。

（1）解释字词。

者：________ 走：________ 恐：________ 则：________

（2）解释句子意思。

恶人闻之，可也；恶己自闻之，悖也！

____

（3）这则寓言故事告诉我们什么道理？

____

（4）生活中有这样的事例吗？请简单写一写。

____

2. 师：这个楚国人，听了我们的忠告，发现了自己思维上的错误，决定有错就改。他决定再卖一次矛和盾。这不，他又摆上了摊。这次，他又会怎样卖呢？请大家课后完成一个故事新编。

提示：这个楚国人第一次卖矛和盾，以失败告终，错就错在他把话说得太绝对了，致使话语前后矛盾。第二次，他吸取了教训，说话不再自相矛盾了。他又会怎样说呢？（学生新编的故事一定要富有创意。）

【设计意图】拓展阅读，获得启示。对于高年级学生来说，仅仅学习书本上的知识是不够的，思维除了需要深度，也需要广度。拓展阅读，以这一课的学习方法，迁移到相同文本的学习上，不但有利于学生更好地理解本课所阐述的道理，也能举一反三。另外，续编故事环节，也有利于提升学生的语文素养，提高学生的思维能力。

六、板书设计

15　**自相矛盾**（寓言故事）

读文

言行要一致　　会意

明理

【设计意图】结构化的板书使知识由繁杂变成简化概括，使学生对知识的体系和结构产生形象化的感觉和认识，符合小学阶段学生思维发展的特点。

五年级下册《21　杨氏之子》

一、教材分析

《杨氏之子》选自南朝刘义庆的《世说新语·言语》，该书是一部主要记载汉末至晋代士族阶层言谈轶事的小说。本文讲述了梁国一个姓杨的九岁男孩的故事。本课描述了杨氏之子的聪明，把杨氏之子的巧妙回答描写得惟妙惟肖，幽默风趣。

二、教学目标

1. 会认“诣、禽”2个生字，会写“梁、诣、禽”3个字。

2. 正确、流利地朗读课文，并背诵课文。

3. 能借助注释了解课文的意思，体会杨氏之子的机智与幽默。

三、教学重点

指导学生把课文读流利，读懂句子，体会人物语言的风趣和机智。

四、教学难点

借助课文注释，说说从哪几方面感受到杨氏之子的机智。

五、教学过程

（一）环节一：设置问题情境，引发思维挑战

1. 师：在以往的学习中，我们通过一篇篇课文，认识了很多和我们差不多大的、个性鲜明的孩子。谁来读读这些课题？

三上《司马光》

四上《王戎不取道旁李》《为中华之崛起而读书》

四下《小英雄雨来》《囊萤夜读》

2. 师：他们有的聪明机智，有的勤奋刻苦。其中，哪个孩子给你留下的印象最深刻？（学生自由交流。）

3. 师：今天的这个孩子，书上没有留下他的准确名字。作者称他为什么？（板书：杨氏之子。）请你说一说这个题目的意思。

4. 介绍《世说新语》，观看视频。

5. 师：杨氏之子到底是个怎样的孩子呢？

【设计意图】通过复习以前学过的个性鲜明的孩子导入本课学习，一下子将学习的焦点聚集在“个性鲜明的孩子”上，再直接出示本课课题《杨氏之子》。视频《世说新语》的介绍，使学生对于本书的作者以及所著内容有一个全面而直观的了解。通过设置问题：“杨氏之子到底是个怎样的孩子呢？”引发学生思维的冲突和学习的兴趣。

（二）环节二：理解课文内容，搭建思维台阶

活动1：初步感知，读出韵味。

（1）学生试读文言文，相机指导多音字“为”和“应”的正确读法。

（2）教师范读文言文，课件出示：

杨氏之子

梁国/杨氏子/九岁，甚聪惠。孔君平/诣/其父，父/不在，乃/呼儿出。为/设果，果/有杨梅。孔/指以示儿/曰：“此/是君家果。”儿/应声答曰：“未闻/孔雀/是夫子家/禽。”

活动2：探究交流，理解意思。

（1）理解：“梁国杨氏了九岁，甚聪惠。”

（2）研读：“孔君平诣其父，父不在，乃呼儿出。”“为设果，果有杨梅。”

（3）品读：“孔指以示儿曰：‘此是君家果。’儿应声答曰：‘未闻孔雀是夫子家禽。’”

活动3：理解语言的弦外之音。

（1）师：你听懂孔君平的弦外之音了吗？（学生各抒己见。）

（2）师：想想杨氏子的言下之意是什么呢？（如果说杨梅是我杨家的果，那么孔雀就是您孔家的鸟了。既然孔雀不是您家的鸟，那么杨梅又怎么会是我家的果呢？）

（3）对比理解，感悟巧妙：

孔雀是君家禽。

未闻孔雀是夫子家禽。

（第一句生硬，没有礼貌；第二句委婉回应了对方的问话，又不失应有的礼貌。）

（4）师：你觉得杨氏子是一个怎样的孩子呢？（思维敏捷、机智，说话有礼貌。）

【设计意图】本环节设置了三个层次的活动，通过小组合作探究性学习，引导学生借助注释理解课文内容。这一环节的教学通过学生的自主学习、合作交流，能比较容易地完成教学目标，真正把课堂还给了学生。同时，也为后面环节的学习打下了基础。

（三）环节三：进行写话练习，实现思维外化

1. 小组合作学习：孔君平听了杨氏子的回答后，会是什么样的神情？他又会做什么、想什么、说什么呢？请同学们联系课文内容展开想象，说一说，也可以写下来。

2. 学生独立思考、书写。

3. 小组交流。

4. 小组派代表做汇报发言，师生评议，教师小结：

孔君平听了杨氏子的回答，暗想：我原本是想借杨梅的“杨”字和姓杨的“杨”字一样，来考考这个孩子是不是真的非常聪明，没想到，他居然拿孔雀的“孔”字和我的姓一样来反问，回答得又是那样委婉，真是了不得！于是他笑着说：“耳闻杨氏之子甚聪慧，今日一谈，果然名不虚传哪！真是心服口服！”

师：谁能用古文来赞一赞“杨氏之子”？

【设计意图】随文写话是指向思维发展的小学语文课堂中常用的一种活动。本环节通过对孔君平夸赞杨氏之子进行补白，请学生用古文来赞一赞杨氏之子，将思维做了一个提升，活学活用。

（四）环节四：适度拓展提升，促进思维迁移

1. 迁移思维训练。

如果来访的客人姓黄，你觉得杨氏子会怎样回答？

如果来访的客人不姓孔，也不姓黄，而是其他的姓，你会应对吗？

2. 拓展阅读《世说新语 · 言语》中的第11个故事。

钟毓（yù）、钟会两兄弟，小时候就名气很大。他们十三岁时，魏文帝听说他们很有才华，就召见了他们。两个人奉旨来到魏文帝面前。

钟毓脸上有汗，魏文帝问："你为何出汗？"

钟毓回答："战战惶惶，__________。"

钟会脸上没汗，魏文帝问："你为何不出汗？"

钟会回答："战战栗栗，___________。"

学生思考：钟毓、钟会该怎样回答魏文帝？在横线上补充四字词语。

【设计意图】这个教学环节设计了两个拓展训练，第一个是迁移课文中的句式，用人的"姓"来巧妙作答；第二个是拓展阅读《世说新语 · 言语》中的其他故事，并且让学生积极开动脑筋，尝试作答。《世说新语》是一部笔记小说，主要记载了汉代末年到晋代为官阶层的奇闻趣事。"言语"指善说话，善于言谈应对。这类故事以语言精妙流传于世。通过拓展练习，激发学生课后自主阅读的兴趣。

六、板书设计

杨氏之子
甚聪慧　语言风趣

【设计意图】风趣和幽默是智慧的闪现。板书中的"甚聪慧"是对人物形象的高度概括，且这个词来自文本中；"语言风趣"是本单元的语文要素，也是这篇文言文的主要特色。

六年级上册《21　伯牙鼓琴》

一、教材分析

《伯牙鼓琴》讲述了"高山流水遇知音"的故事，赞美了俞伯牙与锺子期之间的深情厚谊，表现了知音难觅的主题。行文简洁，百余字就将一个千古流传的高山流水遇知音的故事写得明白晓畅，故事的主人公俞伯牙与锺子期的真挚情谊让人感动。

二、教学目标

1. 正确、流利地朗读课文，并背诵课文。

2. 依托对重点词句的理解，疏通文言文的意思，进行相关的句式拓展。

3. 感悟俞伯牙与锺子期之间的深厚友谊，了解古人的交友观。

三、教学重点

凭借注释和工具书读通、读懂内容，在此基础上诵读积累。

四、教学难点

结合课后“资料袋”理解“伯牙破琴绝弦，终身不复鼓琴，以为世无足复为鼓琴者”，感受朋友间相互理解、相互欣赏的纯真友情，体会音乐艺术的无穷魅力。

五、教学过程

（一）环节一：设置问题情境，引发思维挑战

1. 课件出示“伯牙鼓琴图”（配乐），师：同学们，我们看到的这幅画叫“伯牙鼓琴图”。你看，图中这位入神弹琴的，一身长袍、羽扇纶巾，是达官贵族的打扮，他就是晋国的上大夫——俞伯牙；而这位凝神听琴的，头戴草帽、两截布衫，却是劳苦大众的穿着，他是楚国的一个樵夫——锺子期。

2. 师：今天，就让我们走进两千多年前的春秋时期，走进俞伯牙和锺子期的感人故事。

【设计意图】思维挑战环节以课文中的插图导入，插图中的两人一个

羽扇纶巾，一个两截布衫，无论是穿着打扮还是身份地位，都形成了鲜明的对比。这种强烈的矛盾冲突，引发了学生探究的兴趣：他们怎么会走到一起？是什么把他们俩连接到一起的呢？

（二）环节二：聚焦核心问题，搭建思维台阶

任务一：借助拼音，读准字音

1. 师：这是一篇文言文，学习起来略有难度。老师送给同学们学习文言文的方法就是一个字“读”。但不是读一次就够了，而是要读五次。

2. 一读课文，板书：借助拼音，读准字音。

师：首先，请同学们打开课本，自由朗读。

3. 学生自由朗读。

4. 指名朗读。

任务二：借助注释，读懂文意

1. 师：课文能读下来了，那么这些句子都讲了什么意思呢？下面，我们要二读课文。（板书：借助注释，读懂文意。）

2. 出示课文，学生梳理课文的主要内容。

任务三：根据文意，读好停顿

1. 师：意思都懂了，文言文读起来就顺畅多了。我们要三读课文。（板书：根据文意，读好停顿。）

2. 学生根据教师标示的停顿，齐读课文。

伯牙鼓琴，锺子期/听之。方鼓琴/而/志在太山，锺子期曰：“善哉乎/鼓琴，巍巍乎/若/太山。”少选之间/而/志在流水，锺子期又曰：“善哉乎/鼓琴，汤汤乎/若/流水。”锺子期死，伯牙/破琴/绝弦，终身/不复鼓琴，以为世/无足/复为/鼓琴者。

任务四：抓住字句，深入品读

1. 板书：抓住字句，深入品读。

2. 师：同学们，俞伯牙是达官贵人，锺子期是山野樵夫，两个身份、地位相去甚远的人，是什么让他们走到了一起？（是音乐，是琴声，板书：琴。）

3. 师：从哪里能看出来俞伯牙善鼓琴，锺子期善听琴？请同学们默读课文，找到相关的句子，用横线画下来。

4. 师：伯牙的琴声幽然响起，子期的思绪飞向了那巍巍的太山之颠、汤汤的流水之畔。（播放古琴典《高山流水》的“高山、流水”片段。）善听的子期，你的眼前仿佛出现了怎样的太山、怎样的流水？

5. 学生练习说话。

任务五：反复诵读，熟读成诵

1. 师：全文不足100字，却让我们读出了伯牙、子期的相识相知，读懂了“知音”两字的含义；全文不足100字，却化作了一段情景交融、荡气回肠的故事千古流传。这就是我们祖国传统文化的魅力，真是简约而不简单。同学们用心地读吧，把这凝练、精美的语言留在我们的心中。

2. 教师提供一定的框架，学生背诵。

【设计意图】本教学环节采用“五读法”，即：借助拼音，读准字音；借助注释，读懂文意；根据文意，读好停顿；抓住字句，深入品读；反复诵读，熟读成诵，一步步扎实地将文言文的学习落到实处。在教学中，坚持自学为主，重点指导朗读和背诵，强化感悟、注重积累，采用情景引领、以读为本、相机点拨、拓展积淀的方式，带领学生去读、去思考、去汲取，力图让学生体验到学习古文的乐趣。

（三）环节三：进行情景对话，实现思维外化

1. 拓展史料：明代小说家冯梦龙的《警世通言》。

子期死后，伯牙到子期的墓前悼念，情不自禁地想起了自己鼓琴、子期听琴的情景（伴着低沉悲凉的古典音乐）。情到深处，伯牙写下了一首千古绝唱的短歌：

忆昔去年春，江边曾会君。
今日重来访，不见知音人。
但见一抔土，惨然伤我心!

伤心复伤心，不忍泪珠纷。

来欢去何苦，江畔起愁云。

子期子期兮，你我千金义。

历尽天涯无足语，此曲终兮不复弹，三尺瑶琴为君死。

2. 师：读了这首短歌，你对两人的情谊有了哪些进一步的认识？

【设计意图】此教学环节中拓展了冯梦龙的《警世通言》，配上忧伤的背景音乐，一下子把学生带入伯牙破琴绝弦、终身不复鼓琴的悲壮情境中。史料的拓展为进一步帮助学生理解文本的内容，丰富学生的情感体验起到了积极的作用。

（四）环节四：适度拓展提升，促进思维迁移

1. 两千多年来，伯牙、子期的故事在民间广为流传，俞伯牙和锺子期已经成为“知音”的代名词。

2. 师生分享交流更多的有关友情的名言警句。

【设计意图】学生已经从文中体会到了朋友间相互理解、相互欣赏的纯真友情，感受到了艺术的美好。此时，再补充和拓展其他关于友情的名言警句，能够将课内外知识相互结合，让学生进一步了解我国辉煌灿烂的古代文化，增加对友情的认识与理解。

六、板书设计

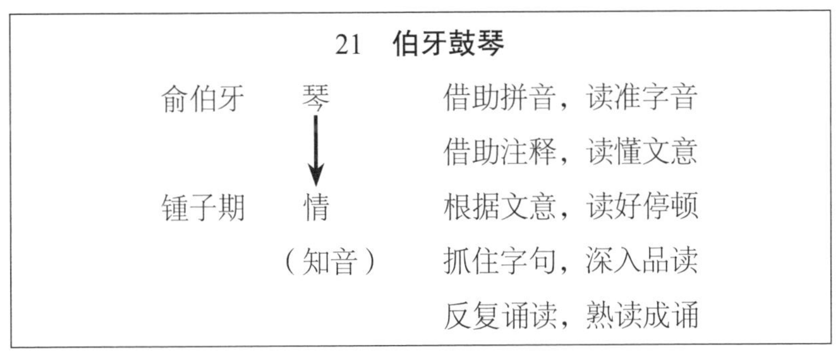

【设计意图】板书将俞伯牙、锺子期因琴结缘，相识相知，最终成为“知音”的线索简明扼要地展现了出来。板书的右边是本节课重点推荐的文言文学习的“五读法”。对于任何一篇文言文的学习，如果采用“五读法”，学生都能很扎实地完成学习任务。

第四章

思维课堂的酸甜苦辣

第一节　教育叙事概述

教育叙事研究是一种质的研究方法，具有质的研究方法的基本特征，如具有自然情境性、研究者的自身工具性、自下而上的归纳性、对事实的解释性和建构性等。

教育叙事研究重视普通人的日常生活故事，包括重视这些生活故事的内在情节，是教师了解教育和向别人讲述其所了解的教育的最重要途径之一。叙事研究报告体现为蕴涵细腻情感的叙事风格，既有细致翔实的故事性描述，又有基于事实的深刻分析；既力图创设出一种现场感，把真实的教育生活淋漓尽致地展现出来，又要在众多具体的偶然多变的现场中去透析种种关系，解析现象背后所隐蔽的真实，从而使教育生活故事焕发出理性的光辉和智慧的魅力。

一、国内外教育叙事研究概况

教育叙事研究兴起于20世纪70年代，是由加拿大的几位课程学者倡导的。他们认为：教师从事实践性研究的最好方法，是说出和不断地说出一个个“真实的故事”。

20世纪80年代中期，叙事学理论开始被逐步介绍到中国，并在90年代引起我国教育研究者的关注，从最初“养在深闺人未识”，到后来“飞入寻常百姓家”，教育叙事研究已成为教育的流行热语。

华东师范大学丁钢教授不仅发表了系列关于教育叙事研究的论文，而且在他主持的《中国教育：研究与评论》中，推出了系列教育叙事研究的报告，在国内引起较大反响。他所著的《声音与经验：教育叙事探究》更是为教育叙事研究建立了理论和方法的基本框架，通过对西方叙事理论和方法的梳理反思，尤其是对教育叙事理论资源的辩证分析，提出把教育叙事的理论建立在教育叙事与日常教育实践关系的基础上，进一步廓清了其方法论意义，并指出了作为理论探究的教育叙事研究五个方面的理论范畴，从而为教育叙事探究奠定了理论与方法论的基础。

华东师范大学出版社出版的“大夏书系·教育随笔”丛书已出版了《教育实话》《教有所思》《不跪着教书》《守望教育》《教育碎思》《师道实话》《教育的十字路口》《给教师的一百条新建议》等8种，每一种都进入全国教师用书畅销榜前100名。这一热潮使得教育叙事研究的倡导者丁钢感慨地说：“当初酝酿教育叙事时，并没有想到它会在实践领域产生如此之大的反响，以至于原本‘沉默’的教师在理论界面前发出了‘讲自己的故事’的呼吁。‘让教师的声音被人们听到’，这一点正是教育叙事所要追求的目标之一，教师主动表达自己的声音，显然是对教育叙事实验的积极支持与响应，并为教育叙事研究提供大量的资料与素材。”

华南师范大学刘良华对中小学教师的日常教育活动从教育叙事研究的角度给予了解读，并发表了许多教育叙事研究的文章，他主持的以“教育叙事研究”命名的主题网站也拥有极高的人气指数。

上海师范大学黎加厚将Blog（博客）应用于教育教学，形成了“基于Blog的教育叙事研究”特色，他认为Blog特别适合老师们结合自己的工作撰写教育叙事研究故事，并归纳出以下一些特点：

（1）Blog作为叙事研究报告的交流平台，将过去以书面为载体的叙事研究报告架构在现代信息技术平台上，实现了叙事研究的新发展。

（2）叙事报告数字化，使得叙事研究更易于保存、流通、复制，使叙事研究的传播范围全球化。

（3）只要敲动你的指尖，你的故事便可以传向网络；反之，你可以方便地获得别人的叙事报告资料；

（4）以书籍、杂志、报纸为载体的叙事报告，生产和传播的周期很长，而Blog上的叙事报告可以每分每秒刷新。

（5）正式出版的叙事报告，需要经过若干“守门人”的过滤，对于一般的教师和学生而言，投稿和发表的门槛很高；Blog实现了“个人出版时代”的梦想，只要你愿意，你可以在任何时间、任何地点发表你的叙事故事，同时与全世界的读者共享你的研究成果。

（6）Blog使叙事研究突破了研究者个人的小圈子，研究者与被研究者之间，读者与研究者之间可以展开充分的交流，头脑风暴，创造出更多的智慧。

（7）新兴的Blog环境对人们提出了新的行为规范和要求，你必须自觉地遵守网络上的版权道德和国家法规，提高自己的信息伦理道德。（上海师范大学黎加厚《信息技术教育》）

王楞等著的《教师印迹：课堂生活的叙事研究》是对中小学教师课堂教学生活进行长期现场观察和田野工作的研究成果。作者们运用叙事研究的方法，从课堂观察入手，对教师这一特殊群体的教学进行研究，通过故事描述教师所从事的课堂教学活动，使人们熟悉又陌生的课堂生活得以展现，从而揭示了那些看似平常，甚至教师本人习焉不察的行为背后所隐含的教育内涵，在课堂实践中寻找教师确认的意义链接，并解释教师所从事的课堂教学活动的意义。

朱永新主编的“新教育文库·我的教育故事”丛书包括五本，即《走在教育的路上》《发生在教育在线的故事》《麻辣学生酷老师》《守望高三的日子》《魔法作文营》，由福建教育出版社于2005年推出。这套号称“真正的中国的教育叙事研究”的丛书记录了发生在“新教育实验”背景下一个个真实鲜活的教育故事。

二、教育叙事研究的价值

教育叙事研究关注教育本身，是对教育事件本质的揭示。它让我们把自己过去教育生活中司空见惯的幽微细节重新审视，去发现其中细微的教育蕴涵，从而把作为叙事者的教师自身的思维触角引向自我教育生活的深层，使看似平淡的日常教育生活显现其并不平凡的教育意义。

从基层教育工作的视角看待教育叙事，其价值主要体现在以下方面：

1. 丰富教育科研的方法

教育科研除采用实验法、调查法、统计法和测量法等定量研究的方法外，行动研究和案例研究等研究方法也越来越受到足够的重视。教育叙事研究方法正是在这种新的教育科研思潮的影响下应运而生的。与其他研究方法相比，叙事研究更具有弹性、灵活性、多样性等特点。正是由于这些特点，教师在开展叙事研究时就更能体现现实针对性，更能发挥创造性，这种方法也就更能为教师所掌握和运用。

2. 丰富对教育的理解

教师们对教育的理解，很多时候表现为一种缄默知识的形式。例如，教师个人的实践知识就是在长期实践中逐渐积累的经验，这是形成教师个体教学风格的重要因素，在很多情况下，教师的教育机智就是缄默知识在起作用。基于缄默知识的特殊性，实践者自身有时也是不识庐山真面目。通过教育叙事的方式，教师在讲述自己的教育故事的过程中加深了对教育的理解。

3. 丰富研究成果的表达

一说起研究成果的表达，老师们就觉得是撰写论文、课题研究报告、专著等等，其实不同的研究成果有着丰富多彩的表达方式。对于教育叙事来说，像苏霍姆林斯基倡导的教育日记就特别适合一线教师，他说："我建议每一位教师都来写教育日记。教育日记并不是什么对它提出某些格式要求的官方文献，而是一种个人的随笔记录，在日常工作中就可以记。这些记录是思考和创造的源泉。那种连续记了10年、20年甚至30年的教师日记，是一笔巨大的财富。每一位勤于思考的老师，都有他自己的体系、自己的教育学修养。”

三、教育叙事的基本要素

1. 情景真实，可信度强

教育叙事必须基于真实的教育实践，所叙述的是自己已经发生的教育事件，而且是真实可信的教育故事，绝不是凭空捏造的“美丽谎言”。在特定的环境、人物、时间、背景等诸多因素下，教育实践才会有一定的故事发生。因此，教师平时要善于捕捉这些教育故事的“源文件”。只有“原汁原味”的教育事件才有特定的意义。

在内容上，教育叙事可以是教学故事、德育故事，也可以是管理故事；但不管是何种内容，教育叙事最好单独地、有针对性地采用一个故事。从日常发生的小事入手，于平常中见深刻，于细微处见精神，着眼于一事一得，通过叙述一些细小的事，促使自己反思与体悟，从而达到教师自身专业素养的提高。在写作手法上，教育叙事应区别于教育案例和教育随笔，既不同于教育案例的先陈述案例再理性分析，也不同于一般的讲故事。而应既叙述故事情节，又在其中夹杂些对细节的感悟及反思，采用夹叙夹议的“杂文”化笔调和散文化手法写作而成。因此，教师在写教育叙事故事时应注意做到夹叙夹议。

2. 细节精彩，可读性强

教育叙事研究要有解决问题的情景性、冲突性、过程性、复杂性，并且讲求“艺术处理”。同样一件事情，不同的人叙述效果就不一样。原因就是有的人能够在抓住“事件本质”的前提下，绘声绘色地讲述。

教育叙事研究不是简单地记录生活，而是需要教师在一定教育理念的指导下观察与思考教育生活。叙事研究中的“事”来源于教师教育教学实践中的一个个具体的教育细节。老子说：“天下大事必做于细。”教育细节是精神，需要我们去塑造；教育细节是科学，需要我们去研究；教育细节是艺术，需要我们去追求；教育细节是效益，需要我们去创造。教育叙事要呈现教育细节、关注教育细节、提炼与升华教育细节，因此，关注教育细节是教育叙事研究的关键。在叙事中，教师把教育细节作为一种资源，用心地体察、感悟、反思，通过叙事研究将其加以提升，将会更好地提高教育教学质量。

3. 感悟深刻，启发性强

教育叙事研究是一种反思性研究。教师在叙事中反思，在反思中深化对问题或事件的认识，在反思中提升原有的经验，在反思中修正行动计划，在反思中探寻事件或行为背后所隐含的意义、理念和思想。离开了反思，叙事研究就会变成为叙事而叙事，就会失去它的目的和意义。

教育叙事研究表面上以叙述为主，但实际上它是教师在对自己的经验进行全面深刻反思的基础上生成的。波斯纳提出了“经验＋反思＝成长”的教师成长公式，该公式体现了教师成长过程是一个不断反思经验的过程。反思是教师专业化发展的主要途径之一。教师写教育叙事的过程。就是对自己的教学活动进行全程监控、分析、调整的过程，是更彻底的自我反思、自我培训、自我提高的过程，真正能达到“为自己的教学进行研究，对自己的教学进行研究，在自己的教学中进行研究”的目的。

通过教育叙事研究，可以把教师带入创新的、发现的、反思的生活中，有利于教师对自己的经验进行反思，提高教师原有经验的可利用性，强化成功的教学技能，积累教学策略，提升自己的教育教学理念，促进教师教育科研能力的提高，使教师从理性的高度去审视自己的教育教学行为，从中提炼出精华，形成科研成果，进而指导自己或他人的行为，并进一步加强教师对自己教育教学过程的监控，提高教师的元认知能力。

四、教育叙事的四种模式

一线教师在自己的教育实践过程中天天都能面对活生生的教育对象，教育叙事是他们利用那些流逝在时间里的教育现象来诠释自己的教育行为的最好方式。教育叙事的基本模式包括“一节课（课例研究）、一项活动（行动研究）、一件事（关键教育事件）、一个人（个人的教育史）”，显然上述研究都是一线教师的专长，它们是最贴近教师的教育生活的。

第二节　教育叙事分享

结构化作文教学指导，让他与写作慢慢靠近

太仓市科教新城实验小学　吴敏敏

这是一个不爱学习的孩子，不要说写作文，就是最简单的语文基础知识练习也错误百出。每次遇到作文课，其他同学在座位上奋笔疾书，他却在一旁优哉游哉。等交作业了，他两手一摊："不会写，写不出！"

对于这样的学生，除了要想方设法激发学习的兴趣，指导他获得一定的写作方法与技巧，同样是非常重要的。其中，结构化的作文教学指导，是一个非常有效果的方法。

一、结构化教学第一步：借助教材，感知方法

这次作文，我们写景，要求"按照一定的顺序写景物"。我仔细分析了这个"习作单元"的课文编排：精读课文《海上日出》和《记金华的双龙洞》分别按照早晨太阳变化的顺序、游览的顺序描绘了海上日出的壮观景象和双龙洞洞口、外洞、孔隙、内洞的特点；"初试身手"引导学生画植物园的参观路线，并观察附近的一处景物，按一定顺序写下来；单元习作是"游________"，要求学生选择印象最深的一个地方，按照游览的顺序写下来，并写出景物特点。

因为有了对教材编写体例的清晰认识，指导学生的作文便心中有数，目标明确了。

二、结构化教学第二步：分步指导，循序渐进

要让学生完整地写成一篇作文，特别是学困生，设计学习台阶，让学

生小步前进、拾级而上是至关重要的。

那天，学习完课文《海上日出》，我把他拉到办公室里，打开电脑，请他欣赏了几段精选的海上日出视频。深蓝的天空，喷薄而出的太阳，金色的光芒，大自然的美景深深地震撼了他。我随机问他："在日常生活中，你见过日出吗？"他的兴趣一下子被激发起来，他神采飞扬地和我谈了他与父母在泰山观日出的经历。我第一次发现，当他的兴趣被充分激发出来的时候，他的眼睛是闪闪发光的，里面好像有一个小太阳。那是自信的光芒，那是智慧的光芒。

趁热打铁，我鼓励他："把你刚才说的写下来，按照太阳升起来的顺序写，把太阳的变化写清楚哦！"

第二天，我收到了他的小短文。这是我有史以来看到的写得最长、表达最生动、感情最真挚的一篇作文。利用作文讲评课的时间，我在全班同学面前好好地表扬了他，并给予了一个"大奖"：今天中午，我将带上他和他邀请的好朋友，一起享用美妙的午间时光——参观学校的科创广场。

当然，这不是一次"免费"的参观：在我的"怂恿"下，他次日交给了我第二篇小短文《游学校科创广场》。

从说到写，从模仿到创作，一个不爱学习、不爱写作文的孩子被逐渐点燃了学习兴趣，并在强烈的学习动机诱导下，借助老师提供的学习台阶，一步一个脚印提升着自己的写作能力。

三、结构化教学第三步：综合训练，融会贯通

叶黎明教授在《写作教学内容新论》中讲道："练习是促成读写结合的关键，练习是从阅读到写作、从阅读到听说、从阅读到生活、从阅读到其他学科、从阅读通向无限可能性的桥梁。"

在学生已经习得了一定的写作方法之后，我们要给学生更宽广、更自由的写作平台，让他们将习得的方法在自由创作中加以综合运用。

为了更进一步激发学生的写作兴趣，并促使学生保持持久的写作热情，我与孩子的母亲取得联系，希望她能够利用周末的时间带孩子到附近

的旅游景点走一走，看一看。一来奖励孩子最近作文学习中取得的进步，二来为单元习作搜集素材，做好准备。孩子的母亲欣然应允，她非常感谢老师为她儿子付出的心血，并且表示一定配合老师做好本次参观游览。因为有了身临其境的感受，孩子的第三篇作文将游览顺序介绍得清清楚楚，而且把印象深刻的事物描绘得生动形象，不失为一篇优秀的作文。

写作是小学语文教学的重要组成部分，也是师生们普遍认为的语文学习中的一个难点。利用结构化作文教学，教师在“习作单元”这个完整的教材体系中，为学生搭建了习作兴趣、习作知识、习作能力的序列化训练台阶，降低了学生学习的难度，提高了习作教学的效率，切实发展了学生的写作素养。

用思维导图培养结构化思维

太仓市科教新城实验小学　顾沁

有一次，我教二年级“我爱阅读”中的《画家乡》一课。我提问：“找一找文中有哪几个人物？他们的家乡在哪里？又有什么家乡特产呢？”这时候，小周同学说：“顾老师，我听完你的问题都晕了。到底哪个是哪个呢？”还有一次，我教《我是什么》这一课，我提问：“水在什么情况下变成了什么？”这时候，孩子们七嘴八舌地说“冷的时候变成雪”“在天空中变成云”等等，他们都无法回答正确和完整。

这篇文章是按什么顺序写的呢？这个童话故事有几个主人公？他们之间又发生了什么故事？每个主人公又做了什么事情呢？诸如此类问题，对于低年级的小朋友来说往往难度不小。他们的思维当中还不能很好地建构出文章内容之间的脉络，有时候又涉及千丝万缕的人物情节，孩子们常常会感到很棘手。

思维导图是一种将思维直观化、具体化的方法。小学低年级语文阅读教学，有利于激发学生的讨论兴趣、学习兴趣、探索兴趣。思维导图是一种图文并茂的思维工具，有利于提高低年级语文阅读教学的质量。

一、组织合作探究，激发讨论兴趣

低年级在展开阅读教学的时候，要重视激发学生对阅读材料的兴趣。我们在设定教学目标的时候不能简单地设定为让学生理解阅读材料，而要关注于学生有兴趣地、主动地去探索阅读材料。基于这一点，我们可以利用合作的方式，激发学生的学习兴趣。

比如在学习二年级上册《我是什么》这一课的时候，这篇课文是让学生去体会水在不同条件下变化的不同形态。对于低年级学生来说，如果告诉学生这几种物理想象是如何产生的，孩子很难理解。于是，我就在课上分成了多个学习小组，出示了合作主题“看我变变变”，中间画上一个小水滴的样子，然后让小组成员积极展开讨论：它是怎么变的？又变成了什么呢？这时候，孩子们就在旁边画上一个太阳、一个箭头，写上“汽”。通过画画的形式，表示出“雨”“冰雹”“雪”。孩子们在学习的过程中，学会了分工与合作，一个学生负责在书上圈画，两位负责画画，一位负责写。但我觉得老师可以在交流后给孩子留出一定的时间，让学生对思维导图进行评价以及修改。

在课堂教学中，小组合作讨论的方式能够给课堂增添乐趣，帮助孩子们在理解文中内容的同时，又能把握文中的中心思想。

二、图示吸引注意，激发学习兴趣

低年级学生进入校园的时间不长，比起那些枯燥无味的讲授方法，孩子会更喜欢形象具体的教学方法。一年级初始，大多数都是识字课，大量的文字并不能激起学生的学习兴趣。不过，图形化内容可以提升孩子的学习效率。所以，老师可以充分利用思维导图中的图画部分激发学生的学习兴趣，提高课堂的学习效率。

比如在教学一年级上册识字课《金木水火土》一课时，可采取思维导图来辅助文字教学，通过在思维导图中设计和添加图片与动画，来加强学生对文字的记忆。中国汉字是由图形逐渐演变而来的，学生能够在文字与图形比对的过程中发现文字与图形之间的密切联系，大大降低了学生记忆的难度。比如“火”字相对应的是火柴上面的火焰，学生在看火柴燃烧的图片时，能够将其与“火”字的写法相互对应。

三、形成知识框架，降低阅读难度

小学低年级小朋友心智还未成熟，深入解读文字的能力不足，尤其是在阅读教学中无法达到整体性的效果。老师利用思维导图的优势进行文本解读，可以将原来较难的文章脉络通过思维导图条理清晰、逻辑分明地展现出来。

在教学二年级上册“我爱阅读”中的《画家乡》时，鉴于人物、家乡及家乡特点比较多，学生一时间难以梳理其中的情节。于是，我一边带着学生阅读文本，一边带着他们画思维导图。思维导图的核心关键词是“家乡”，我先画了一幢小房子的图案。随后延伸出四个支条，第一个关键词是“涛涛”，再从这里引申出去一支是“海边”，紧接着画了大海以及鱼、虾、贝壳的图片。第二个关键词是“山山”，引出下一支是“山里”，画上几座山、小竹篮、蘑菇的图片。第三个关键词是“平平”……第四个是“青青”……通过这个图文并茂的思维导图，使得低年级的小朋友一下子就能把这一课的文章内容梳理清楚，大大降低了学生的阅读难度。

阅读，是语文教学中很重要的部分。思维导图，有效地提高了低年级学牛的语文学习效率，长期使用能够帮助学生培养逻辑思维能力，养成良好的思考习惯。

妙用思维导图

太仓市科教新城实验小学　潘越

一年级的新生刚步入小学，或多或少都有一些不习惯。小学教育有着明确的教学目标和教学要求，由于年纪尚小，一些学生的课堂专注度较差，自身的理解能力也较弱，这就要求教师以各种方法调动学生的思维，帮助学生理解消化课堂上的重难点，打造结构化思维课堂。其中，思维导图在构建结构化思维课堂当中起到了很大的作用。

一、借助教材，理解导图

在上教研课《小蜗牛》的时候，我认真设计了这一节课的思维导图：

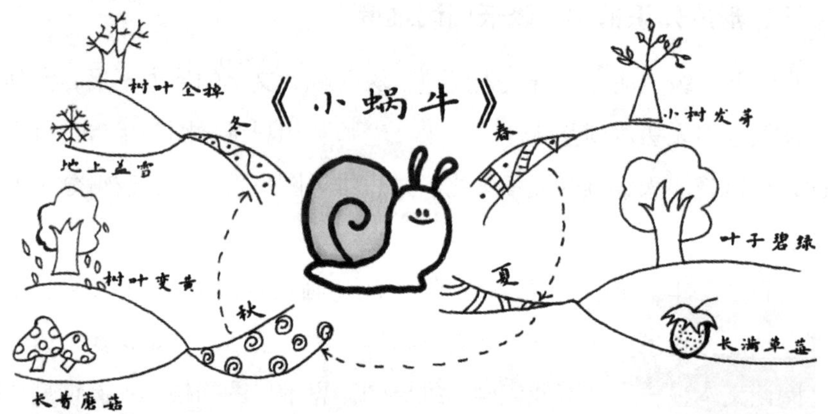

上完《小蜗牛》这一节课之后，学生们遇到了这样一道练习题：

春天　　　树叶碧绿

夏天　　　叶子全掉

秋天　　　小树发芽

冬天　　　树叶变黄

这是一道连线题，有很多学生做错了，我又讲解了一遍。但是当做单元练习时又遇到这道题目，班上还是有部分学生将这道题答错了。而《小蜗牛》这一节课的主要重难点就是让学生了解一年四季中景物的不同特点，按理来说，讲完这一节课之后，学生就应该完全牢记这一知识点。我开始自我反思，什么才是真正的思维导图？

顾名思义，这里面有两个元素，一是思维，二是导图。思维来自大脑，将大脑思维以图的形式呈现出来，即思维可视化。首先要有思路，其次将思路清晰化、条理化。学习就是一个通过思考来解决问题的过程，如果学生们也能具备良好的思维模式和思考能力，那么学习这个过程就简单多了。

我开始让学生以简笔画的方式初步接触思维导图：在总结春天的特

点时，画一株小嫩芽；在总结夏天的特点时，画几片涂满绿色的树叶和一颗草莓；在总结秋天的特点时，画几片涂满黄色的叶子和一个蘑菇；在总结冬天的特点时，画几片落叶和一朵雪花。学生的兴致一下子被激发出来了，在轻松愉悦的氛围中牢牢记住了四季的特点，也接受了画思维导图这种学习方法。

二、逐层指导，自我尝试

思维导图的教学，是激发思维的过程，我们要教给孩子的是方法，是能力。在尝到这一甜头之后，我又挑选了与《小蜗牛》主题类似的一篇课文《四季》，让学生以我给出的框架画出各个季节相对应的事物：草芽、荷叶、谷穗、雪人。

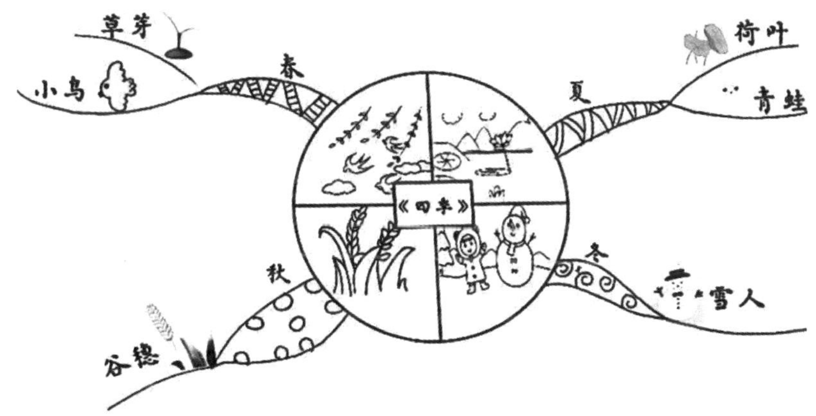

画好之后，我又让他们自由发挥，自行设计思维导图，以“四季”为关键词，用拼音写出四个季节所特有的其他事物。设计完成之后，小组成员互相展示，选代表上台展示，并且挑选自己所写的事物造一个句子。整节课都处于一种轻松愉悦的氛围当中，学生的参与度很高，积极性也很强。

三、综合练习，举一反三

画思维导图这一学习方式，极大地调动了学生的发散性思维。当然发散的前提是得“有料”，那么素材的补充和积累，除利用课堂中的导图整理记忆外，孩子们课前的预习、课后的复习运用都是很好的使用环节，使用才有用，越用越熟练。

我又尝试着借助思维导图帮助学生复习知识点，让学生设计，我进行指导并组织评比。比如有一次，我让他们以“口字旁”作为关键点，写出带有口字旁的生字并组词、造句。其中有一个学生交上来的思维导图是一朵花的形状，中间写着“口”字，花瓣上写着“叶、听、吧、吗、呀”这几个生字，又向外延伸出叶子，上面写着“叶子、听说、好吧、是吗、对呀”这几个词语，词语的旁边写着相应的造句。我感到很惊喜，把这张思维导图贴在了教室后面的作品栏当中，其他学生纷纷效仿。

当然，在思维导图的写与画当中，很多学生也出现了这样那样的错误。例如，组词的时候会东拉西扯，造句的时候标点乱用，同音字的错误使用等。这些都是正常的，不管是对是错，他们都在尝试着这种方法。借助投影仪帮助他们梳理错误、尝试更正的过程，也是一种复习与巩固。

目前通过思维导图来梳理知识点，相对而言还是较为单一的，在今后的教学当中，我会指导学生借助思维导图梳理更多的知识点。如何让这些知识点完美融合在一起，也是我需要进一步去思考的。

课堂结构化，思维在生长

太仓市科教新城实验小学　杨玥

当孩子给出“我不知道、我不会”这样的回答或是沉默不语时，我常常想他们是真不会还是假不会。当语文课堂一片静默时，当孩子们的眼睛躲闪不定时，我也陷入了教学的疑惑。怎么样才能让学生自己解决问题，而不再一脸期待地等着老师说出答案？

第一次给一年级的学生上《雪地里的小画家》时，我当时认为这是一篇很简单有趣的课文，将脚印与动物一一对应是本课的重点，但算不上难，读一读，答案就出来了。在实际的课堂中我却发现，在多种形式的朗读后，在课文内容的解析后，仍然有孩子混淆脚印所对应的动物。小鸡的脚印和小鸭的脚印搞混了，小马的脚印和小狗的脚印分不清，当让孩子起来回答时，他们却对着脚印发愣。为什么在课堂上得不到预设的答案，为什么通过一节课的学习后，学生仍然无法解答出主问题？为此我决定重构课堂的形式。

一、借助经验，感知内容

在设计语文课堂教学的板块时，要立足于学生的主体活动，处处重视学生的学习体验和实践活动。在教学中，教师不能过度依赖书本，要重视学生的生活经验，让学生带着从生活中获得的知识融入课堂的学习中。

动物的脚印来自动物脚掌的形状，即使没见过脚印，学生也一定见过动物脚掌的样子。让学生想一想“你见过哪些动物的脚掌”，以此来打开课堂，激发学生对认一认动物脚掌的兴趣。当脚掌踏上软绵绵的雪地时，就印上了形状，这些脚印的形状无论是“梅花”还是“月牙”，也都来自我们实际生活中的事物，让学生通过图片进行比较认知，猜一猜，连一连，利用生活经验来加深学生对新知识的印象。如果只让学生对课文知识进行死记硬背，那么不仅有趣的知识会失去趣味，简单的内容对于学生来说也变得困难易混。

生活才是语文课堂拥有语文性的源头，将教育融入生活，我们就会如鱼得水，如鸟投林。

二、角色扮演，增强趣味

下雪啦，多么高兴啊！小动物们都出来画画，多么可爱有趣啊！为了让学生更好地融入课堂情境，我以小组合作的形式让学生演一演小动物，相互之间进行有趣的互动。“小鸡，小鸡在哪里？小鸡，小鸡在这里。小鸡，小鸡画什么？小鸡，小鸡画竹叶……”利用这样有趣的对话形式，学生们上台展示不同的动物，或者用叫声，或者用动作来丰富自己的动物形象，生动有趣的表演营造了热烈的课堂氛围。在读一读、演一演、动一动的过程中，学生们完全融入课文情境，和小画家们一起在雪地上画画啦！最后，根据四个房子前不同的脚印，学生们为每个在雪地上玩耍的小动物都找到了家，没有人再将不同的脚印搞混了。

爱玩是孩子的天性，在课文内容的学习当中加入生动的小游戏、猜谜语、儿歌等多彩的课堂活动，就能够增加学生学习的兴趣，更好地集中学生的注意力，从而提高教学效果。

三、拓展思维，提升能力

认识了课文中的脚印后，可以通过绘本、视频来进行拓展，从而巩固课堂所学的知识，丰富孩子的认知。我为孩子们带来了关于动物脚印的小视频，展现了狮子、大象等草原动物的脚印。

面对这些新奇的脚印，学生们又展开了丰富的想象。他们仔细观察脚印的形状，结合自己的生活经验，做出了许多精彩的回答。学生们有的说大象的脚印像大饼，有的说狮子的脚印像燃烧的火焰、像背着果子的刺猬……面对孩子们神奇的想象，我趁热打铁，让大家来编一编小诗《草原上的脚印》："下雨啦，下雨啦！草原上来了一群小画家……"学生们都很积极主动，结合视频，模仿课文，不一会儿小诗就成形了。

在本课的最后，学生不仅感受到了大自然的有趣、动物的可爱，也明白了在生活中要注意观察。在教学中，教师一步步为学生搭建思维的台阶，循序渐进地指引学生，层层递进地构建课堂结构，让学生从不懂到了解，从了解到透彻，从透彻到创新，思维能力逐步提升。

结构化写话教学指导：写作不再难

太仓市科教新城实验小学　殷怡文

这个孩子对看图写话的兴趣不高，写话训练的效果也较差。每次在课堂上进行写话训练时，同学们都在抓紧时间奋笔疾书，而他却刚写了四五行就愁眉不展，临近结束时才草草下笔，写话的末尾几行有时候甚至毫无逻辑。

针对这个学生的情况，不仅要激发他对看图写话的学习兴趣，让他有写话的兴趣，更要抓住每一次的写话练习，让他学习到一定的方法。从教学实践效果来看，结构化的写话教学指导是很有效的手段。在一次写话练习中，我采取了以下步骤对他进行指导。

一、第一步：创设问题情境，吸引学生注意

这一次的写话练习，我结合小学生认知的实际情况，选择了一组图画：一个下雨天，某个校门口有一位女士正在为一个女生披上雨衣，女士身后的男生上前为女士打伞。图画主要围绕一个主题——“雨中情”。二年级的孩子们有一定的生活经验，能够看明白图画的相应内容。孩子们看到这一幕，都能结合自身已有的经验，明白图画的情境。而通过图片创设问题情境，能够让这个孩子抬起头来，从而用图片激发他的好奇心，将他的注意力转移到教学的主题上。这样才能更好地进行下一步对图片内容的分析。

二、第二步：仔细分析图片，展开丰富想象

首先，让这个孩子想一想自己下雨天放学的场景，并回忆相关的情形。其次，让这个孩子观察图片，并用几个问题去引导他，促进他的思考。最后，让他仔细地分析出图片中的内容。我问道：“这是在哪里？图片中的人物会是什么关系？发生了什么事情？”他马上回答道：“这是在校门口，下雨天这个女孩子没带雨伞，老师给了她一件雨衣，身后的男孩子在为老师撑伞。”有了对图片的具体分析，这个孩子展开想象，为之后的下笔打下了一个好的基础。并且，有了这一次成功的分析图片经验，以后在写话时，他就会知道仔细观察图片的重要性，有利于更好地将图片中的情境描写出来。

三、第三步：口头说话练习，体悟其中感情

这个学生在描写完图片后，便再也难以继续写下去。我一开始不要求他动笔，而是让他展开一定的想象，站起来说一说，在用自己的语言描述这个画面的同时，还要将自己想象出的动态画面也说出来。然后，我再通过相应的引导让他补充自己说出的短句。我提问：“我们知道了画面具体描

述的情境了。那图片到底要表达什么呢？雨中情是一段什么样的感情？”一开始，他说不出来，于是我问他：“图片中的人物关系是什么？”他一下子反应过来：“这是在说雨中老师和学生之间的感情。”由此，他能够清楚地知道了这篇看图写话的主题便是赞扬图片中感人的师生情谊。这时，这个孩子有了对图片的分析，通过情境有了对内含情感的体悟，便能够将自己刚才的想象化为文字，进行书写。

看图写话对于二年级的孩子来说，有一定的难度，孩子常常只会描述具体的图片。在日常的写话训练中，教师要能够带着孩子们进行想象训练，对图片加以补充，从而让他们对图片的内涵进行一定的感悟，这样的写话才会有更好的效果。希望孩子们在今后的写话训练中，多多使用这个结构化教学的“三步骤”，通过不断练习，为之后的写作打下一定的基础。

结构化拼音教学，让学拼音成为一种乐趣

太仓市科教新城实验小学　李抒韦

拼音学习是刚进入一年级的小朋友语文学习的一大难关。我的班级里就有这样一个小孩，随着拼音教学的推进，他在课堂上举手发言的次数越来越少，作业也是写得一塌糊涂。看着他学习如此吃力，我开始反思自己的教法，结构化的拼音教学让我深受启发。

一、生成问题，激发学习动机

在现行的统编版小学语文教材中，拼音教学是安排在简单的识字教学之后，即先识字再学拼音，在“我上学了”之后先编排一个识字单元，之后才是拼音教学。这样的一个变化是因为我国的语言环境早已发生了变化，生活中处处都是生动的识字资源，如坐车、逛超市、逛公园，父母可以做孩子的识字启蒙者，随时随地教孩子识字。语文课本从简单的“天地人你我他”开始孩子的语文教学安排，让孩子从熟悉的事物入手，缓解了刚从幼儿园进入一年级的小朋友的语文学习压力，减少了小学生对于学习尚不熟悉的事物——拼音的畏难情绪。识字是目的，拼音是手段，简单识

字之后的拼音教学难度降低了，更有利于小学生接受理解。

结合教材的这一编排特色，我经常在课间找到这个学生，带他去看学校走廊上的各种题字。他看着不认识的字，眼神里散发出求知的光芒，一开始我会读给他听，后来他就主动来问我哪一面墙上的哪个字怎么读。这时候，我知道时机到了，就把学习拼音的重要性讲给他听，并同他谈心。最终证明我的疑虑是对的，原来他觉得既然一开始不学拼音也可以认字，那为什么还要学习如此枯燥的拼音知识呢？他只想识字，不想学拼音。我告诉他：对于不认识的字，你可以问父母、问老师，如果学会了拼音，你就可以做自己的识字小主人啦！他摇晃着脑袋若有所思地跑开了。后来我发现他学习拼音的积极性明显提高了，上课与我的互动越来越多。由此可见，激发孩子的学习动机是多么重要！

二、教学载体可视化，启迪思维

他对拼音学习的兴趣明显提高了，可是对于拼音学习抽象枯燥的客观现实，我要如何改变呢？最终，我探索出两条路径。

其一，拼音教学中要善于运用图画教学。直观的图像相对于拼音来说更加生动形象，一方面富有趣味性的图像导入可以激发学生的学习兴趣，另一方面通过图画可以加深学生初次学习拼音的印象。语文课本上每一课的拼音教学都配有形象的图画，比如树杈“y”，拐杖“f”等等。利用图画的直观生动性，我让小朋友看绘本学拼音。除此之外，每次上课时还可以与学生一起来编认识拼音字母的儿歌、口诀，在图形认知的基础上进行思维提升，利用各种新颖的教学活动促进学生的拼音学习。

其二，韵母系统化教学。进入复韵母的学习后，韵母学习与接受的难度更大了，零散学习与记忆对于一年级小学生来讲效率极低，容易让他们头脑更加混乱，所以进行系统化的韵母学习显得极为重要。韵母可以简单地归为单韵母、复韵母、前鼻韵母、后鼻韵母、特殊韵母几类。在韵母学习中，要利用韵母系统化“以一带多”，帮助学生在头脑中形成明晰的树状图，从而利于学生分类整合。

三、联系生活表达运用，融会贯通

拼音学习接近尾声，我发现他又出现了新的疑惑，会将好多拼音字母弄混，拼出来的拼音有时像是“火星文”。后来我意识到，拼音易混淆点的教学不能只存在于课堂短短的40分钟，平时与同学交流的任何碎片时间都可以用来进行强化，即把拼音教学渗透到生活中。鼻音与后鼻音的区分对于很多学生来讲都是难点，即使进入反复做题的复习阶段，面对做过的原题，还有很大一部分学生难以明确辨认区分。针对这个问题，不论是订正作业还是平时讲话，只要涉及后鼻音的拼音，我都会清晰朗读，大声重复好几遍，让学生跟读，逐步积累生活中经常遇到的一些后鼻音，比如订正作业时“订正”的“订”，整顿纪律时“安静”的“静”等等，从明确读音到生活应用都要让学生做到心里真正清楚明白。

我把这个秘诀告诉了他妈妈，还经常喊他来阅读语文杂志，一遇到易混淆的拼音，我就停下来问他。在我和他家人的共同努力下，他拼出“火星文”的次数越来越少了，我真为他的进步感到开心！

其实，拼音教学从课本到课堂再到课外，是一个连续的过程，不仅要做到形式新颖有趣，既注重系统又突出重点，还要做到边学新知，边及时复习旧知，在学生头脑中建构一个生动的拼音王国。

结构化口语交际教学指导，让她乐于表达

太仓市科教新城实验小学　姚丽敏

她很文静，总是一个人默默地坐在教室的一角。课堂上她从不会举起自己的小手，更不要说在公共场合大胆地分享自己的想法。我原以为她“胆小内向”，然而那一次课堂小意外让我改变了对她的“偏见”。

那是一节语文课，我提出了一个问题，几乎所有的同学都举起了自己的小手。也许是在这种气氛下，她也勇敢地举起了自己的小手，但不一会儿，她又放了下去。看到这一幕，我很开心，因为我知道，这个小女孩在内心深处也想要展示自己。从那天起，“改造”她，也成为我心中一个难以

割舍的愿望。

我能为她做些什么？这个问题一直在我的大脑中浮现。通过查阅诸多教育学家、心理学家的教育著作，我的内心也逐渐产生了一些想法。针对她所存在的口语交际问题，结合结构化思维课堂理念，我决定在日常口语交际教学中进行尝试。

一、借助教材，树立信心

这次口语交际，主要涉及的是“名字里的故事”，要求同学们说一说自己的名字里含有哪些有趣而又深刻的故事，交流自己名字的来历。通过对本单元课文的分析，我发现，单元重点在于训练学生的预测能力，而预测的内容又需要以口头语言的形式表达出来。在前几篇课文的学习中，学生们已经进行了一定的训练。因此，面对本次口语交际训练，我也能大致把握住学生的学情，做到心中有数。我也相信，学生们能做到有话可说。

二、分步指导，循序渐进

为了帮助她在这节口语交际课中能有优秀的表现，提升表达交流的自信心，在上口语交际课的前一天，我把她叫到教室的外面，抚摸着她的头，轻声地对她说：“你知道你们这些同学中老师最先记住了谁的名字吗？”她很好奇，我顺势告诉她，她的名字在我的印象中是那么深刻。对于她名字的来历，我也一直很好奇，想让她回家准备一番，第二天能愉快地给老师和同学们分享她名字的含义。

“明天上这节课时，老师希望听到你精彩的发言。”听到我所说的这些话，她激动而又胆怯地看着我。我察觉到她的畏惧，对她说：“老师相信你一定能行，我们一起努力，好不好？”她点点头。那一刻，我知道，我们达成了共识，我也无比期待第二天的到来。

三、能力训练，目标分解

第二天如期到来，教学开始之前，我看了她一眼，我从她的眼神中看到了信心。当轮到分享名字来历的时候，她没有辜负我的期望，迈出“历史性”的第一步，勇敢地举起了自己的小手，无所畏惧、神态自若，为老师和同学们呈现了一场精彩的发言，她也因此获得了同学们饱含鼓励的掌声。从持久的掌声中，我感受到了她所获得的快乐，我知道这是她努力准备的结果。那一节课之后，我又利用不同的机会，适时对她进行口语交际的训练，帮助她树立口语交际的信心，让她意识到自己也能够像那些优秀的孩子一样在教室里闪闪发光。

口语交际在人的社会生活中有着不可或缺的作用，口语交际教学在小学语文教学中处于不可或缺的地位，却是师生们普遍忽视的一个教学点。通过结构化口语交际教学，教师利用“口语交际”教材体系，精心设计好每一次口语交际训练，为学生搭建交流的平台，使学生初步学会倾听、表达与交流，培养学生的听说读写能力与信心，为学生今后的学习、工作和生活奠定扎实的基础。

文言文学习中的结构化教学策略

太仓市科教新城实验小学　汤海波

作为班级中学习成绩长期处于中游的一个学生，他对语文学习的兴趣不浓厚。经过一年的学习生活观察，我发现他对语文学习缺乏信心，上课常常沉默寡言，不能积极主动地参与到课堂中来。

对于这样的学生，教师的鼓励和指导是引导他享受语文学习乐趣的第一步，而如何调动其学习语文的积极性并养成良好的学习习惯，则是更为关键的一步。三年级上册的教材中，出现了一篇文言文《司马光》。这篇文言文篇幅较短，学习难度较低，同时也是学生在学习生涯中第一次接触到的文言文体裁类课文，学生对这篇文章有着新鲜感和好奇心。在这种情况下，结合统编版教材的特点和学生的身心发展水平，适时恰当地运用结构化的教学方法，其效果是显著的。

一、初识文本，构建问题情境

三年级上册第25课《司马光》是学生遇到的第一篇文言文体裁的课文，文章篇幅短小，讲述了一个人们耳熟能详的故事——司马光砸缸。学生对这一故事并不陌生，大部分学生甚至能用自己的话讲述这个故事。基于这样的学情，我将课文的重点放置在文言文这一体裁的独特性上。

课堂伊始，我让学生自由阅读这篇文章。以他为代表的很多学生在阅读的过程中，明显出现了困难，字词和断句的问题频繁出现，但我并未当即就解决这些问题。在学生自读过后，我以“这篇文章你们读懂了吗？”这样的问题开启我的结构化教学。大部分同学点了点他们的小脑袋说“懂了”，我便让他来用自己的话说说这个故事。他有些紧张，不知道该从哪里说起，我便引导他：说好一个故事应该从时间、地点和人物三个方面入手。在同学们的掌声中，他把自己知道的司马光砸缸的故事说了一遍，我带头又给了他掌声。还未等他坐下，我便抛出了我的第二个问题：“你说的故事和文章说的一样吗？”这个时候，不同的声音出来了，有的学生认为是一样的，也有的学生说有一些地方不一样。带着这样的问题，我让学生进行小组合作，同桌两个人一个读一遍课文，一个说一遍故事，对比一下，看看有什么不同。很快，大部分同学反应过来：课文更加短小，字数更少。我适时揭示出文言文的特点——言简意赅。

二、立足文本，细化任务结构

在了解了文言文的体裁特点后，我引导学生回归课本。先让学生再读一遍课文，然后我问：这篇文言文你觉得有趣的地方是什么呢?

有的同学给出答案：一个字就可以代表几个字的意思。我进一步问他有哪些字，他依次找出了“瓮”“庭”等，并说出了通过注释来了解这些字的意思。

有的同学说出了自己的发现：说话的方式和我们平时说话不同，比如我们会说“在庭院里玩耍”，而文言文里却是“嬉于庭”。在这样的发现下，我让学生尝试用类似的方式说一些简短的句子，同学们的兴趣明显进一步增强。

三、拓展文本，落实思维迁移

在完成了文本的教学后，我适时拓展阅读，以《孔融让梨》这篇文言文加深学生对文言文这类体裁的把握。同样是一个人们耳熟能详的故事，同样是一篇简短的文言文体裁，学生可以根据《司马光》一课的所学来自学这篇文言文，探索文言文的独特魅力。

文言文是语文学习中很重要的一种文体，结构化的教学使得学生增强了对语文学习的兴趣，掌握了必要的学习技能，从而切实提高了自己的语文核心素养。

用结构化学习策略指导寓言学习

太仓市科教新城实验小学 闫文佳

他是一个不喜欢学习，又比较自卑，对自己并没有清楚认识的孩子。课堂上他总是不爱思考，喜欢走神。而课后，他对他人有较强的攻击性，并不能与同学友好相处。

对于这样的学生，怎样才能让他在课堂上爱上思考，并且认清自己呢？我觉得生动的寓言课教学可能会有好的效果。寓言的特点就是通过短小精彩的故事告诉我们一个深刻的道理，所以在教学《鹿角和鹿腿》这一课时，我有针对性地去引导他，希望他能够有所改变。

一、激趣导入，感知方法

他虽然不爱学习，但是很喜欢看书，积累的知识也很丰富，尤其是对中国的历史很感兴趣。于是，在导入环节，我出示了“鹿”这个字从甲骨文到楷书的演变过程。他一看到便来了精神，我也趁势请他发言，给大家讲解一下“鹿”字是如何演变的。通过这样的方法，他对“鹿”字的字形就记得非常牢固了，同时也让他对学习更加有兴趣。

这样的识字方法选择，既契合文本，又引发学习兴趣，非常受学生们的欢迎。

二、细读课文，道理探秘

寓言故事的教学，并不仅仅向学生揭示道理是什么，因为道理会明明白白地出现在课文中，那么重点在哪里呢？重点在于怎样让学生一步一步地去探寻。于是在课堂上，我设计了几个台阶，由浅入深，由易到难，逐步发展学生的思维。在这个过程中，我看到他明亮的小眼睛里不断地闪烁出光芒，真的在认真思考。

第一个问题：道理的位置为何出现在文本的最后，在开头或者中间可以吗？他总是喜欢与别人唱反调，他认为可以。于是，我在课堂上用一个个寓言的例子告诉他，道理在结尾的好处，他心服口服。

第二个问题：寓言是通过故事揭示道理的，你们能通过关键词来概括故事吗？我有意让另外一个同学和他PK，在你一言我一语中，他对故事有了更深的了解。

看似平常的两个问题，其实里面都有着我的"处心积虑"。概括故事，如果没有章法，就会变得非常肤浅，老师也无法去评价概括得好坏。而如果加入方法的指导，学生便会举一反三，虽然难度增加了，结果却是高效的。这一过程，需要教师对寓言故事进行认真思考，去寻找其中的逻辑关系，这样才能真正培养学生的思维。

三、巩固辨析，通达明理

课后有一道题目，是问学生：你认同哪一种说法？这是一个开放性的问题，可以借此培养学生的思辨能力。开始，让学生自由说出支持哪种看法，并且说明理由。然后我把他叫到讲台上来，让他说说哪种说法是对的，哪种是错的，再让他依据我的判断来说明理由。有了前面故事的铺垫、道理的讲解，他回答起来还是非常有想法的。最后他真正认识到，其实小鹿最大的问题就是并没有认清自己。而在这一过程中，他了解到了归纳道理的方法，即联系自己、就事论事、关联前后。

思辨能力，往往是我们的学生所缺少的。如果课堂上有这样一个环节，与同学辩，与老师辩，学生的思辨能力便会不断地提高，长期处于这样一种结构化学习氛围中，学生看待问题的角度就会变得更为多样。

心中有谱，下笔有神

——起步作文中的结构化教学策略

太仓市科教新城实验小学　王孙洁

三年级上学期，一共有8次习作，分别是“猜猜他是谁、写日记、我来编童话、续写故事、我们眼中的缤纷世界、这儿真美、我有一个想法、那次玩得真高兴”。对于刚从二年级升上三年级的孩子来说，写作是一个难点。经过一学期的教学，我发现学生普遍存在一个问题：没有清晰的结构。有些学生在逻辑上比较混乱，想到什么就写什么，要么一大段，要么分成很多段落。没有一个完整的结构，就不会有成熟的作文。

在教学中，结构化的逻辑能力培养非常重要。有了清晰的逻辑，才能有分明的结构，加上生动的语言，才能构成一篇优秀的文章。

读课文，理解结构化。每个单元的习作和前面的课文都是有关联的。第三单元前面的课文都是童话故事，单元习作要求是“我来编童话”；第四单元的课文都是关于预测的，单元习作要求是“续写故事”；第六单元都是写景的课文，单元习作要求是“这儿真美”。如果每一堂课都能渗透单元写作的要求，那么，到了习作教学时，学生就能迁移课文的结构，做到心中有谱。第四单元中的《总也倒不了的老屋》《胡萝卜先生的长胡子》《小狗学叫》都是围绕猜测和推想这个主题的，在课文中，学生了解到推测和猜想的几个主要方法，以及它们在文中是如何运用的。那么在习作“续写故事”中，学生也能运用所学的方法勾画出文章的框架。第一部分写图片上的，第二部分写猜想的，第三部分写结局。

小练笔，铺垫结构化。如第六单元课文《富饶的西沙群岛》，在教学时，首先找到文章的中心句，也就是文章的第一段，然后概括每一段落的主要内容，发现每段的内容都在围绕第一句展开描写，最后一段总结全文。课文后有四幅图，要求学生进行小练笔，小练笔的要求是围绕中心句写一段话，把四幅图变成四段话，加一个中心句和一个总结句，就是一篇新的《富饶的西沙群岛》，再一次凸显了文章的结构。课文《美丽的小兴安岭》也是由三部分构成的，总起句加分述再加总结。只是在分述的每一段里，用上了“春夏秋冬”的时间顺序作为开头。后面的小练笔是：“你的家乡哪个季节最美？为什么？写一段话和同学交流。”利用四幅图的四个不同季节，拼凑在一起就是一篇完整的写景文章。教学中要重视小练笔的作用，经过小练笔的铺垫，学生能够顺理成章地构建大作文的框架。

画导图，辅助结构化。在习作教学时，要求学生画一画思维导图，通过思维导图，可以看到学生思维外化的成果。在教学习作“这儿真美”的时候，我带领学生参观了学校的“科幻广场”“童心广场”“百果园”三处景点。然后我要求学生用“总分总”的结构来写这篇文章，先用思维导图展示。

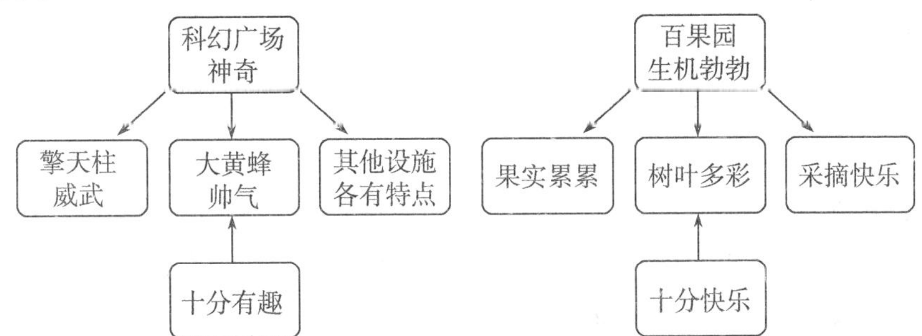

根据导图，将文章分为五个段落，每一段落的中心句都在导图中展现出来，写起来就得心应手。有了清晰的结构，再把优美的语言填充进去，就会达到“心中有谱，下笔有神”的写作状态。

起步作文中的结构化教学策略对于三年级的学生来说是非常重要的，也是写作的一个好抓手。有了清晰的逻辑、完整的结构，才能把美丽的文字填充进去，否则就毫无章法，不能成为作文，只能是口头的表达。

小古文教学的结构化思考与实践

太仓市科教新城实验小学　王敏洁

小古文，即篇幅短小、语言凝练的文言文，适合小学生阅读。在统编版小学四年级上册语文教材中，引入了《精卫填海》《王戎不取道旁李》等小古文，这些都是学生学习古文的好范本。但是对于小学中年级的学生来说，学习古文存在一定的难度。因此，在教学中，我们既要关注本单元人文主题的落实，又要注重小古文学习方法的传授，采用合适的模式更好地进行小古文的教学。

我在这两篇小古文的教学中，进行了一些结构化思考和实践，有一些体会。

一、声断意连——读得通

小古文的学习，首先从读通课文开始。我首先抽查学生是否读准了课文的字音，并告诉学生读准字音的重要性。接着学生默读，发现所学课文与其他课文的不同之处，初步感受古文不同于白话文的特点——言简义丰，并结合课文注释，想一想课文讲了一个什么故事。随后，我在课文的句子中画出停顿，用范读法指导学生进行逻辑停顿，读出节奏和韵律感，即读出一种“声断意连”的感觉，以便学生通过正确地诵读来轻松读通课文。我不断范读，学生跟读，学生在反复练读中初步掌握了小古文的节奏特点，体会到了学习小古文的乐趣。

二、读悟相伴——读得透

课堂上除了有朗朗的读书声，也要有静静的体悟和思考。回顾以往的古诗词教学，学生都是识记诗句大意，很少有自己的理解与思考。所以，小古文结构化教学的第二步，即在教学中让学生采用“读”“悟”结合的方法，带入“读通”时没有解决的问题进行理性思考，联系生活实际，加深体会，并用简洁的语言表述，提升思维能力。比如：王戎为什么不取道旁李？

王戎是个怎样的孩子？精卫填海会遇到哪些困难？精卫是怎样的鸟？……

如果说“读通”是教师的导，那么“读透”更多的是学生的学。当然，不同学段有不同的语言要素训练，但发展学生的思维品质，是小古文教学的不二法则。学生只有思考了，知识才是自己的。

三、熟读成诵——读出味

有了前面读通读顺、理解大意的基础，还要进行进阶式学习，即读出小古文的味道，在理解全文意思的基础上，去掉标点读。教师告诉学生：“古文都是没有标点的，但仍能读出节奏感，你们会读吗？”学生有了学习的基础，不难读出停顿。教师适时告诉学生，读小古文时要将标点藏在自己的心中，再出示竖版的古文、隶书体的古文、繁体字的古文，让学生一一诵读……这样一对比，学生在不同的情境中用不同的方式读，就能感受到小古文文字凝练、意蕴丰富的特色，自然朗朗上口，从而达到熟读成诵的目的。

另外，教师指导背诵也有方法，可以把课文主要情节分成几幅图片，逐一出示图片，让学生结合图片逐句背诵。在古文教学中，激趣是很重要的，教师可以采用齐背、单独背诵、开火车背诵等方式提高学生的背诵效果。从朗读到背诵，是一种循序渐进的过程。最后，在诵读时配以优美的古曲，让学生按照自己喜欢的方式背诵，比如摇头晃脑地背诵，边表演动作边背诵……学生仿佛穿越几千年的时光，在古曲中走进美文，品鉴古文，玩味古文。

四、举一反三——读得深

一篇小古文学完了，并不代表结束，教师可以在最后一个结构化教学环节中帮助学生梳理学习小古文的方法，授之以渔。师生可以一起小结学习小古文的方法：读准字音、理解课文意思、根据意思划节奏读、熟读成诵。

学生在掌握了小古文的学习方法之后，可以进行拓展阅读，一篇带多篇，由课内向课外拓展，举一反三，通过类比阅读，真正达到学以致用的目的。比如，在学完《精卫填海》之后，我又拓展了小古文《夸父逐日》；在学完了《王戎不取道旁李》之后，我又拓展了小古文《曹冲称象》。

在今后的教学中，我将进一步研究小古文的结构化教学，以期取得更好的效果。

结构化板书，使思维的可视化成为可能

太仓市科教新城实验小学　周魏非

板书对于学生理解课文内容、中心思想都有着至关重要的作用。而语文课堂的板书类型有多种形式，其中最常见的是提纲式板书，这也是我在课堂中运用较多的类型。但是要上好一堂课，仅仅运用提纲式板书是不够的，要因“课”而设。由于原来板书设计过于生硬，我难以将课堂上得生动活泼，学生也觉得课堂索然无味。

面对这个问题，一开始我无从下手，只能从备课上着手，让教案更详细，教学语言更生动，但是依然不够。作为课堂教学中不可缺少的一环，板书使思维的可视化成为可能，而可视化板书又是思维外显的关键载体，思维之花的绽放少不了优秀板书的加持。基于这层关系，我知道需要加强对板书的设计，使之更加贴合实际教学。这样，我将教得更省力，学生也会学得更有效率。

一、学习借鉴，感知方法

之前，全校语文老师一起观看张祖庆老师执教的《梅兰芳蓄须》，这次学习令我感触颇深。记得当时这篇课文我还没有上到，只是简单地备了课，对于课文的板书部分，我依然准备采用提纲式板书。可是在张老师的课上，我发现张老师用一条简单的时间轴，就轻松地串起了整篇文章的内容。通过一条时间轴，让学生默读课文，找出每个时间节点发生在主人公身上的事情，在找出与主人公相关的重要事情之后，张老师又要求学生将与主人公相关的主要事件连成完整的一句话，以此来概括主要内容。教学环节设计巧妙，层层递进，并联系日常生活中的写作方法，使整堂课生动

又有趣。听完张祖庆老师的课后，我在上这一课时，改变了原来的提纲式板书，也采用了时间轴的方式，同时让学生在黑板上写出固定时间节点所发生的事情。因为平时很少采用这种方式，整堂课下来，同学们都兴趣高涨，而且学习效率也有明显提高，大大超过了预期，在一定形式上冲击了原有的思维定式，活跃了学生的思维。

二、借助范例，回顾反思

要想让板书发挥思维外显载体的功能，照抄硬搬前辈的课只是不得已而为之，更重要的是一课一思，不断学习和反思。

记得上学期上完了《陀螺》之后，我到实验小学去观摩学习。在学习的过程中，又听了特级教师洪榴老师执教的《陀螺》。到那一刻，我才发现原来自己忽略的板书还可以变成版画的形式，板书运用得好会使自己的课堂发生翻天覆地的变化。一堂课下来，我不仅听了一堂好课，还欣赏了一幅结构完整的画（板书）。洪榴老师谈到自己喜欢绘画，自学了几年国画。在学习的过程中，她不断琢磨如何将绘画运用到自己的教学上。后来她发现只要愿意琢磨，你的板书就能容纳你要讲的所有内容，不仅可以给学生带来美的享受，增强审美能力，同时还能让自己的课堂设计“巧夺天工”。

听了洪榴老师的一席话，我才发现，原来我不予重视的板书，居然可以让自己的课堂变得如此精彩夺目。在《陀螺》这堂课上，洪老师一开始就在黑板上画了一个大大的陀螺，后来还觉不够，又随意添了一根起伏的线条，权当是抽动陀螺的鞭子。如果只是到此为止，也就是一个普通的图画板书，那么也就不能令我感到惊艳。渐渐地，随着对课文的深入解读，她让学生们齐读重点段落，并找同学上讲台解答，边读边体会其中的感情。因为《陀螺》课文中主人公的心理是随着陀螺而不断变化的，正是基于这一点，所有人都以为黑板上的线条是随意勾画的，不料洪老师竟让学生将准备好的字帖贴在起伏的线条边上，贴好之后，线条的起伏变化居然暗含着人物的心理变化，前后设计之巧妙，真的令全场师生惊叹连连。

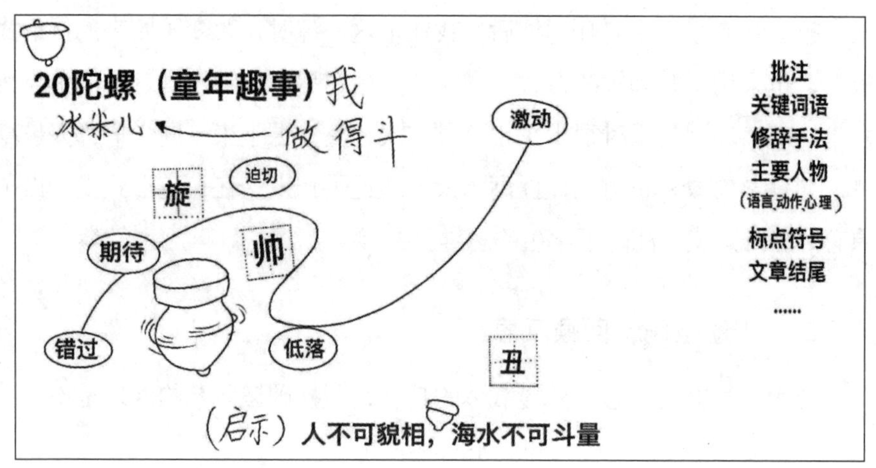

从模仿到反思，我的课堂也逐渐变得生动，而我也不再忽视板书的作用。

三、循序渐进，融会贯通

结构化视野下小学语文思维课堂是以促进学生思维能力发展为核心目标，以对事物结构的积极建构为思维过程的新型课堂教学形态。在结构化思维课堂上，板书可以让学生的思维更开阔，学习更有效率，学生的参与度和课堂的趣味性也会更高。

为了更进一步研究如何将板书设计得更加有趣，更加贴合课堂的教学内容，我在平时的听课学习中，仔细研磨学习前辈们的优秀板书设计，琢磨他们的教学方法和板书设计的技巧，并将之运用到自己的课堂之中。同时，仔细钻研课本，摸清文章的脉络，理清文章结构。在日常的工作生活中，主动去学习、翻阅优秀的教案设计，观看课堂实录，融会贯通放进自己的课堂，并尝试着进行改进。比如统编版一年级上册《项链》，就可以将大海、沙滩、浪花、海螺、贝壳用简笔画随意地画在黑板上，在逐步讲解过程中，让学生在黑板上用一根线将它们串联起来，这就和课题“项链”完美地贴合起来。板书生动有趣，思维的可视化在这里就变得触手可及。

总之，板书是小学语文课堂教学中的重要组成部分，也是教师教学设计中容易忽视的一个难点。结构化板书设计，对于思维课堂的构建是必不可少的。教师在教学过程中，打破原来枯燥的板书模式，用好板书、会用板书、巧用板书，对于上好一堂课，是至关重要的。

结构化教学，助力孩子思维成长

太仓市科教新城实验小学　冯长兰

每个孩子都是父母心尖上独一无二的宝贝，从我们的课堂中走出的孩子也应是独立的，散发着个性的光辉。可很多时候，我们的教抑制了孩子的思维，使孩子丧失了独立思维的能力、质疑的能力、创新的能力，最终成为书本的奴隶。我们的教应该解放孩子的思维，让思维之花不断绽放。

一、结构化思维的基石：有疑而后思敏捷

“质疑”是开启创新之门的钥匙。爱因斯坦曾经说过：“提出一个问题比解决一个问题更重要。”世界上许多发明创造都源于“疑问”，引导学生学会质疑，可以让学生的思维变得敏捷。

在学习新课前，我们都会布置前置性作业，让学生在读熟课文后，边读边思考自己读懂了哪些，哪些是有疑惑的，将有疑问的标注出来，并尝试思考。在学习《乌鸦喝水》一课时，孩子们就能根据课文内容、课文语言、课文主题等提出自己的疑问。

学贵有疑，有了疑惑，有了前期的自主思考后，孩子们在学习课文时，会更专注，会更积极主动地“钻”进教材里，“潜”入文本中，汲取更多更有益的营养。

二、结构化思维的提升：求异而后思创新

要培养孩子的创新意识和创造能力，教师首先要有创新的意识，能够在教学中挖掘教材里的创造性因素，并敢于打破常规、求新求异，发展学生的求异思维。

在教学《乌鸦喝水》第二课时的时候，当小朋友们读到“乌鸦把小石子一颗一颗地放进瓶子里，瓶子里的水渐渐升高，乌鸦就喝着水了”时，

有小朋友主动提出："老师，我有更好的办法。"其他小朋友的智慧火花也瞬间被点燃："乌鸦可以把瓶子半倒过来，这样水就流到瓶口了。""乌鸦可以学习司马光，用石子去砸瓶子。""乌鸦可以把水倒到其他瓶口大的容器里。""乌鸦为什么不去找根吸管呢？"……看，多么善思会想的孩子们啊。这篇经典的课文被他们解读得这样生动，这样精彩纷呈。谁说经典就只能是"经典"呢！

三、结构化思维的延伸：善biàn而后思深刻

这里的"biàn"，是思辨的"辨"，也是辩论的"辩"。

纵观我们的课堂，不难发现，绝大多数时候教师掌握着言语的、理解的"霸权"，将教师对事物的看法、教师的解读代替学生的思考。这样的课堂往往以教师的体验取代学生的思维，学生只能被动地接受，不能进行独立思考，不能发表自己独到的观点，他们的思维就会走向表面化，为教师的思想所主宰。我们的课堂应该让学生主动地思考、辨析，让学生畅所欲言，积极地抒发自己的观点，并为自己的观点找证据，大胆地"辩"。越"辨"思路越明，越"辩"道理越清，越biàn思维越活。

在孩子们对乌鸦喝水的方法进行发散性的思维后，我追问："联系我们的学习、生活，有没有什么小问号曾经跳入你的脑海里，困扰过你呢？"

在静默了一会后，一只小手高高举起，他是本班的"小博士"。他说："老师，我有个小问号！我读过《愚公移山》的故事，愚公想把两座山移走，很坚定！妈妈也告诉我愚公做事坚持不懈，我们小朋友也要向他学习。"小朋友们都点了点头。可他满脸不解地、犹豫地接着说：

"可我不赞同啊，我不同意向愚公的做法学习，我认为愚公这样一直挖山的做法很不科学。山挡住了愚公的家门，他可以搬家啊。为什么非要花这么长的时间、费这么大的力气去挖山呢？还要让子子孙孙都去挖山。"

一石激起千层浪，下面顿时窃窃私语起来。小朋友们有的表示对这种看法的赞同，有的提出反对的意见。

看到这种情况，我认识到单单告诉他们谁的观点对，谁的观点错，是不足以让这群娃娃信服的。于是，我及时调整策略，引导孩子们根据自己的想法分组：点赞组PK存异组。

辩论开始，孩子们你一言我一语，你方唱罢我登场。直至下课铃声响起，小朋友们也浑然不觉、意犹未尽。虽然课堂上一年级的小朋友们语言稚嫩，想法还很不成熟，但是孩子们在这样的讨论中，敢想、敢说，大胆地说出自己的想法，展现自己的个性，表现出了强烈的参与意识。他们在认真地思辨、大胆地辩论中得到了真切的情感体验，思维越辩越清晰，越辨越深刻！

瞧，鼓励质疑，引导求同存异，激励勇于思biàn，我们的结构化教学必定能让孩子的思维发展不断拔节！

结构化教学，让小古文学习更轻松

太仓市科教新城实验小学　陈洁

班级中总有一部分孩子是背诵、默写“困难户”。我们班就有一个男孩，我称他为小余同学，他默写30个词语有时要错15个以上，背诵课文更是头大，普通的课文听个“一知半解”，背得“坑坑洼洼”，那些蕴含着中华民族丰富的文化特征和思想内涵的小古文，更是成为这孩子背诵的难题。每次都要花很多时间去背诵，默写他更是不会，同音字乱用，错误百出。

对于这样的孩子，除了给他一遍遍地讲书本中的小古文，让他理解了再背诵，我们还可以运用结构化的小古文学习方法，让他从见小古文“头疼”，到见小古文“开心”。

一、结构化方法一：诵读中领略大意

《义务教育语文课程标准（2022年版）》明确指出：“诵读优秀诗文，注意在诵读过程中体验情感，展开想象，领悟诗文大意。”可以看出诵读在学习小古文的时候是很关键的一步，所以我让孩子自己先试着诵读，而且

要大声地诵读。

在教学《囊萤夜读》这篇小古文时，为了避免他难为情，所以我课前私下里把小余同学叫到身边，让他先自己读两遍，然后试着大声地读给我听。我鼓励他，若遇到不会读的字、不会读的停顿，先不要紧张。我主要是想让他克服一见小古文就退缩的心理，力争能够自己基本读通文章。结果他果然遇到了好多字不会读，通过示范朗读，最后他读出了小古文抑扬顿挫的节奏感，初步感受到小古文的音韵之美。

接着我再鼓励他借助注释来初步试着理解，对于小古文中出现的一些特殊的虚词，我就教他根据整体大意进行推理。我允许他在这个过程中出错，因为只有发现了问题才能更加有效地帮助他解决问题。再者，这篇小古文也是要求背诵并默写的。俗话说得好："熟读唐诗三百首，不会作诗也会吟。"小古文是需要积累的，课前的反复朗读就是为了课后的熟练诵读。

二、结构化方法二：白话版帮助补白

对于读白话文都有些困难的小余同学来说，让他能够完全明白小古文的意思，并能用自己的话把全文说出来，理解文本的中心思想、人物形象，还是有比较大的难度的。这时我就教他结构化学习的第二招，那就是在读通、读顺、初步理解的基础上，运用文白对照的策略。

我给他找来了白话版文本，让他将白话文与小古文进行对照，看看自己刚才哪些地方没有理解透彻或者哪些地方理解有偏差，让他自己发现错误并加以纠正。我还告诉他，有时要想知道小古文正确的停顿，或者多音字在文中的正确读音，就要先理解全文的大意。这样避免了老师的烦琐讲解，更打破了小余同学对于小古文"我不会"的观念，反而让他觉得原来小古文没有他想象中的那么难。小古文字数较少，如果对照白话文来理解，比背诵白话文还快呢！他感受到了学习的快乐，完成了由原来的"害怕"到现在的"不怕"的转变。

三、结构化方法三：在思维外化中提升

小古文的最大特点之一就是语言的凝练，那么我们学小古文就是到理解这个层次吗？不是的，我们除了理解，还要在此基础上让孩子尝试着续编或者再创作，激发学生的成功体验。就像小余同学在学习了《囊萤夜读》后，我让他试着把他的理解用自己生活中的一些经历，对画面再次进行合理的想象，将脑海中出现的画面，用类似小古文的语言进行实践练笔。在鼓励中拓宽他自由表达的空间，在这样的体验中让他真切地感受到满满的成就感。当然对于小余同学这样的学习上本来就比较困难的孩子，我是以鼓励为主的，只要他的练笔中有闪光之处，我就及时给予鼓励和肯定，引导他把自己的创作完成。对于他写得好的地方，还在班级中进行朗读和出示。在这样轻松的氛围下，小古文的美好种子已经慢慢地植入了孩子的心间，他对小古文从“不怕”进一步发展到“喜欢”。

四、结构化方法四：在实践运用中迁移

学就是为了用，除了写话，我们还要让孩子用自己掌握的结构化方法来进行独立的小古文阅读。这样才是真正地授之以“渔”。学完了《囊萤夜读》之后，我更是抓住时机，趁热打铁，给小余同学找来了类似的小古文《凿壁借光》。这两篇小古文有相似之处，都是讲古人勤奋刻苦学习的，都是比较简短的，相对比较浅显易懂。我先帮助小余同学梳理了之前学习《囊萤夜读》所用的结构化方法，再鼓励他按照这样的方式进行自学。孩子按照之前的步骤来，竟然比较顺利地理解了小古文，并独立完成了课后的阅读练习，还能够讲出本篇小古文的意思，真的让人欣喜。

小古文虽然看似比较难懂，比较陌生，其实只要我们将结构化的方法教给孩子们，让学生尝试自己去诵读，自己去理解，自己去拓展，小古文学习也可以做到脱离老师的枯燥讲解、学生的死记硬背，让学生成为学习的真正主人。

运用结构化教学，共写循环日记促发展

太仓市科教新城实验小学　金丽蓉

我们的孩子最怕写作文，让他们平时写写日记，能始终坚持、认真对待的学生不多。很多学生刚开始时是热情高涨，到最后都是敷衍几句完成任务。如何让学生从“怕”到“爱”呢？我在实践中发现，运用结构化教学，和孩子一起写循环日记，能增强学生写作信心，发展学生思维品质。

一、序幕拉开，榜样示范

开学初，我将班里的41个学生分成7组，每组6人，排到第7组时缺了一个学生，我就毫不犹豫地将自己的大名写在了该组星期三的位置上。于是，我开始和学生一起写日记了。

如何当好这领头雁呢？我的第一篇日记，对这次的日记改革方案起着至关重要的作用。星期三上午第三节是我的语文课，当我走进教室时，我们第7组的组长就笑眯眯地走过来，说了一句：“金老师，今天轮到你写日记。”我微微一笑，说：“好的，今天回去我一定完成。”晚上，我拿起本子，琢磨着该写些什么呢？我想：平时我不是经常教育孩子要“我手写我心”吗？我怎么想，就怎么写。于是，我就开始落笔了：

“今天早上，我拿到组长交给我的日记本，我感到那本子很沉重。我是第7组的一员，我一定要写好每个星期的这一篇日记，为我们小组争光……”

我表完决心后，又对班级中最近发生的一件事发表了一下自己的看法。写完后，我又认真地读了一遍，生怕有错别字或病句。第二天早上，我郑重地将本子交给组长，没想到，好多同学都围到组长那儿读我写的日记。为了满足同学们的好奇心，从此以后，我每次都将自己的日记读给同学们听，并且说说自己写这个内容的想法。在星期四的日记中，我发现有两个同学在日记中也写了对班级中发生的某件事的想法。看来，榜样的力量是无穷的。要学生去做，自己要做在前面。

二、突破难关，拓展思路

三个星期后，我发现有些同学的热情在慢慢减弱，日记写成了流水账：

“今天，我和明明在一起玩。玩了一会儿，我们就开始在我家看电视。我们看的是《战斗陀螺》，我们很喜欢看。过了一会儿，明明就回家吃晚饭了……”

读着这样的日记，我不禁发愁。为了寻找突破口，我利用课余时间和学生交流，从谈话中我了解到了学生的心声，他们觉得每天都在重复地学习、活动，觉得每天都一样。针对这种状况，我写了这样一篇日记：

“日记的内容是包罗万象的，你想写什么就写什么。可以是自己看见的、听见的、想到的；可以写自然界中的任何一种动物和植物……”

“现在是春天，老师想要好好享受一下美好的春光，于是我就到无锡梅园游玩。现在将自己看到的美景写下来和大家一起分享……”

“上个星期，我读了一本好书，我就将精彩的故事情节告诉你们……”

“我家的一盆文竹长得很奇特，我就将它的形状描写下来……”

学生读了这篇日记后，似乎受到了一点启发，写作的思路宽广了一些。我呢，每次写日记时总要翻翻自己以前写的内容，尽量从各个角度来写，让学生看了能有所感悟，受到一点启发。

三、优势效应，推陈出新

写了一段时间的循环日记，虽然我要求同学们能经常阅读他人的日记，但总会有些同学不自觉。于是，我安排学生在课堂上进行日记交流。先是小组内6个同学间的交流，每个同学选择一篇自己最满意的日记读给组内同学听，每人听后要发表一下看法。接着，每个小组推选一个代表上台读给大家听。

“优势效应”能激发学生的热情，同学们都积极地在小组内交流，认真地选出代表到班级内交流。轮到第四组时，他们推选的代表是小吴（这个男孩十分腼腆，脾气也犟，平时不爱说话，上课提问到他时经常一言不发，老师只好让他乖乖坐下）。组长让他上台发言，他身子扭扭捏捏就是不离开座位。这时，不知谁鼓起了掌，他才在大家的掌声中上台了。刚开始，他的声音很轻。他读了两句话后，我打断了一下，亲切地说："你这两句话写得真好，你能大声地读出来吗？"台下有几个同学也轻轻地说："不错！真好！响一点，让我听得清楚点。"同学们的鼓励给了他信心，他开始重读了，声音大了些。在一片热烈的掌声中，他面带喜悦，回到了座位上。一个月后，我碰见了他的妈妈，和她随意地交流孩子的学习情况。我说："你孩子的日记写得不错，上次还上台交流呢。"他妈妈笑着说："金老师，我的孩子最看中的就是这循环日记呢。每个星期五写的时候都要我帮忙，要么帮他想内容，要么他写完后帮他检查。他说，他们小组都指望他能多得几个'A'。"一次机会，给了他写作的信心。我们要给每个孩子创造机会，让他们享受成功。同时，也要告诉他们，只有那些能时时把握机会的人，才是胜利者。

循环日记，让学生敞开心扉，和同学们分享喜悦。一篇篇日记，其实就是一颗颗心在交流、在碰撞。同学们交流了思想，进行了自我教育，也有利于学生健康心理素质的培养，促进思维品质的发展。

在大力推行素质教育的今天，运用结构化教学，通过教师的引导，增强学生的写作信心，培养写作兴趣，提高写作能力。总之，指导学生写循环日记，不能不说是一个好的形式。

结构化语文课堂，让思维发生

太仓市科教新城实验小学　汤冬梅

我们班里有这样一群孩子，被老师称为"老大难"：明明听课的时候，他们能够看着老师的眼睛，融入语文知识的海洋当中，但每当老师一提问题，他们就支支吾吾不知所云。对于这一部分孩子，他们不是不学习，只是不知道如何思考、如何学习。面对这样的孩子，结构化课堂无疑是一种"灵丹妙药”。教师也能够借助结构化语文课堂孕育孩子们思维的种子。

一、奇思妙想展新风

这一次的研讨课我选择了鲁迅先生的《少年闰土》。这是一篇描写人物的文章，课文中闰土的生活距离孩子们很遥远，对他们来说有一定的难度，不过闰土的生活也让孩子们感到十分好奇。于是，我创造了一个奇思妙想的问题情境：“今天呀，老师见到了一个小时候的玩伴，突然想问一问大家，你们有没有很好的朋友呢？”在听到这个问题以后，孩子们纷纷回答“有”，还有几个孩子大声喊出了自己好朋友的名字。趁着孩子们这股劲，我再一次问孩子们：“如果让你们向老师介绍自己的好朋友，你们会介绍自己好朋友的哪些方面呢？”听到这个问题，我看到几个孩子迫不及待地讨论起来。

二、任务分析对对碰

很显然，这种和孩子们的现实生活十分贴近的问题，使他们能够注入自己的思维，联系自己的实际。于是我趁热打铁，说道：“你们的想法呀，和我们的大文学家鲁迅先生，真的很像呢！大家都太棒了！现在我们一起来看看鲁迅先生是怎么描写自己的小伙伴的吧！”

当我说完这番话后，孩子们的眼睛都亮了起来，他们仿佛成了一个个小“鲁迅”。他们认真地盯着我的眼睛，一刻也不肯松懈。孩子们的目光炙热且自信，也让我更加有信心用结构化语文课堂，带领他们徜徉在知识的海洋当中。

于是我们一起开始了对《少年闰土》的阅读。在阅读之前，我便提醒孩子们，要关注鲁迅笔下的小伙伴，看一看鲁迅介绍自己小伙伴的想法和他们的想法是否一致。在这些任务的帮助下，孩子们就将文章当中的每一个事件、每一个细节，与自己的想法进行匹配，将自己的思维融合到文章当中。

当我再次让他们回答问题时，孩子们思如泉涌，滔滔不绝，纷纷描述着自己的看法。看着孩子们与之前判若两人的表现，我甚至不敢相信自己的眼睛！

三、思维导图巧展现

不知不觉，孩子篇把整篇文章都通透地了解了，但是还差一点，就是他们对整个文章结构的理解。于是，我带着孩子们构建起了思维导图。

我让孩子们尝试结合自己对小伙伴的描述思路，对《少年闰土》进行模块的划分。还没有5分钟，孩子们纷纷展示出了自己的模块，虽然孩子们描述的语言是不同的，但是他们总体展现的都是“初识闰土—听闰土讲故事—与闰土分别”的故事框架。

于是，我按照孩子们的思路，和他们一起将整篇文章的思维导图呈现出来。这时不少孩子恍然大悟，发现原来鲁迅先生和自己介绍小伙伴的思路竟然真的十分相似。孩子们也跃跃欲试，想要讲述自己和小伙伴的故事。

四、咬文嚼字见真章

看着积极性高涨的孩子们，我又怎么忍心打断他们。于是，我让孩子们拿出自己的本子，尝试着把自己的小伙伴介绍出来。我在巡视的时候发现，一名学生写的就是我们班的小班长。这个平时回答问题都断断续续的孩子，今天在写小短文的时候，却有几分大家风范！这时，我让他大声地朗读自己写的小短文，让大家一起猜一猜他的好朋友。随着大家大声说出班长的名字，我看到他的脸上洋溢着幸福的笑容，这个笑容也是我许久没有在课堂上看到的。

看着孩子们突飞猛进，我的成就感也油然而生。如果说思维体现的是孩子们对知识的正确认知过程，那么结构化课堂就是将学生碎片化的思维进行整合拼图。在结构化的语文课堂当中，无论是老师还是学生，都能够在这个大背景板上，将自己的碎片拼图一片片地进行归整，最后呈现出一幅幅绚丽的画卷。

铺就思维的台阶，促成学生的发展

太仓市科教新城实验小学　武叶巧

班级里有一批孩子在学习语文的时候总是找不到方法，他们在学习的时候觉得累，家长也很迷茫，不知道该怎样帮助孩子。作为语文教师，我认为语文学习要注意方法，要培养孩子的思维能力，在课堂上锻炼学生的思维能力，教给孩子锻炼思维的方法。

我们学校一向提倡思维课堂，可以说思维课堂就是一条弯曲的山间小道，一节课的精彩之处就要看思维课堂这条小路铺设得好不好。一堂语文课的思维含量直接影响这节课的质量。思维课堂如何获得精彩？我想结合名师执教的高思维含量的课堂来说一说。

一、在预习中生长求知欲

不管是什么课堂，在引入新知时，我们可以通过复习旧知来引出新知，正所谓“温故而知新”。思维课堂是在自主预习的基础上进行学习，自主学习是用已学知识来触碰新的知识，每当遇到不懂不会的新知，学生往往产生疑惑与问难，也正是这些疑惑与问难，促使学生产生对新知的习得欲望。就以全国赛课一等奖获得者姜雅丽老师执教的《影子》来说，姜老师刚开始上课，就在学生预习的基础上来学习新的生字“好”“朋”，学生在学习这些生字前对“女”“月”已经有所接触，新的生字“好”就是在“女”字的基础上形成的，以“女”字引入“好”字，学生对新知识的疑惑也就在复习旧知中进入学生的脑海。

二、在新授中铺就台阶

如果说学习新的知识就像登上一座山的话，那么思维就是这座山的台阶。老师的引导直接影响这一“台阶”的质量。如何造就适合学生的“台阶”，从而让学生顺利越过新知的高峰呢？我想，这跟老师对教材的把握和对课堂的调控有着很大的关系。

就以名师赵志祥老师执教的《狐假虎威》来说，赵老师堪称“功力深厚”的智慧老师。以往，我们接手这样的文章，往往会跟学生分析出这样一只狐狸：奸诈、狡猾、满嘴谎话……想当初，我小时候老师也是这么给我们讲课的。但是，赵老师呈现了不一样的思维，他在课堂上问学生：“狐狸可爱吗？”学生的回答正如我们所料：可恶、欺骗等等。在分析完一篇课文后再读《狐狸分奶酪》，赵老师继续问：“你觉得狐狸怎么样？”学生对狐狸的态度好像还停留在第一篇的印象中。紧接着，赵老师慢慢地讲到《我喜欢你，狐狸》，再到《狐狸的故事》。赵老师在一次次的故事中不断询问学生：“你觉得狐狸怎样？”老师在课堂上没有说过一次狐狸有时候可恶，有时候也会很善良。他教会学生不要受思维定式的影响，从不同角度来看，狐狸的角色定位是不一样的。在他的引导下，课堂没有散，学生没有跑题，赵老师的引导是新的高度，是一种人生的智慧，也正是这种智慧让学生轻松地登上思维的台阶，翻越一座座新知的山峰。

三、在拓展中加强内在消化

我们的语文课堂学习，尤其是低年级语文的学习，以直观的形象化的事物为主，学生对直观的感性的东西比较感兴趣，以此也能激起学生的学习兴趣。思维就借助这些感性的直观化的事物获得发展。语文是语言文字的学习，那么如何把这些文字进行内化，将抽象化的文本内化为形象化的图片呢？

我们来看看名师徐俊执教的《敕勒歌》一课。《敕勒歌》是一首歌颂草原的写景诗。徐老师循循善诱，课堂伊始，他从“川”字入手，讲到诗的作者、诗中所提到的地方等等，再到“阴山”“穹庐”“天苍苍”“野茫茫”，最后到每句诗。从字到词再到句，一步一个台阶，循序渐进，每讲到一个字、一个词再到一句诗，徐老师都以简笔画的形式展现在板书上。教完整首诗，一幅优美的“敕勒画”就展现在孩子们的眼前。学生看到这些图画，便联想到课堂上所学的字词句，于是这幅图也就成了思维内化的一种图画式展现，同时也是学生对字词理解后的一种强化。课堂结尾处，徐老师让学生看着这幅图来背诵课文，学生的背诵是对课文新的理解，是从学习字词意思到理解诗句意境的一种水到渠成。

结合小学生的年龄特点，思维课堂是有效学习的必由之路。语文课堂要追求有效，学生要在思维课堂中自由思维，让课堂碰撞出学生的思维火花，促进学习能力的培养，形成有效的课堂学习模式。我想，很多孩子找到方法后，学习就会像走台阶一样容易。

用多种方法理解词语，让思维更深刻

太仓市科教新城实验小学　施周昀睿

著名教育家叶圣陶说："语文教育最重要的就是思维的训练。"好的教学必须能唤起儿童的思维。语文思维课堂教学，应是以促进学生思维能力发展为核心目标的教学，追求每个学生都能走向深度学习。在教学中，我们要运用多种方法让学生理解词语，这样学生才能更好地学习语文、掌握语文和运用语文。

一、借助教材，抓住要素

《铺满金色巴掌的水泥道》是三年级上册第二单元的课文，本单元的语文要素是：运用多种方法来理解难懂的词语。本篇课文是本单元的第二篇课文，结合本单元的语文要素，主要是让学生学会运用多种方法来理解文章中的一些比较难懂的词语，再者是让学生体会文章的主题，激发他们热爱大自然、走进大自然的愿望，逐渐养成观察自然、观察生活的习惯。

在课文的后面有这样的习题：

（1）朗读课文，把你喜欢的句子抄写下来。

（2）下面加点的词语你是用什么方法理解的？和同学交流。

啊！多么明朗的天空。

它们排列得并不规则，甚至有些凌乱。

在教学本课时，我们就要紧紧抓住教材，抓住本单元的语文要素进行教学。这是课堂教学的重难点。

二、分步指导，摸清方法

虽然运用多种方法理解词语的意思是本单元以及本课的教学重点，但是在实际的教学过程中，这个重点很有可能被文章的讲解所淹没和掩盖，而难以让学生系统地体会和总结方法。因此，为了避免这种情况，我单独把第二小题拿出来，做了一次特别的开发。

首先，在课文的学习中，我有意让学生把不会的词语画出来，然后让学生思考：如果遇到了不会的词语，应当用什么方法解决？在讨论过程中，学生热情高涨，各抒已见。查字典和联系上下文理解是两个最常用的方法，因此，他们基本上都想到了这两种方法。我立马把第二小题拿出来，作为一个例子，让学生用查字典和联系上下文的方法来理解“明朗”和“凌乱”两个词语。

“查字典，词语可能会有多种意思，此时我们应当如何解决呢？”我在学生查字典时，抛出了这样的问题。“选择和课文相近的意思。”可爱的王同学马上举手回答。“那我们就将查字典和联系上下文的方法结合，来理解词语的意思。”学生开始交流起来。

“除了以上两种方法，还有其他的方法吗？”我继续抛出问题，爱动脑的学习委员就想到了一个妙招：“老师，用拆分的方法，即把词语拆开来组词，然后把两个词语的意思合起来就是原来词语的意思。”班长立即反驳道：“如果是复杂的词语，拆开还是不认识，就没法组词了。”“那我们可以把偏旁部首拆开，先识字，再理解意思。”学生们你一句我一句，各自寻找好办法，课堂气氛非常活跃。

此时，还有的学生想到换词语的方法，把复杂的词语根据文章的意思，换成我们所理解的词语，这样就能够用我们学过的词语来理解不懂的词语。学生们积极思考，想出了各种方法，而我也在教学过程中帮助学生厘清这些方法的适用范围。

三、巩固训练，融会贯通

学生的方法是他们思考和实践的结果，体现了他们独特的思考和广泛的兴趣。为了让学生真正理解和能够运用这些方法，也为了促进学生巩固、迁移、运用，我设计了以下题目：

说一说，下面加点的词语是什么意思，你是用什么方法来理解的？

1. 每一片法国梧桐树的落叶，都像一个金色的小巴掌，熨帖地、平展地粘在水泥道上。

2. 这一片片闪着雨珠的叶子，一掉下来，便紧紧地粘在湿漉漉的水泥道上了。

3. 萧萧梧叶送寒声。

4. 树叶在林中相互碰触着，绿叶在狂风里簌簌地响，雷云拍着大手。

5. 孙中山小时候在私塾读书。

6. 列宁也没再问那个男孩，因为他已经知道，男孩是诚实的。

这些句子中，有本课的句子，有本单元的古诗句，也有前面单元的句子，这些句子的练习实际上同第二小题的目的是一样的，即通过对所学方法的理解运用，巩固迁移，实现对方法的真正掌握。

第五章
思维课堂的课题研究

第一节　研究方案

“小学语文结构化思维课堂的实践研究”是江苏省中小学教学研究第十三期重点自筹课题，课题编号：2019JK13-ZB38。课题研究方案如下。

一、课题提出的背景

1. 基于语文教学本身的思考

语文教材单元多、篇目多、内容多、授课时间短，导致很多教师赶进度、赶任务，疲于应付，虽然花费了很多时间教学，却无法达到语文课程标准所追求的目标。围绕文本进行“结构化”设计，实现教学功能的最大化，是语文课程与教学科学化的必然要求。

2. 基于教师课程能力提升的思考

基于学校教师实际，面对教师之间存在的差异，学校力求让每一个语文教师都能借助教材形成结构化的语文思维课堂，实现教学目标，进一步提升教师的课程能力。

3. 基于学生思维品质培养的思考

在教育教学中，经课堂观察、学生座谈、教师访谈等不同渠道的信息反馈，揭示当下我校学生的思维素质与良好的思维品质要求之间还存在一定的距离。主要表现为学生习惯于接受知识，而不是主动探求知识，思维品质缺乏深刻性、独立性、批判性、创造性。

学校从建校以来一直致力于打造思维课堂，从2016年开始就旗帜鲜明地提出“打造以儿童想象力为核心素养的思维课堂”这一教学主张，从教学理念、教学设计、教学评价等方面全方位建构思维课堂。学校近年来相继承办了全国级、江苏省级“落实教学主张，打造思维课堂”小学课堂教学观摩研讨活动。本课题的开展在学校里有着较为扎实的研究基础和一定的研究成效。

二、国内外同一领域研究现状与研究价值

1. 国内外同一领域研究现状

关于思维的研究，最早要追溯到美国教育家约翰·杜威。他多次谈到了“什么是思维”，并且提出了“思维五步”，认为教学法的要素与思维的要素是相同的，并将教学过程相应地划分为五个阶段。杜威认为：问题是思维教学的主线，思维教学要通过问题的解决才能得以实现。

对思维教学有更深层次研究的是美国教育家斯腾伯格（Robcrt J. Sternberg）。他的《思维教学》目的在于指导教师如何提高学生的思维能力，全书以斯腾伯格的“思维三元理论”为基础，对于如何使学生具有分析性思维、创造性思维和实用性思维能力进行了介绍。

“思维发展型课堂”最早源自英国思维教学专家麦吉尼斯的《从思维技能到思维发展型课堂》一书，对应的英文为“Thinking Classrooms”。从英文构词法来看，“Thinking Classrooms”可包括两重含义：一是将Thinking作为名词来理解，可译为“教授思维技能的课堂”，对应以思维技能为教授对象的直接思维教学；二是将Thinking作为形容词来理解，可译为“愿思考、会思考的课堂”，对应在常规学科激发学生思考、促进学生思维能力发展的课堂，也就是融入式思维教学。

当今，西方国家倡导深度学习，深度学习的学习目标是培养学习者深度高效学习的能力，核心是发展学习者的高级思维能力。依据布鲁姆的认

知领域教育分类学，深度学习的实现必须要依靠高阶思维。

国内近几年来进行思维课堂研究的学校有很多，如山东省烟台教科院进行的“和谐高效、思维对话”型课堂，认为教学过程是师生之间、生生之间交往互动与共同发展的过程；人大附中北京经济技术开发区学校提出“五有”课堂的建构，主张课堂应充满具有思维含量的“理趣”。无锡市梁溪区大力推进“深度学习 · 思维课堂”教学改革，出台《梁溪区中小学推进“深度学习 · 思维课堂”的指导意见》，颇具影响力。江苏省苏州市吴江区盛泽实验小学校长、江苏省小学语文特级教师薛法根原创“组块教学”，将零散的教学内容整合、设计成有序的实践板块，实现语文教学的科学化。

2. 研究价值

（1）理论价值

“小学语文结构化思维课堂”的提出，具有创新、独特的视角，能够深入剖析学生核心素养发展与课堂教学改革之间的关系，找到两者之间的最佳结合点，为相关理论研究提供一些理性观点与实践案例，为本课题的实践研究提供理论引领。

（2）实践价值

通过课题研究，探索出小学语文结构化思维课堂的实施体系、实践方式和操作路径，进行一种校本化的教学实践研究。通过研究打造小学语文结构化思维课堂的独特样态，以此辐射其他学科，提升学校的课堂品质，打造课堂文化。

三、主要观点与创新之处

1. 主要观点

（1）教学结构化设计，关注学生思维的发展，关注学习活动的设计。

（2）遵循思维发展的规律，注重学生高阶思维的培养。

2. 可能的创新之处

（1）在视角上，小学语文结构化思维课堂关注思维发展，有独特之处。

（2）在实施上，围绕小学语文结构化思维课堂，建立它的评价指标体系，开发相应的观课工具，搜集课堂观察案例，形成可操作、能借鉴的经验，是一种创新。

四、课题的核心概念及其界定

结构化：将逐渐积累起来的知识加以归纳和整理，使之条理化、纲领化，做到纲举目张。结构化对于知识学习、能力形成具有重要作用，它以事物的结构为思维对象，以对事物结构的积极建构为思维过程，具有清晰性、系统性、有效性的鲜明特点。

思维课堂：以促进学生思维能力发展为核心目标的新型课堂教学形态。思维课堂有利于学生学习知识、习得技能、发展思维。它具有四大要素：问题情境是思维发展的依托，认知冲突是思维发展的根本原因，可视化是思维过程和思维结果的显性载体，变式运用是实现思维迁移的有效手段。

结构化思维课堂：它有三个特征，一是关注课堂教学流程的结构化，按照“总—分—总”结构组织教学过程，即提出问题启动学习→分析解决问题展开学习→迁移运用结束学习，以“引学”为始，以“笃用深学”为中，以“学以致用”为终；二是关注知识能力形成的结构化，按照知识之间的内在联系进行板块教学，同时促进新知识与学生原有知识结构的关联，进行知识的重构；三是关注思维培养的结构化，遵循思维发展的规律，分为思维挑战、思维进阶、思维外化、思维迁移四个阶段，步步推进。

五、课题研究方案

1. 研究目标

（1）通过研究，构建出小学语文结构化思维课堂的基本模式。

（2）通过研究，形成小学语文结构化思维课堂的实践案例。

（3）通过研究，形成小学语文结构化思维课堂的评价指标体系。

（4）通过研究，发展学生的思维能力，提升教师的教学能力。

2. 研究内容

小学语文结构化思维课堂注重学生高阶思维的培养，改变传统教学儿童思维低阶、缺乏创造力和想象力的现状，关注学生思维的发展，关注学习活动的设计，建立课堂评价指标体系，开发相应的观课工具，逐步形成可操作、能借鉴的课堂教学范式。

（1）小学语文结构化思维课堂文献研究

通过文献研究，对课题核心概念“结构化”“思维课堂”“结构化思维课堂”进行深入解读，深化教师对本课题研究的理性认识，了解其价值意义。

（2）小学语文结构化思维课堂基本框架构建研究

通过教师思考与专家引领，制定小学语文结构化思维课堂基本实施框架，突显思维发展（思维挑战、思维进阶、思维外化、思维迁移）、活动设计（学习起点、学习过程、学习结果、学习延展）两条主线，给老师提供结构化思维课堂教学设计的基本范式。

（3）小学语文结构化思维课堂实施过程研究

从目标设定、问题设置、活动设计、学习性评价四个维度，进行小学语文结构化思维课堂实施过程的研究。目标设定：根据学生的年龄特征、认知水平以及学科特点、教材内容，设定合理适切的分层次的学习目标，贴近不同学生的最近发展区。问题设置：设置开放、有思维含量的问题，驱动学生学习，促进学生深度思维。活动设计：摈弃烦琐的内容分析、讲解，设计高品质的学习活动，将知识置于问题化、活动化、生活化的情境之中，运用设计问题链、学习单、作业单、微课、视频、音频、思维导图等多种学习支架。学习性评价：依托学习共同体，进行学习性评价反馈，以有效促进学生的发展、教师自身的提高和教学实践的改进。

（4）小学语文结构化思维课堂评价工具研发的研究

研发小学语文结构化思维课堂的评价工具，设计与我们所追求的小学语文结构化思维课堂相匹配的课堂观察量表，使教师能从具体的观察数据与细节现象中进行客观理性的评价。

（5）小学语文结构化思维课堂课例研究

在两年的教学实践中形成小学语文结构化思维课堂的经典课例，为其他学科、其他学校提供可资借鉴的学习样本。

3. 研究方法

研究方法主要涉及以下几种。

（1）文献法：采用文献研究法作理论引领，确定本课题的研究价值、研究目标、研究内容、设计方案。

（2）行动研究法：在教学实践中，一边实践一边研究，发现问题、分析改进、解决问题，循环往复，推进小学语文结构化思维课堂的不断深化。

（3）案例研究：采用案例研究的方法，对小学语文结构化思维课堂的实施过程进行研究，总结典型案例，提升教学实效。

（4）经验总结法：采用经验总结法，对小学语文结构化思维课堂实践活动中的一些具体举措进行归纳与分析，使之系统化、理论化，上升为经验。

4. 研究过程

研究过程主要包括以下环节。

确定目标：以培养良好的思维品质为目标，以课堂实践为主要途径。

分析现状：利用文献、观察、访谈，了解学生的思维现状。

设计方案：构建以培养良好的思维品质为目标的小学语文结构化思维课堂设计及实施方案。

组织实施：利用结构化思维课堂架构图进行实践研究，同时设计课堂观察量表。

评价反馈：提炼有价值的学科评价指标体系，对能否培养学生好的思维品质进行评价、反馈，优化课堂教学的实施。

总结经验：在实践的基础上提炼、总结经验，撰写论文。

研究过程各环节之间的关系，如下图所示。

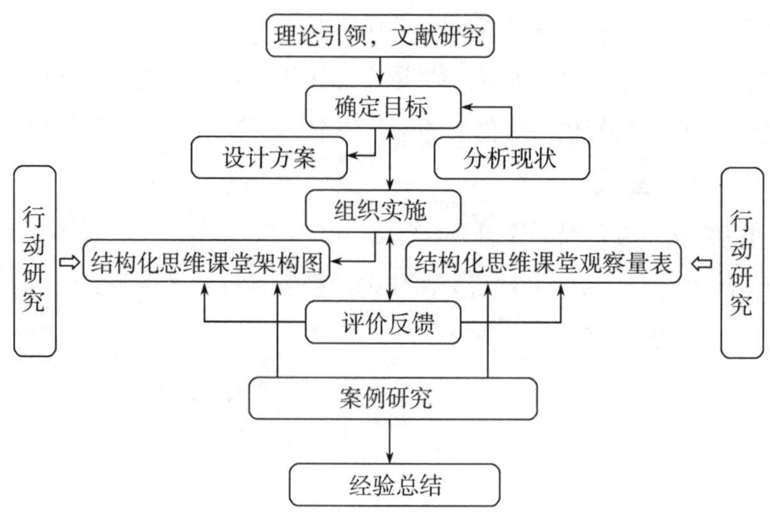

5. 时序进度（2019年9月—2022年9月）

（1）准备阶段（2019年9月—2019年12月）

人员落实、组建课题组；关于课题研究理论的文献检索、理论学习；调查统计、制订课题方案；开题论证、申报立项。

（2）实施阶段（2020年1月—2021年12月）

全面实施研究。重点是在教学实践中对课题进行行动研究，深入探讨最优化的小学语文结构化思维课堂建设。加强课题组人员的理论学习，调整课题研究方案和操作措施，开展课题研究活动，组织专题论文评选活动，邀请专家进行专题指导，召开阶段总结会，及时调整完善实验中的各项操作。

（3）总结阶段（2022年1月—2022年9月）

汇总实验资料；撰写研究报告；将有关研究成果结集出版；召开课题期终鉴定会；推广研究成果。

六、课题研究保障

1. 学校条件保障：一支年轻有活力、技术过硬、基本功扎实、教育教学教科研经验丰富的实验队伍；依托学校追求一流的信息化应用研究传统，构建与完善数字化课题研究平台，重视课题研究的过程管理，强调资料管理的信息化与现代化。

2. 行政部门支持：太仓市教育局、太仓市教师发展中心作为学校行政与业务管理部门，对学校教科研工作给予大力支持。

3. 专家学术支撑：学校与江苏省教师教育培训学会合作开展“教师发展研究与培训”，经常得到江苏省教科院专家学者、上海华师大专家团队蹲点指导课题研究。

4. 专项经费落实：建立教科研经费保障制度，设立科研专项基金，支持并奖励科研骨干，同时在课题成果转化、专著出版、骨干教师教育教学经验总结等方面出台有力措施，给予重点支持，进一步提升学校教育科研水平。

七、课题成果形式

	成果名称	成果形式	完成时间
阶段成果（限5项）	小学语文结构化思维课堂架构图与实施方案	方案	2019年12月
	小学语文结构化思维课堂观察量表	文档	2019年12月
	小学语文结构化思维课堂经典教学案例	文本资料、光盘	2021年12月
	小学语文结构化思维课堂经典观察案例	文本资料	2021年12月
	小学语文结构化思维课堂中期研究报告	论文	2021年5月
最终成果（限3项）	课题研究报告	报告	2022年5月
	小学语文结构化思维课堂实践系列论文	论文	2022年3月
	小学语文结构化思维课堂典型案例集	案例集	2022年4月

第二节　研究报告

一、文献综述报告

“小学语文结构化思维课堂的实践研究”是江苏省中小学教学研究第十三期重点自筹课题，课题编号：2019JK13-ZB38。课题文献综述报告如下。

1. 研究缘起

随着语文课程标准从“双基”到“三维”再到“核心素养”的转变，落实“立德树人”的根本任务，势在必行。2016年9月13日发布的《中国学生发展核心素养》中提到，中国学生发展核心素养，应以时代性、民族性和科学性为基本原则。从中我们看到课程标准的转变，“核心素养”是基于时代性、民族性、科学性这三个原则而设定的，也就是说“核心素养”具有这三个特点。“核心素养”是从整个时代变化推进的角度提出的，具有全球视角且体现我国自身本土教育特点，强调运用科学的思维及方法提出新时代的课程目标，落实“立德树人”的根本任务，培养“全面发展的人”。

那么培养“德智体美劳全面发展的人”，就要有一定的教育方法。目前小学教育正需加强学生思维的提升，正可从结构化思维课堂入手，培养学生的“核心素养”。而本校——太仓市科教新城实验小学，从建校以来一直致力于打造思维课堂，从2016年开始就旗帜鲜明地提出“打造以儿童想象力为核心素养的思维课堂”这一教学主张，从教学理念、教学设计、教学评价等方面全方位建构思维课堂。学校近年来相继承办了全国级、江苏省级“落实教学主张，打造思维课堂”小学课堂教学观摩研讨活动。在研究方面，学校存在一定基础，且已有一定的成效。

2. 研究现状

（1）国内教育理论研究

20世纪80年代思维学在我国受到了高度重视，1984年全国思维科学研讨会召开。国内的教育学家也开始把思维学的有关知识运用到各类教育实践中去。比较有代表性的是《思维发展心理学》（朱智贤、林崇德著）和《学习与发展》（林崇德著），还有就是董奇关于元认知的研究等，这些研究主要是关于思维基本理论的探讨和各年龄阶段思维特点的考察，对于我们进行思维教学有较好的参考价值。我国著名心理学家林崇德认为，智力是一种能成功地解决某种问题（或完成任务）所表现的良好适应性的个性心理特征，思维是智力的核心成分。从这个定义出发，林崇德在1983年通过对专家和教师的访谈研究，提出了智力（思维）结构模型。

早在1978年，邵瑞珍在期刊《外国教育资料》第5期上发表文章认为，布鲁纳思想是以认识论与心理学为理论依据，其理论具有一定的深度，能够引发人们对结构主义思想、直接思维及发现法等理论的探究。1987年，赵祥麟主编的《外国现代教育史》第十三章对结构主义理论内容进行介绍。1992年，化得元和朱雪峰在《皮亚杰认知发展理论对课程编排和教学设计的启示》中提出，编制课程应按着认知发展，设置螺旋上升式课程，并针对不同年龄阶段孩子的个性差异，在语文教学设计中，注重因材施教。1995年，王桂主编的《当代外国教育——教育改革的浪潮与趋势》第二、三编中有相关教育改革的介绍。1997年，张斌贤和从立新主编的《高屋建瓴：当代教育新观念》曾对结构化理论的来源和发展加以介绍。2002年，叶绪江发表的《对布鲁纳结构主义课程观的再认识》提出，教学要紧跟时代步伐、提高教学质量，且更重要的是提出改善评价机制。2003年10月，汪霞在《课程研究：现代与后现代》中介绍了结构主义理论的概念、特征、发展、意义及局限性。2005年，单中惠在《外国中小学教育问题史》第三、四章中介绍了结构主义理论的哲学基础、理论体系、教学方法及教学模式的转变。

（2）国外教育理论研究

关于思维的研究，最早要追溯到美国教育家约翰·杜威。他于1916年和1933年分别出版了《民主主义与教育》和《我们怎样思维·经验与教育》，从理论的高度分析和论证了思维在教学中的培养问题。杜威多次谈到了“什么是思维”，并且提出了“思维五步”；同时，杜威认为，教学法的要素与思维的要素是相同的，并将教学过程相应地划分为五个阶段。杜威认为：问题是思维教学的主线，思维教学要通过问题的解决才能得以实现。

对思维教学有更深层次研究的是美国教育家斯腾伯格（Robert J. Sternberg）。他的《思维教学》目的在于指导教师如何提高学生的思维能力，全书以斯腾伯格的“思维三元理论”为基础，对于如何使学生具有分析性思维、创造性思维和实用性思维能力进行了介绍。

当今，西方国家倡导深度学习，深度学习的学习目标是培养学习者深度高效学习的能力，核心是发展学习者的高级思维能力。依据布鲁姆的认知领域教育分类学，深度学习的实现必须要依靠高阶思维。思维教学在大学的课堂上实际早就有了：书本教材就该让学生自己去看，上课就讲解决问题的定理、定律；让学生随意按照自己所思所想发言并提问，在这个过程中教师只需点拨和启发。

3. 期刊论文类教学分析

据在知网上检索的结果，自1938年至2019年，国内外发表的有关结构主义的文献共8502篇，提取这些文章信息发现研究“结构主义课程观”的文献有41篇，研究“结构主义语文”的相关文献有8篇；此外，研究“语文课堂教学”的论文共计19164篇，研究“结构化思维课堂”的论文只有1篇。对于“小学语文结构化思维课堂的实践研究”的期刊论文是一篇皆无。从数据中发现，研究结构化教学的文章较少，更多的人关注“语文课堂教学”现状，但很少有人看到结构主义作为一种方法论可给语文教学的现状提供解决问题的思维，并提供适合的教学方法。

在期刊文章中，何敏在《创设有效“问题串”打造思维课堂》中认为，提问是教学活动中最常见的方式，是课堂的重要组成部分，学生对于知识的汲取主要来源于课堂，要提高课堂效率，最根本的问题是要解决好课堂提问的有效性。思维课堂是以学生为中心来构建课堂教学，以丰富的课堂活动来激活学生的思维，提升学生思维品质，实现问题导学与深度思维、集体思维与个体思维、教师研导与学生研学这三个方面的统一。

姜明红在《论小学语文结构化教学》中指出，小学语文结构化教学的探索，是实现语文学科育人功能的重要尝试。实现小学语文结构化教学，需要更新教学观念，形成课堂育人视角；开展课型研究，提升内容结构意义；探索课堂实施，挖掘过程结构价值。

江苏省海安市教师进修学校附属小学王祖明在《让语文教学从“碎片化”走向“结构化”》中提出，语文教学的“碎片化”导致了语文教学的低效。语文教学需要从“碎片化”走向“结构化”，有组织、有系统地编排教学材料、安排教学程序，让学生通过结构化的语言材料和言语实践活动，获得语言规则，建构语言图式，内化认知策略，积淀言语经验，形成言语能力。

江苏省海安市教师发展中心附属小学储丽华在《小学语文教材结构化：问题与对策》中认为，语文教材的结构化是语文教材编撰的必然要求，也是学生建构和运用语言的现实需要，但目前使用的语文教材存在着“结构化”缺失的问题，因此需要从语文课程内容、单元选文编排及语文练习设计等方面进行结构化构建。

戴建华、徐建强和宋海燕在《“思维课堂”教学策略探析》中提出，目前学生缺乏良好的思维品质，缺乏较强的思维能力特别是创新思维能力。思维课堂在教学理念与教学行为上，对教师提出了更高的要求。

正宁县西关小学付小娟在《创建思维课堂培养总结能力》中指出，核心素养是新一轮基础教育课程改革的基础，而思维是课堂教学的核心，思维能力和创造能力是核心素养最重要的组成部分。学生学习活动的核心是思维活动，学习的本质是提升认知思维水平和能力。总结归纳能力的培养必须重视过程，诱发思考，总结经验教训，教会反思，在这些过程中，让学生掌握思维方法，训练思维品质，并引发新的思考。

李汇榛在《基于结构主义课程观的语文课堂教学研究》中认为，课程标准对教师的教学意识和行为提出了新的要求。在具体的语文教学中，部分教师缺乏教学结构的意识及策略。结构主义的思想，能够为教师提供解决教学问题的路径。

深圳市南山区第二外国语学校校长、中学高级教师叶延武在《思维课堂：意蕴与实践——基于深圳市南山区第二外国语学校的课堂文化建设》中提出，思维课堂有着深刻的内涵与丰富的意蕴。它以学生为中心构建课堂教学的基础，以激活学生的思维凸显课堂教学的核心，以丰富的课堂活动作为提升思维品质的载体。

周敬勤在《依托“测”“导”“延”“写”打造思维课堂》中提出，教师教得苦，学生学得累，一直以来都是日常教学的普遍现象。教师要把学生放在主体地位，依托“测”“导”“延”“写”四个环节，从学情研判、学习设计、学习指导、内容呈现等方面来打造思维课堂。

李繁荣在《构建小学语文思维型课堂》中指出，教师要从做学生兴趣的激发者、引领学生进入多姿多彩的生活世界、引导学生进行阅读反思等三个方面采取适当的策略，构建小学语文思维型课堂，提高课堂教学的效率。本文介绍了构建小学语文思维型课堂的基本要求，提出了构建这种思维型课堂的方式，帮助学生树立明确的语文学习目标，为学生建立一个良好的语文学习思维。

徐力在《准确切入，引爆小学语文课堂思维》中指出，小学语文教学只有在教学过程中准确地找到课程的切入点，才能让小学语文以一种精彩的姿态呈现出来。因此，在素质教育目标的指导下，教师要能够不断地更新自身的教学观念，要从多个角度、多个层面来寻找文章的切入点，从而构建一个高效率的小学语文课堂。

对于小学语文结构化思维课堂，我们在教育教学方面的文献分析还不够详尽，因为横向范围太广和纵向深度太深，且专门致力于研究小学语文结构化思维课堂的文章在知网上尚未查询到。目前单独研究小学语文结构化或者思维课堂的论文数量也不多，致使研究过程存在难度。面对这些问题，团队将会逐步找到突破口，力图在小学语文结构化思维课堂研究方面做出一定贡献。

二、课题中期报告

“小学语文结构化思维课堂的实践研究”于2019年12月立项为江苏省中小学教学研究第十三期重点自筹课题，课题编号：2019JK13-ZB38。本课题于2020年1月集束开题，课题组在一年半的时间里潜心研究，不断探索，现将中期研究情况总结如下。

1. 深化了对课题研究的理性认识

在课题研究的过程中，课题组成员进行了深入的文献研究，对课题核心概念“结构化”“思维课堂”“结构化思维课堂”等进行了深入的解读，也了解了国内外相关领域的研究情况。课题组成员形成以下认识。

（1）培养思维是课堂教学的本质

通过对理论、著作、期刊类论文的学习，课题组认识到：课堂是对学生进行思维意识引导和培养的重要载体，思维的运用与迁移关乎学生的日常生活和学习。如果没有思维训练的加持，那么课堂教学依旧摆脱不了旧有的“应试教育”模式。基于社会对具备批判性思维、创造性思维及问题解决能力的人才的迫切需求，进行思维教学，培养思维能力，已经成为教育界的广泛共识。而结构化思维是最值得培养的思维方式。

（2）目标细化是课堂教学的基础

截至2021年5月12日，在知网上搜索“教学目标细化”，可查到308篇文献，大部分文献是关于教学方法方面的细化分析，还有学位论文61篇，其中多为硕士论文，共53篇。继续细化搜索关键词为“课堂教学目标细化”，可查到35篇文献，其中多是以某一课程为例的细化研究和以打造高效课堂为目的的文献。盲目和泛化的教学目标会对课堂教学的质量和效果造成不良影响，而对教学目标进行细化分类及科学陈述，能对教与学起到导向、激励、调节和促进改善的作用。

（3）过程评价是课堂教学的保证

通过查阅已发表的期刊文献和已出版的学术著作发现，有关学习过程评价的研究主要集中在学习过程评价的概念界定、内容分析、实践应用等方面。部分学者和专家认为：过程性评价强调的是以学生为本，立足于学生的整体性发展，将学生的学习与评价相融合。

2. 形成了小学语文结构化思维课堂的教学设计流程图

以思维发展为导向，遵循思维挑战、思维进阶、思维外化、思维迁移的发展规律，通过结构化的课堂教学设计，在课前、课中、课后三个阶段开展学习。

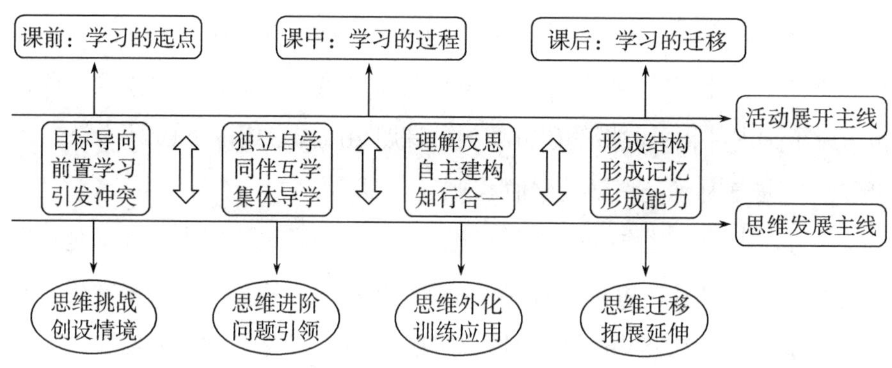

图1　小学语文结构化思维课堂教学设计流程图

（1）思维发展主线

思维发展主线是结构化教学的主要依据，可以分为以下四个阶段。

思维挑战：学生的已有知识储备与新知识之间往往有冲突，学生的原有知识就是皮亚杰所说的“前概念”。教学设计要暴露前概念，引发学生的探究兴趣，引导学生展开探究学习。引发思维的冲突，通过课前导学、提问交流等方法了解学生学前的知识结构，从而把握学生的学习起点。

思维进阶：由原有知识迈向新知识，两者之间有一段距离，而且是台阶状的。教师要引导学生一步一步地迈进爬升，一般可以运用问题导向策略。问题是引子，它指引学生思维的方向。有质量的问题，将高度关联学生的思维活动与教学内容，促使学生去与文本深度对话。

思维外化：主要是教师要设计以培养想象力为核心的语言训练，以文本内容为触发点，进行随文写话，形成学生运用语言文字的迁移能力。

思维迁移：即把知识迁移运用到新的情境中，通过拓展学习寻找学科知识的交叉点，实现知识的迁移。思维的外化“以一带多”，拓展阅读同类作品，这也是一种思维的迁移。

（2）活动展开主线

思维发展的主线落实到课堂教学中，就要依托活动来支撑思维的发展过程，因为学生是在活动中呈现思维状态的。相对于思维发展的四个阶段，教学活动展开可以分为以下三个阶段。

学习的起点：教师可以运用导学单、预习单以及课堂上的默读批注等策略。

学习的过程：教师可以运用问题设置、情景设置、活动设置、分岔设置等策略。

学习的迁移：教师可以引导学生开展制作思维导图、探求解题方法、开展仿写练习等活动。

3. 总结了小学语文结构化思维课堂的典型特征

（1）教学流程结构化

结构化思维课堂按照“总—分—总”的教学结构组织教学过程，即提出问题启动学习→分析问题展开学习→迁移运用结束学习，“以用引学”为始，“笃用深学”为中，“学以致用”为终。

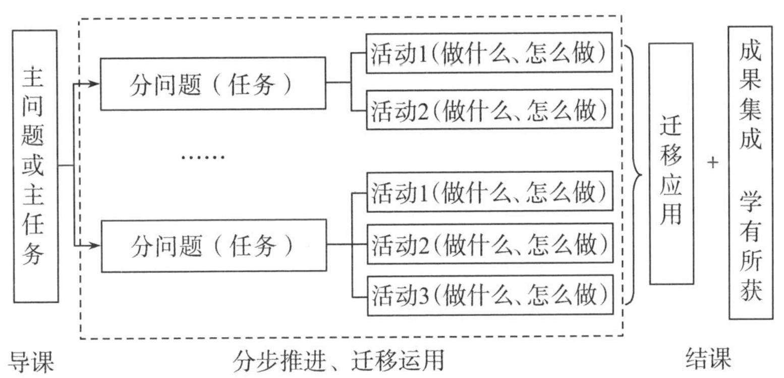

图2　小学语文结构化思维课堂教学流程结构化

“总分总”的结构化课堂学习分为三个阶段：第一阶段“导课”，围绕文本内容，提出主要问题或主要任务，以“主问题或主任务”引领课堂教学；第二阶段“分步推进、迁移运用”，将“主问题或主任务”分解为“分问题”，通过模块化的学生活动化解教学重难点，搭建分步推进的学习支架；第三阶段“结课”，通过成果展示、知识梳理、评价反思的方式，归纳概括课堂学习成效，促进知识的迁移与思想方法的形成。

（2）知识能力形成结构化

① 关注知识前移后续，实现整体认知

长期以来，老师已经习惯于以“课时”为单位的备课、上课模式：备一节课，上一节课；上完一个单元，再上一个单元。这样的点状式教学行为容易导致语文整体知识和学生认知体系的割裂，难以实现语文独特的学科育人价值。在教学中，我们要用更宏观而长远的视野，从知识的整体性出发，变点状式教学为结构化教学。

统编版教材强调语文要素在各个学段、各个单元中的有序推进，将语文要素分成若干知识点即训练点，由浅入深，由易到难，把它们分散到各个单元当中，形成一种螺旋式的上升。以每个单元中的“口语交际”指向学生“表达能力”为例：

三年级：说清楚（说清楚看法、理由并运用合适的方法表达）

四年级：有主题，说完整（围绕话题发表自己的想法，不跑题；用卡片提示讲述内容；不遗漏主要信息）

五年级：有依据，有条理（选择恰当的材料支持自己的观点；分条讲述，按顺序讲；根据记录有条理地表达）

六年级：更丰富，更灵活（丰富故事细节；能根据听者的反应灵活地调整讲解内容）

结构化的思维课堂关注知识的前移后续。教师在落实语文要素的时候，通过对前后所学知识的有效关联，实现知识结构的整体认知。

② 关注单元整体备课，构筑全局视野

统编版教材从“单元整体”出发，每个单元按照人文主题和语文要素双线组合，齐头并进。同一单元围绕一个比较集中的人文主题选编课文，同一主题的几篇课文都不是各自孤立的，它们围绕本单元共同的语文要素，即必备的语文知识、基本的语文能力、适当的学习策略、良好的学习习惯，来实现教学目标。

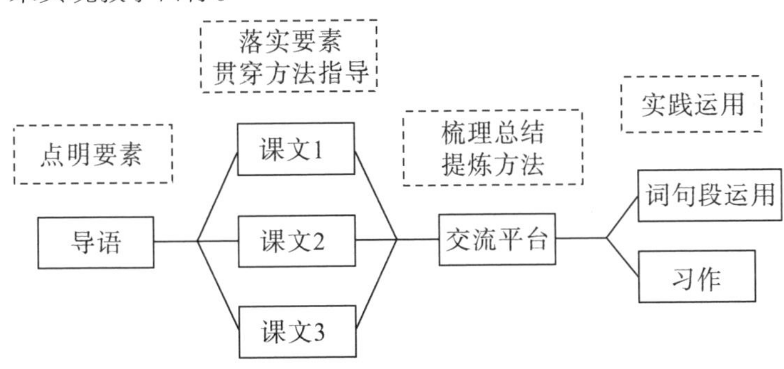

图3　统编版教材“单元整体”结构图

在结构化思维课堂的教学中，教师要充分认识并发现同一单元课文之间的本质联系和内在结构，以全局的视野驾驭本单元的语文要素，让学生摆脱“一叶蔽目，不见太山”的困惑，真正体会到“站得高、看得远”的学习感受。

（3）关注思维培养结构化

思维课堂，以发展学生思维为主线。按学生思维发展的规律，小学语文结构化思维课堂可以提炼为四个阶段：思维挑战（前概念）、思维进阶（问题导向）、思维外化（表达运用）、思维迁移（拓展延伸）。

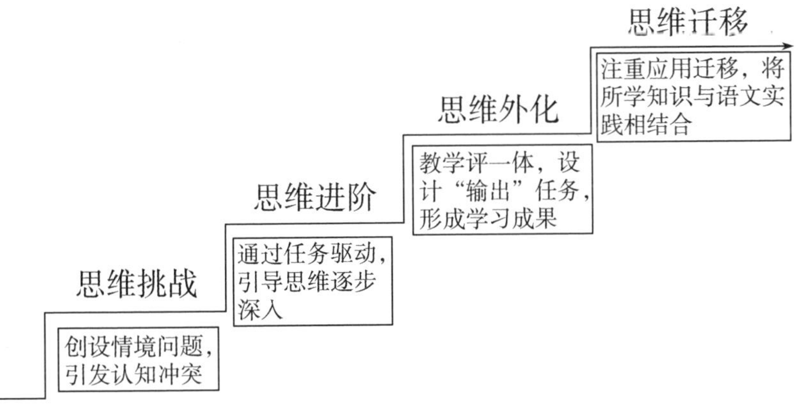

图4　小学语文结构化思维课堂的思维培养结构化

4. 凝练了不同文体的结构化教学范式

（1）习作单元

习作单元一般由“导语”“精读课文”“交流平台”“初试身手”“习作例文”“单元习作”六个板块组成，每个板块的安排都指向学生习作能力的培养。

以统编版教材四年级下册的“习作单元”为例，可形成以下结构化思维课堂的教学策略：

引学为始，形成认知：《海上日出》和《记金华的双龙洞》是本单元的两篇精读课文。借助这两篇精读课文，让学生初步感知“按一定顺序写景物”的方法。

笃用深学，归纳方法：发挥习作单元“读写结合”的教学优势，结合“精读课文”中描写精彩的典型段落，开展课内随文写话，实现读写迁移。

学以致用，迁移练习：“单元习作”让学生对写作知识有更多实践运用的机会，对于写什么、如何写、表达方式等等，学生实现自由表达。

（2）小古文教学

在以思维发展为导向的结构化课堂中，教学小古文可采用“五读”法。

一读，借助拼音，读准字音。对于难读易错的字作重点教学，确保能将整篇课文正确、流利地朗读下来。

二读，借助注释，读懂文意。抓住课文中的一些难字、不常见字、古今意义不同的字作重点理解，扫除阅读障碍。

三读，根据文意，读好停顿。停顿尽管没有唯一标准，但要基于课文的含义，符合朗读的习惯。

四读，抓住字句，深入品读。从字面含义走向文字背后的深厚情思，这部分是学习的重点，也是学习的难点。

五读，反复诵读，熟读成诵。小古文言简意赅、意蕴深刻，让学生通过诵读感受祖国传统文化的魅力！

（3）说理文教学

首先，直击论点，运用思维导图梳理出全文的结构；

其次，解析论证，发现不同段落的独特说理之处，包括语言特色、论证方法等，感悟逻辑之严密；

再次，迁移写话，仿写某个段落，内化文本结构；

最后，拓展升华，阅读总结，深化文本所说的“理”与“道”。

5. 探索了彰显学生思维发展的教学策略

（1）巧用文本留白

留白，是我国传统艺术的重要表现手法之一。在语文教学中，老师也要善于抓住作者有意或无意留出的“空白”，让学生在遐思神驰中去想象、去补充、去参与作品的再次创作。

《风娃娃》：风娃娃却一点儿也不知道，他仍然东吹吹，西吹吹。就这样，风娃娃吹跑了人们晾晒的衣服，折断了路边新栽的小树……

《植物妈妈有办法》：你还知道哪些植物传播种子的方法?

……

（2）采用比较阅读

比较阅读指把内容、形式相近或相对的两篇文章或一组文章放在一起，对比着进行阅读，这样既可以开阔视野、活跃思想，又能使认识更加深刻、充分。

在教学五年级下册《13　人物描写一组·两茎灯草》时，将严监生临死前的“三次摇头”与原著中的“三次摇头”进行对比阅读。

第一次摇头：

【原著】他就把头摇了两三摇。

【改编后的文本】他摇了摇头。

第二次摇头：

【原著】他把两眼睁得滴溜圆，把头又狠狠摇了几摇，越发指得紧了。

【改编后的文本】他又摇了摇头。

第三次摇头：

【原著】他听了这话，把眼闭着摇头，那手只是指着不动。

【改编后的文本】他还是摇了摇头。

进行比较阅读，学生就会发现改编后的文本语言显然不能表达出当时严监生内心的焦灼、无奈与愤怒。比较阅读作为文本解读的重要方法，为学生深入理解人物形象提供了有力的抓手，也为教师的教学提供了一个突破口，是启发学生思维的重要教学策略。

（3）设置悬念

在课堂教学中，教师有意识地设置一些悬念，犹如一剂“调味剂”，会极大激发学生的求知欲望，促使学生产生主动探究的行为。

《小马过河》：小马为什么要过河？它是怎么过河的？最终过河了吗？

《精彩极了和糟糕极了》：什么东西精彩极了？什么东西糟糕极了？

《什么比猎豹的速度更快》：什么比猎豹的速度更快？

《我的“长生果”》：这个“长生果”会是什么东西呢？

《好的故事》：这里面有哪些好的故事？

（4）探究矛盾冲突

挖掘教材中的矛盾点和争议点，引发学生的认知冲突，培养学生的思辨意识。这一教学策略，在小说这种文体的教学中效果更为突出。

在《桥》一文的教学中，抓住连续不断的矛盾冲突：人与自然环境的矛盾冲突、老汉与党员的矛盾、老汉与小伙子的矛盾，而且急于求生的小伙子和推老汉先走是矛盾的、老汉揪小伙子出来和推小伙子上桥也是矛盾的。这些矛盾冲突形成了悬念，推动故事发展到了高潮。

《穷人》一文的矛盾冲突源自人物激烈的心理冲突。作者通过人物的内心独白来呈现这种矛盾冲突，从而真实地刻画了一个心疼丈夫、关心邻居、做了善事却因贫穷而坐立难安的妻子形象。

类似这样的课例还有很多，关注小说情节，聚焦矛盾冲突，是把小说教学推向更深处的好办法，也是在冲突中引发学生思辨性阅读的好方法。

（5）形成“问题链”

将问题形成一条“问题链”，才能达到从多角度、多层次、多方式深化课堂教学的目的。“问题链”不是简单的几个问题的组合，它指在一定的学习范围和主题之内，教师围绕一定目标或某一个中心问题，按照一定的逻辑结构而精心设计的一组问题。如教学《祖父的园子》，我们可以设计这样三个环环相扣的问题：为什么萧红眼中的园子是自由的？（因为萧红是自由的。）为什么萧红是自由的？（因为祖父的爱给了她的生命以自由。）祖父是个怎样的人，在她的童年生活中起到了怎样的作用？引读《呼兰河传》的结尾，让学生感悟到“祖父”这个频频出现的词语，背后是萧红对祖父的深情怀念。

（6）设计思维导图

思维导图是思考、学习、管理的思维工具。它通过图形、网状结构、关键字词或者图片将知识进行归整，实现组织化和系统化，隶属关系和层级关系被清晰地展示出来，从而建立起相关记忆链接。在小学语文结构化思维课堂的学习中，我们鼓励师生以思维导图呈现学习成果，借助“图像记忆”的独特优势，帮助学生建构知识体系。

6. 开发了小学语文结构化思维课堂的观课评课工具

（1）课堂观察表

课堂观察是当前课堂研究广泛使用的一种研究方法。小学语文结构化思维课堂借助《课堂观察量表》，从教师的板书设计、学生座位表、教学内容与时间分配、师生关系、资源及媒体的利用六大方面进行全方位、全过程的课堂观察。

（2）课堂评价表

在根据小学语文课程标准和太仓区域教学实际提出的学科“活力课堂”基本理念的基础上，结合“小学语文结构化思维课堂”的核心理念开展深度思考，通过全体语文老师的讨论、学科骨干与专家的归纳与提炼、反复研讨与修改，形成了《小学语文结构化思维课堂评价表》。评价表从教师的教、学生的学两个维度进行课堂评价。“教师的教”侧重教师从目标设定、内容选择、过程方法方面促进学生思维的发展，“学生的学”鼓励学生增强学习兴趣，能够在阅读中获得思想的启迪与审美的乐趣，实现学习迁移。

在一年多的课题研究中，我们取得了一定的研究成果：汇编了三本文献资料，进行了科普童话、说明文、古诗文、名著阅读、习作教学、散文等不同模块的专题研究，形成了可资借鉴的若干经典课例，完善了以“两组”（教研组、备课组）和“四课”（新教师汇报课、青年教师评优课、行政示范课、组内研讨课）为抓手的课题研究常态机制，课题组成员在全国、省市的公开教学中执教课题研究课，并在各级各类报刊上发表课题论文13篇、教学设计2篇。

展望今后的课题研究，我们将在以下方面做进一步思考与实践：

① 加强理论研究，丰富理性认识。教师层面普遍对小学语文结构化思维课堂研究的理论认识还不够深透，对课题的核心概念及其界定认识还不到位。课题组要加强语文教师的文献学习，不断以新的理念优化、深化课题的研究。

② 强化课题实践，提升教学能力。在课题研究的过程中，发现教师们的教学设计能力还有待提高，特别是“问题设置”“活动设计”这两个方面的研究与实践还不够深刻。课题组会继续通过持续、深入地开展课题研讨，有效地促进学生的发展、教师自身的提高和教学实践的改进。

③ 深化思维导图，促进思维生长。目前的思维导图形式与内容比较单一，以对文本内容的梳理与分析为主。在以后的课题研究过程中，将细化思维导图的内容，从知识导图、写作导图、理解导图、阅读导图、理解背诵导图等方面入手，丰富思维导图的表现形式。

④ 优化评价体系，实现有效评估。思维是隐性的，如何评估学生的结构化思维力是否得到提升，仅凭一张《思维课堂评价表》肯定是不全面的。如何建立健全全面、合理的评价体系，这是需要课题组齐心协力攻克的下一个难题。

三、课题结题报告

“小学语文结构化思维课堂的实践研究”是江苏省中小学教学研究第十三期重点自筹课题，课题编号：2019JK13-ZB38。课题组在两年时间里，立足课堂教学，形成了指向学生思维发展的小学语文结构化课堂教学研究范式，现将研究情况总结如下。

1. 课题研究的背景及价值

（1）课题研究的背景分析

① 基于语文教学本身的思考。语文教材单元多、篇目多、内容多、授课时间短，导致很多教师赶进度、赶任务，疲于应付，虽然花费了很多时间教学，却无法达到语文课程标准所追求的目标。围绕文本进行“结构化”设计，实现教学功能的最大化，是语文课程与教学科学化的必然要求。

② 基于教师课程能力的思考。基于学校教师实际，力求让每一个语文教师都能运用结构化思维理念去设计学习活动，不断提升课程实施能力，促进学生把握语文学科的基本结构，形成结构化知识体系，发展结构化思维能力。

③ 基于学生思维培养的思考。学校从建校以来一直致力于打造思维课堂，从2016年开始旗帜鲜明地提出“打造以儿童想象力为核心素养的思维课堂”这一教学主张，到目前的“打造活力思维课堂”教学主张，学校注重从教学理念、教学设计、教学评价等方面全方位推进学生思维培养。

（2）课题研究的价值定位

我们的课题研究价值主要体现在以下两个方面：

① 致力于培养学生的结构化思维。思维是小学生的核心素养之一，培养思维则是课堂教学的本质。而结构化思维更是一种高阶的思维，通过语文学习活动，促使学生形成结构化知识体系，发展结构化思维能力，把握语文学科的基本结构。

② 致力于探索语文的校本化教学。通过课题研究，探索出小学语文结构化思维课堂的实施体系、实践方式和操作路径，进行一种校本化的教学实践研究。通过研究，打造小学语文结构化思维课堂的独特样态，进而辐射其他学科，提升学校的课堂品质，打造课堂文化。

2. 课题研究的文献综述

我们所研究的小学语文课堂，其最大的特征就是“结构化思维”。围绕这个核心概念，我们做了大量的文献研究。

（1）探究结构主义哲学起源。我们探究了结构主义哲学的起源，明白了结构是事物的本质，我们应该以结构主义的观点去了解现象、考察事物，这是一种公认的普遍的世界观。

（2）探究布鲁纳的结构论。美国心理学家布鲁纳提出“每一门学科都有其基本结构，结构应该成为教学的中心，学习不只是单纯地掌握知识和技巧，更要把知识领域更广博的基本结构中的脉络弄清楚”。掌握学科的基本结构有以下优点：一是使学科更容易被理解；二是有助于记忆，因为学科结构是一种简化的表达形式；三是有助于迁移，把一般原理应用于多种情境；四是便于缩小高级知识和低级知识之间的差距，使知识更易于理解。

（3）厘清“结构化思维”概念。我们还厘清了“结构化思维”这个核心概念的内涵，即以事物的结构为思维对象，以对事物结构的积极建构为思维过程的一种思维方式。

3. 课题研究的目标与内容

（1）研究目标

① 通过研究，构建出小学语文结构化思维课堂的基本模式。

② 通过研究，形成小学语文结构化思维课堂的实践案例。

③ 通过研究，形成小学语文结构化思维课堂的评价指标体系。

④ 通过研究，发展学生的思维能力，提升教师的教学能力。

（2）研究内容

小学语文结构化思维课堂注重学生高阶思维的培养，改变传统教学儿童思维低阶、缺乏创造力和想象力的现状，关注学生思维的发展，关注学习活动的设计，建立课堂评价指标体系，开发相应的观课工具，逐步形成可操作、能借鉴的课堂教学范式。主要研究内容包括：小学语文结构化思维课堂文献研究、小学语文结构化思维课堂基本框架构建研究、小学语文结构化思维课堂实施过程研究、小学语文结构化思维课堂评价工具研发的研究、小学语文结构化思维课堂课例研究。

4. 课题研究的成果与收获

通过深入研究，我们基本达成课题研究的目标与各项内容。

（1）明确了小学语文结构化思维课堂的研究思路

课题研究初始，课题组梳理了小学语文结构化思维课堂的研究思路，即教师用结构化思维来设计教学活动，设定结构化教学目标，横向使教学内容结构化，纵向使教学流程结构化，以培养学生的结构化思维能力和结构化知识体系。

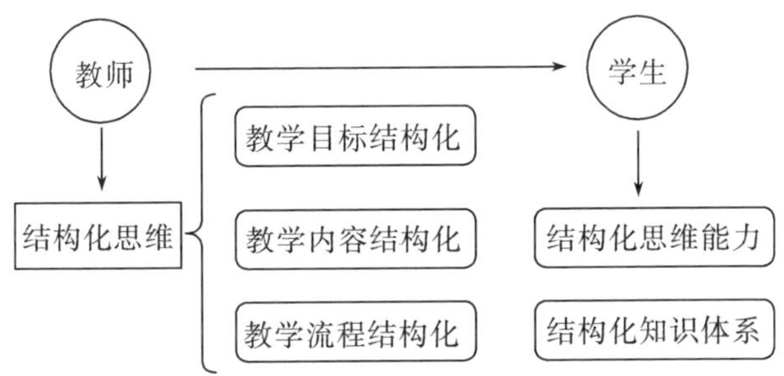

图5　小学语文结构化思维课堂研究思路图

（2）形成了小学语文结构化思维课堂的教学设计流程图

以思维发展为导向，遵循思维挑战、思维进阶、思维外化、思维迁移的发展规律，通过结构化的课堂教学设计，在课前、课中、课后三个阶段开展学习。

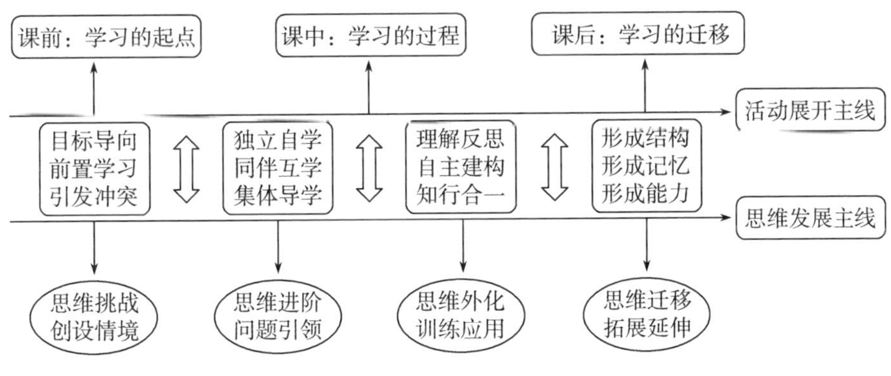

图6　小学语文结构化思维课堂教学设计流程图

（3）确定了小学语文结构化思维课堂的研究方式

教师从目标设定、问题设置、活动设计、学习性评价四个维度，进行小学语文结构化思维课堂实施过程的研究。

目标设定：根据学生的年龄特征、认知水平以及学科特点、教材内容，设定合理适切的分层次的学习目标，贴近不同学生的最近发展区。

问题设置：设置开放、有思维含量的问题驱动学生学习，促进学生深度思维。

活动设计：摈弃烦琐的内容分析、讲解，设计高品质的学习活动，将知识置于问题化、活动化、生活化的情境之中，注重运用设计问题链、学习单、作业单、微课、视频、音频、思维导图等多种学习支架。

学习性评价：依托学习共同体，进行学习性评价反馈，以有效促进学生的发展、教师自身的提高和教学实践的改进。

（4）总结了小学语文结构化思维课堂的典型特征

① 教学目标结构化

课题主持人深入研读了《布鲁姆教育目标分类学》，研制出了思维课堂的结构化目标体系，它有三个维度：一是知识维度，包括事实性知识、概念性知识、程序性知识、元认知知识；二是认知过程维度，包括记忆、理解、应用、分析、评价、创造；三是情感态度与价值观维度。当然，并不是所有的目标都要在一节课上实现，教师可根据课堂的内容灵活选择。

② 教学内容结构化

结构化思维课堂注重将教学内容按照一定的内在联系进行组合、整理、归纳，形成类、块，进行教学，这样学生的知识体系也就不会零散、凌乱无序，有利于培养学生的结构化思维。

③ 教学流程结构化

结构化思维课堂按照“总—分—总”的教学结构组织教学过程：第一阶段“导课”，围绕文本内容，提出主要问题或主要任务，以“主问题或主任务”引领课堂教学；第二阶段“分步推进、迁移运用”，将“主问题或主任务”分解为“分问题”，通过模块化的学生活动化解教学重难点，搭建分步推进的学习支架；第三阶段“结课”，通过成果展示、知识梳理、评价反思的方式，归纳概括课堂学习成效，促进知识的迁移与思想方法的形成。

④ 知识能力形成结构化

一是关注知识前移后续，实现整体认知。

长期以来，老师已经习惯于以“课时”为单位的备课、上课模式：备一节课，上一节课；上完一个单元，再上一个单元。这样的点状式教学行为容易导致语文整体知识和学生认知体系的割裂，难以实现语文独特的学科育人价值。在教学中，我们要用更宏观而长远的视野，从知识的整体性出发，变点状式教学为结构化教学。

二是关注单元整体备课，构筑全局视野。

统编版教材从“单元整体”出发，每个单元按照人文主题和语文要素双线组合，齐头并进。同一单元围绕一个比较集中的人文主题选编课文，同一主题的几篇课文都不是各自孤立的，它们围绕本单元共同的语文要素，即必备的语文知识、基本的语文能力、适当的学习策略、良好的学习习惯，来实现教学目标。

⑤ 关注思维培养结构化

思维课堂，以发展学生思维为主线。按学生思维发展的规律，小学语文结构化思维课堂可以提炼为四个阶段：思维挑战（前概念）、思维进阶（问题导向）、思维外化（表达运用）、思维迁移（拓展延伸）。

⑥ 板书设计结构化

小学语文结构化思维课堂的板书设计是结构化、图示化的，一目了然地呈现文本内容、写作特色、中心主旨以及学生的学习方法等几个维度。

（5）提炼了不同文体的结构化教学范式

在课题研究过程中，我们对不同的文体一一进行了专题研究，提炼出了几种主要文体的结构化教学范式。

① 说理文。其结构化教学流程为“提挈中心论点→梳理全文结构→细品段落结构→品读语句结构→迁移仿写段落”。如教学六年级下册的《为人民服务》，一是引导学生提挈论点，感受文本价值之大；二是思考作者围绕中心从哪几个方面来具体论证，其结构设置上具有怎样的特点，明白是从“如何对待生死”“如何对待批评”“如何对待困难”三个方面来写的，感

知逻辑肌理之清；三是细品第二、三、四自然段的段落结构，探知说理方法之妙；四是品读关键词、关联词、排比修辞手法，品味语言清简之美；五是针对第二、三自然段迁移仿写段落，内化结构层次之序。

② 说明文。其结构化教学流程为“说明对象的主要特点及说明方法→模块化设计分问题→细品段落并分析说明方法→总结说明方法及作用→迁移写话→学习课外的说明文”。如教学五年级上册的《松鼠》，一是引导学生找出松鼠的特点及说明方法的作用；二是模块化设计松鼠的外形特点、生活习性两个分问题；三是细品课文相关段落，感受松鼠的外形特点、生活习性，明白作者是用了什么说明方法来写的，这样写的好处是什么；四是进行迁移写话，看视频 ，写一写松鼠是怎样吃食物的，用上相关的说明方法；五是拓展阅读作家布封的《马》，进一步感悟同一作家同写小动物的说明文特色。

③ 现代诗歌。其结构化教学流程为“感受诗歌的结构美→感受诗歌的语言美→感受诗歌的思想美”。如教学一年级上册的《四季》，一是引导学生初步感知每节的结构，通过拓展性的说话训练——创编小诗，引导学生仔细感知每节的微小变化，并模仿每节的结构进行创编，旨在把握诗歌同中有异的结构美；二是引导学生学习文本的拟人化语言，通过说话训练引导学生“用语言”“创语言”，感受诗歌语言的生动风趣、精美和谐；三是引导学生感受诗歌的思想美，从诗中感受大自然的美，从而激发学生热爱大自然、保护大自然的美好情感。

④ 小古文。其结构化教学流程为“引发思维的冲突（导、读）→搭建思维的台阶（问、译）→促进思维的联结（解、析）→实现思维的迁移（仿、拓）”。如教学六年级上册的《两小儿辩日》，按照以上“四步八环”进行教学，一是巧妙导入，点燃冲突；二是层次朗读，抓住要点；三是自主质疑，结构内容；四是借助注释，大胆翻译；五是创设情境，联结生活；六是掌握活词，联结旧知；七是设计练笔，仿写古文；八是拓展阅读，迁移内化。运用“四步八环”的结构化思维教学，使得知识结构化、学习方法结构化、思维结构化。

⑤ 习作。其结构化教学流程为“学习例文→内化方法→随文写话→迁移写作”。如教学四年级下册的“习作单元”，先引导学生精读《海上日出》和《记金华的双龙洞》两篇课文，初步感知“按一定顺序写景物”的方法，再针对文中描写精彩的典型段落，设计片段写话练习，最后进入“单元习作”，让学生确定写什么、如何写等，实现自由创作。

⑥ 整本书阅读。其结构化教学流程为“概括与提取，培养分析性思维→梳理与分析，培养结构化思维→品味与鉴赏，培养创造性思维→感悟与思考，培养思辨性思维→归纳与拓展，培养实用性思维”。如教学科幻经典书目《小飞侠彼得·潘》，按照以上流程设计五大活动，引导学生梳理故事情节、品味人物形象、拓展想象写话、思辨人生观、感悟书中道理，同时培养思维能力。

（6）探索了彰显学生思维发展的教学策略

在具体的课题研究过程中，探索出了小学语文结构化思维课堂彰显学生思维发展的几种主要策略。

① 立足文体特征。不同的文体有不同的特质。小学语文结构化思维课堂立足于文体特质而进行教学，设定适切的教学目标，研讨合理的教学内容，设计有效的教学活动，促使学生掌握与文本相关的知识体系，发展思维能力。

② 形成“问题链”。将问题形成一条“问题链”，才能达到从多角度、多层次、多方式深化课堂教学的目的。“问题链”不是简单的几个问题的组合，它指在一定的学习范围和主题之内，教师围绕一定目标或某一个中心问题，按照一定的逻辑结构而精心设计的一组问题。如教学《祖父的园子》，我们可以设计这样三个环环相扣的问题：为什么萧红眼中的园子是自由的？（因为萧红是自由的。）为什么萧红是自由的？（因为祖父的爱给了她的生命以自由。）祖父是个怎样的人，在她的童年生活中起到了怎样的作用？引读《呼兰河传》的结尾，让学生感悟到“祖父”这个频频出现的词语，背后是萧红对祖父的深情怀念。

③ 植入思维导图。思维导图将结构化思维可视化。在小学语文结构化

思维课堂中，我们鼓励师生以思维导图形式呈现学习成果，借助“图像记忆”的独特优势，帮助学生建构知识体系。

④ 创设生动情境。情境认知理论揭示了人类学习和知识的本质，认为知识具有情境性、生成性及条件性等特征，学习者通过参与真实情境中的活动并用所获得的知识来解决实际问题，才能建构知识意义并真正掌握这些知识。因此，小学语文结构化思维课堂主张教师借助音频、视频、图片、实物等载体创设生动直观、有意义的学习情境，来支持和促进学生有效地学习。

⑤ 促进思维联结。一是由前及后，纵向联结。研究知识的“最初形态”和“发展形态”，定位知识的“现在形态”，培养学生由“点”成“线”的“串联”能力。二是由此及彼，横向联结。体会学科内部、学科之间以及学科与生活之间的关系，培养学生由“线”到“网”的“织网”能力。三是由表及里，内向联结。促进“陈述性知识”“程序性知识”和“策略性知识”的生成，培养学生由“网”到“体”的“结构”能力。

⑥ 开展小组合作学习。小学语文结构化思维课堂倡导充分发挥学生的主观能动性，因此，开展小组合作学习是课堂教学的必备环节。一是学有合作，体现交往性。让学生经历“先学”“自学”“互学”，把学生在探究中形成的观点、生成的问题在一定的场域中交流、碰撞和整合，培养学生的合作意识和交往能力。二是学有展示，体现发展性。让学生将“学进去”的知识“讲出来”，历经知识内化的过程，培养学生的批判性思维和创造性思维。

（7）形成了小学语文结构化思维课堂的实践案例

在两年的教学实践中，形成了一些经典的小学语文结构化思维课堂课例，如说明文《松鼠》、说理文《为人民服务》、现代诗歌《四季》、古诗《九月九日忆山东兄弟》、文言文《两小儿辩日》、散文《海上日出》、课外整本书阅读《小飞侠彼得·潘》等等，为其他学科、其他学校提供了可资借鉴的学习样本。

（8）开发了小学语文结构化思维课堂的观课评课工具

① 课堂观察表

课堂观察是当前课堂研究广泛使用的一种研究方法。小学语文结构化思维课堂借助《课堂观察量表》，从教师的板书设计、学生座位表、教学内容与时间分配、师生关系、资源及媒体的利用六大方面进行全方位、全过程的课堂观察。

② 课堂评价表

在根据小学语文课程标准和太仓区域教学实际提出的学科“活力课堂”基本理念的基础上，结合“小学语文结构化思维课堂”的核心理念开展深度思考，通过全体语文老师的讨论、学科骨干与专家的归纳与提炼、反复研讨与修改，形成了《小学语文结构化思维课堂评价表》。评价表从教师的教、学生的学两个维度进行课堂评价。“教师的教”侧重教师从目标设定、内容选择、过程方法方面促进学生思维的发展，“学生的学”鼓励学生增强学习兴趣，能够在阅读中获得思想的启迪与审美的乐趣，实现学习迁移。

5. 课题研究的过程和措施

（1）小学语文结构化思维课堂研究的主要载体

小学语文结构化思维课堂的研究主要依托两大载体实行：

①“四课”。即教研课、青年教师评优课、行政示范课、新教师汇报课。低、中、高年级三个语文教研组每两周开放一节教研课。课前上课老师根据期初指定的研究主题、规定的课例框架进行备课，课后组内成员及时研讨，上课老师撰写教学反思、修改教学设计。学校每学年举行一次“畅想杯”青年教师评优课，主题紧扣本课题的研究。每学期行政人员都要上示范课，语文老师也要紧扣课题的研究，并发挥示范、引领作用。每学期期末，入职三年以内的新教师们都要上汇报课，借此进一步深化小学语文结构化思维课堂的研究。

②“两组”。即备课组和教研组。小学语文结构化思维课堂的教学研讨还借助备课组和教研组这两大活动平台，进行教材的解读、教学过程的

设计、作业练习的研制等，做到共享共学。

（2）小学语文结构化思维课堂研究的纵向推进

小学语文结构化思维课堂的研究不断地深入推进。

① 期初制订计划，明确研究任务。每学期期初，课题主持人都会制订小学语文结构化思维课堂研究的学期计划，并组织大家学习，让老师们明确学期研究任务。如2020年4月1日，举行“小学语文结构化思维课堂的实践研究”课题研讨活动，课题主持人吴敏敏校长举行讲座，向全体课题组成员阐述课题的核心概念，让老师们厘清什么是结构化思维课堂，再结合具体的案例谈如何做结构化思维课堂教学设计。课题第二主持人曹丽萍老师紧接着具体谈本学期的研究计划与具体工作布置，告知成员们本学期研究的两大主题——科普类、古诗文，低、中、高学段各自确定主题、选择相关课文进行教研课的实践。接着几位教研组长、备课组长分享了各自的结构化思维课堂教学案例，大家进行随机点评。通过本次活动，全体课题组成员对课题研究有了一定程度的了解，对本学期的研究方向、研究任务有了清晰的认识。

② 月月教学实践，主题课例研讨。课题组每月开展研究活动。语文老师们借助“四课”，根据学期研究主题选择相关课文进行结构化教学设计，历经“备课—上课—研讨—撰写反思—完善教案”的研究过程，掌握结构化思维课堂的教学。如2020年5月，开展了“小古文”主题课题研讨活动，曹丽萍、支彩萍两位六年级老师分别执教了《学弈》《两小儿辩日》两堂课，结构化的设计、具有思维张力的问题、学法的渗透在课堂上得以彰显，学生的知识结构化、思维结构化在课堂上得以发展，尤其是曹老师的课设计精心，环环相扣，深度、厚度、温度、效度兼具，给大家做了很好的示范引领。课后，全体语文老师进行了深入的研讨，提出了本节课的亮点与不足，大家在研讨中不断反思前行。2020年7月2日，开展了“科学”主题课例研讨，印念娇老师执教了《要下雨了》，黄志萍老师执教了《海底世界》，大家观摩、评课研讨。2020年11月，举行第五届“畅想杯”评优课，11位语文青年教师结合课题研究，分别执教了《雪地里的小

画家》《凉州词》《忆读书》等。他们使用云平台或希沃新媒体技术来优化教学。2020年11月，吴敏敏、曹丽萍老师分别执教了行政示范课《伯牙鼓琴》《四季》，充分发挥了骨干教师的引领、辐射作用。

③ 专家进校指导，学习有效策略。学校定期邀请各方专家进校指导。如2020年4月30日，学校邀请韩建光老师来校指导，王孙洁、周诗诗、陈洁、闫文佳老师分别介绍了课例《当世界年纪还小的时候》《小壁虎借尾巴》《囊萤夜读》《那时候我们多有趣啊》，大家进行了精彩点评。2020年10月19日，学校邀请了《小学语文教师》主编杨文华老师、上海闵行区小学语文教研员杨献荣老师来校指导。特级教师杨献荣老师执教了《长相思》，杨文华老师给大家做了《让孩子成为积极的阅读者——对构建儿童阅读课程的思考》的讲座。2020年12月14日，学校邀请江苏省特级教师、太仓市经贸小学王晓春校长做菜单式送培，执教了《桥》，并做了讲座《语文深度学习：指向学生精神与言语的品质共生》。2020年12月24日，学校邀请常熟市教科研专家韩建光老师前来参加课题研讨活动，杜典老师执教了《雪地里的小画家》，曹丽萍老师汇报了课题的阶段性研究情况，韩建光老师还指导了日后课题研究的方向。2021年4月13日，邀请了苏州市教科院徐蕾老师前来指导，杜典老师执教了《小毛虫》，曹丽萍老师汇报了课题的阶段性研究情况，徐蕾老师紧接着进行了课题中期汇报指导。2021年5月10日，再次邀请了常熟市教科研专家韩建光老师前来指导，陆艳秋老师执教了《蟋蟀的住宅》，之后五位老师运用思维课堂观察量表，分别从板书设计、学生发言、时间分配、教与学、资源使用等角度进行了评课。最后，韩建光老师做了点评，并进行了思维导图专题指导。

④ 承办教学活动，交流分享成果。2021年5月25日，学校承办太仓市小学、初中语文衔接教学研讨活动，主题为“议论文教学策略研究”。曹丽萍老师和太仓市双凤中学季丽琴老师同课异构，各执教了一节《为人民服务》。曹老师还做了讲座《议论文之结构化思维教学》，阐释了本节课的设计理念。小学语文教研员薛丽芬老师点评了曹老师的课，给予了充分的肯定。

⑤ 开展中期汇报，专家阶段诊断。2021年5月17日，开展了课题中期汇报，江苏省中小学教学研究室朱纷老师、苏州市教科院小学语文教研员许红琴老师、常熟教师发展中心韩建光主任莅临指导，对课题做了阶段性诊断。课题主持人曹丽萍老师执教了《为人民服务》，课题主持人吴敏敏做了课题中期汇报。课题评审组专家还查阅了课题研究过程性资料，对课题给予了充分的肯定，也提出了一些建设性的意见。

⑥ 开展主题活动，物化课题成果。借助教研活动阵地，定期开展了一些主题活动，如学生思维导图主题创作比赛、教师思维导图主题创作比赛、教师教育叙事撰写、教师课堂观察案例撰写等，物化一些课题研究成果。

（3）汇编课题资料，物化课题成果

对于本课题，每个语文老师都参与，人人执教实验课、创作思维导图、撰写教育叙事、撰写课堂观察案例、撰写论文，课题主持人将这些资料一一进行了汇编，物化课题成果。

6. 课题研究的主要成果

在一年半的课题研究中，我们取得了一定的研究成果：汇编了三本文献资料；进行了科普童话、说明文、古诗文、名著阅读、习作教学、散文等不同模块的专题研究，形成了可资借鉴的若干经典课例；完善了以“两组”（教研组、备课组）和“四课”（新教师汇报课、青年教师评优课、行政示范课、组内研讨课）为抓手的课题研究常态机制；课题组成员在全国、省市的公开教学中执教课题研究课，并在各级各类报刊上发表课题论文14篇、教学设计2篇，论文获奖11篇。

7. 课题研究的理性反思

（1）加强理论学习，促进课题升格研究。在本课题研究的基础上，对小学语文结构化思维课堂进行升格研究，再次申报省级课题。教师层面要继续加强理论学习、文献研究，不断以新的理念优化、深化下一阶段的课题研究。

（2）强化课题实践，提升教师设计能力。在课题研究的过程中，发现教师们对结构化教学活动的设计能力还有待提高，特别是“问题设置”“活动设计”这两个方面比较薄弱，要持续、深入地研讨，不断地提升、改进与优化教学实践。

（3）深化思维导图，促进学生思维生长。目前，思维导图的应用与创作还处于初级阶段，今后将深入持久地应用于教学中，不断细化思维导图的内容，从知识导图、写作导图、理解导图、阅读导图、理解背诵导图等方面入手，丰富思维导图的表现形式，更好地培养学生的结构化思维。

（4）优化评价体系，实现思维有效评估。思维是隐性的，如何评估学生的结构化思维力是否得到提升，仅凭一张《思维课堂评价表》肯定是不全面的。对于如何建立全面、合理的评价体系，课题组将持续深化研究。

第三节　研究成果集锦

寻找属于儿童的语言

——孙双金老师《儿童诗》教学赏析

太仓市科教新城实验小学　吴敏敏

近日，有幸聆听了著名特级教师孙双金老师执教的《儿童诗》一课。在课堂中，孙老师给孩子们讲了两首儿童诗：

阳　光（林武宪）

阳光在窗上爬着，

阳光在花上笑着，

阳光在溪上流着，

阳光在妈妈的眼里亮着。

太　阳（梁上泉）

在大海，

太阳是从水里跳出来的；

在平原，

太阳是从土里冒出来的；

在山村，

太阳是被雄鸡叫出来的；

在森林，

太阳是被鸟声闹出来的；

在山顶，
太阳是被________出来的；
在学校，
太阳是被________出来的；
哦！整个世界，
是被太阳照出来的！

短短的40分钟时间里，孙老师以这两首儿童诗为引子，折射出“情智语文”浓浓的情趣和大大的智慧。老师引导学生“寻找属于自己的句子”，儿童在课堂上发现了自己，开掘了自己，构成了一幅童心、童言交相辉映的美好画面，实现了思维、想象层层递进的立体建构。

一、童心——塑造成人的儿童立场

我们对儿童既熟悉又陌生，如果让自以为的熟悉遮蔽了陌生，说到底是以成人的视角遮蔽了儿童。成人世界与儿童世界是两个迥然不同的世界。只有站在儿童的立场上，摆脱成人世界的束缚，才能走进儿童世界，展现一个真实的儿童世界。

孙双金老师在《儿童诗》的教学中，经常将自己“变小”“变矮”，让教师这个成人靠近再靠近一些儿童。他像孩子一般发出疑问：“阳光没有手和脚，怎么爬呢？”他像孩子一般体味：“阳光也喜欢吃甜甜的蜂蜜，所以它会甜甜地笑，对不对？”他像孩子一般兴奋：“说得真棒，让我看看你这颗小脑袋是怎么长的。”他更像孩子一般“弱小”，屡屡发出“求助”信号：“这点我不知道，我要向你学习！”“孙老师不明白，谁来告诉我？”

老师的“示弱”，成就了学生的“强大”。在老师儿童化语言的激励下，学生洋溢着诗情画意的一颗颗童心活蹦蹦地跳跃起来了。

师：阳光在花上笑着，阳光为什么会笑呢？

生：因为阳光掉在花里，花里有蜜，阳光吃了花蜜，所以笑了！

师：阳光是吃蜜的，阳光变成小蜜蜂了！

生：阳光滋润了花朵，阳光觉得很光荣！

生：因为花朵被阳光挠痒痒了，花朵笑了，阳光也开心地笑了！

生：因为花朵非常漂亮啊，所以阳光笑了！

生：花朵很活泼，它就像一个爱笑的小姑娘。阳光被它传染了，也爱笑了！

……

师（赞美、惊讶地）：这种语言是多么美的语言啊，多么奇特的语言啊！只有诗人才能想出这样的话来，真不简单！

著名的特级教师李吉林曾说：我，一个长大的儿童！“长大的儿童”是在更高的程度上再现儿童的本质，其目的在于更好地理解儿童、发现儿童、引领儿童、发展儿童。《儿童诗》教学之所以如此有魅力，是因为在孙双金老师的心里“住”着一个儿童。儿童是谁？儿童在哪里？儿童喜欢怎样的表达方式？他的心里清清楚楚。当教师——这个“长大的儿童”，俯下身来靠近儿童，抑或像孙老师这样“让自己变成儿童”时，儿童诗的魅力、情智语文的魅力便更加光彩熠熠！

二、童言——发掘真实的儿童话语

让孩子真正成为孩子，首先要让孩子说孩子的话。“我为什么喜欢吃糖果？因为我的牙齿喜欢这种味道。大海为什么不停地喊？因为有的海浪跑得太远了，大海妈妈叫它回来。我们为什么要把果核吐出来？因为吃进去会在肚子里长出一棵小树苗……”这就是儿童的思维、儿童的语言、儿童的表达方式。在《阳光》一诗的教学中，孙老师充分尊重儿童的话语方式，展现了一个神奇而美妙的儿童世界。

为了启发引导学生的想象，给予他们自主表达的机会，孙老师设计了运用句式“阳光在（什么地方）________着”，“在山顶，太阳是被（谁）________出来的”，“在学校，太阳是被（谁）________出来的”等自主创作的机会，孙老师鼓励学生：“你能不能也来说一句？说得好，我就给你小诗人的头衔。”

老师的“放手”犹如一根火柴，点燃了学生智慧的火焰！

生：阳光在树上睡着。

生：阳光在我们的脸上笑着。

生：阳光在狮子的背上坐着。

生：阳光在我们的脸上亲着。

生：在山顶，太阳是被秋千荡出来的。

生：在山顶，太阳是被花朵香出来的。

生：在山顶，太阳是被老虎吼出来的。

生：在学校，太阳是被书声唤出来的。

生：在学校，太阳是被小朋友画出来的。

生：在学校，太阳是被食堂的香味馋出来的。

儿童有他独特的情感世界，儿童有他独特的话语方式。他们并不是有些成年人说一句“你懂什么”或“不要胡思乱想”就能打发掉的。儿童诗就是这样，往往在简短的语句中洋溢着饱满的儿童情感，教师在教学时就需要如孙双金老师那样，给予学生大胆表达、自由表达的机会，努力将诗中蕴藏着的儿童独有的内心世界和情绪活动挖掘出来，展现一个真实而美好的儿童世界。难以想象，如果我们把这些奇妙的儿童语言汇编起来，我们还敢说我们捧的仅仅是几页纸，而不是一个个充盈着强大生命能量的“小宇宙”吗？

《儿童诗》教学之所以如此有魅力，不仅在于孙老师在课堂上为我们再塑了“儿童本位”的教育观，发掘了真实的儿童话语，更在于孙老师对学生学习力的培养。他准确地把握住了诗歌教学的特质，在极大程度上发展了学生的思维与想象能力。

三、思维——从“一字之师”到“小诗人”

人的思维是“语言的思维”，语言是思维的“物质外壳”，思维与语言有着密切的关系。在《儿童诗》的教学中，除了感受诗歌的生动有趣，孙老师还设计了一个个思维的爬坡，充分发展学生的语言，促进学生思维的发展。

《阳光》一诗中出现了很多拟人化的动词，但唯独只有第三句与其他各句的拟人化不同，这样写道“阳光在溪上流着”。这个“流”字是写实的，没有将阳光的生命力表现出来，孙老师引导学生成为“一字之师”。

师：爬着，笑着，都变成人了。可第三句话“阳光在溪上流着”，这个“流”字你觉得好不好？你能不能换一个字，把阳光写活？

生（异口同声）：游！

师：除了游呢？我就喜欢不一样的，不一样的脑袋瓜子是独特的，不一样的脑袋瓜子是聪明的！

好一个“不一样的脑袋瓜子”！在他的激励下，学生人人都希望有一个“不一样的脑袋瓜子”，许多意想不到的精彩答案“蹦”出来了！

生：阳光在溪上跳着。

生：阳光在溪上跑着。

生：阳光在溪上飞着。

生：阳光在溪上唱着。

生：阳光在溪上滑着。

生：阳光在溪上躺着

……

仅一个动词，三年级的学生想出了不下20个！一个动词就是一个生命，一个动词就是一种情景，一个动词就是一种情感。“一字之师”赋予了诗歌新的生命，也赋予了学生灵动的思维。

在成为“一字之师”的基础上，孙老师引导学生继续爬坡，先后辨析了“从水里跳出来”和“从土里冒出来”两个动词的不同用法，体会到诗歌用词不仅要优美，也需要准确。最令人佩服的是，孙老师让年仅十岁的孩子思考这样一个问题：“读了《阳光》这首诗，聪明的小朋友想一想，诗的语言有什么特点？”

从一个字的精准，到两个字的恰当，再到一句话的流畅，最后到对诗歌语言特色的解读，孙老师在短短的40分钟内，先后为学生铺垫了四级阶梯，让学生的思维在层层递进中得到步步发展，这对思维的训练是卓有实效的。

四、想象——从“有限可能”到“无限精彩”

国家督学、著名学者成尚荣先生在破解孙双金老师儿童诗教学密码时曾说：“想象是诗之所以成为诗的密码与力量，想象是儿童发展的第三种力量与密码。当密码与密码对接的时候，当力量与力量融合的时候，《儿童诗》教学成功的奥秘，就自然被解开。”

儿童是最富于想象和联想的，他们总是用自己创造性的想象来认识并诠释世界上的一切事物。在他们通过想象而诗化的世界里，花儿会笑、鸟儿会唱、草儿会舞、鱼儿会说……在《儿童诗》的教学中，孙老师让学生用自己的话或者来弥补诗歌的不足，或者来延续诗歌的精彩，鼓励学生不断地开掘“我”,寻找属于自己的句子。

孙老师这样说：“你们每个人都是诗人，你们也来写写，好不好？你能写两句得60分，能写三句得80分，能写四句得100分。”

学生开始写了，大有文思如泉涌的“豪情满怀”。交流时，我们成人无法想象的句子一一蹦跳出来：“月亮在小朋友的梦中亮着”，“月光在我们的心中思念着”……丰富的遐想，让孙老师对他们的评价早已超出了“最高分100分”的限制，“凭这一句我要给你200分”，“你的诗歌能拿到300分”！

“寻找属于自己的句子。”海明威的这句话告诉我们，对生活、对社会的理解应该是一种独立的过程，是把个性蕴藏在文字里边的能力。尤其对于儿童来说，从小培养他们具有独立的思想、自我的意识、自由的精神，远比寻找一个标准答案有意义得多！

（此文发表于《小学教学》2013年第5期）

教师的批判精神与课堂教学建构

——再谈“老师，请站直了教书”

太仓市科教新城实验小学　吴敏敏

［摘要］当今时代，培育学生的创新精神和批判意识，使其成为有独立思想的人，是中国教育的重要任务之一。但受传统教育观念、考试“指

挥棒”等因素制约，教师的批判精神不足也是教育不得不面对的现实。构建具有创造意识的课堂，教师须具备“站直了教书”的勇气与底气，从教学思想、教学内容、教学方法、教学评价等方面形成有效策略。

［关键词］批判精神；课堂教学；事件记忆

全国著名特级教师孙双金老师曾提出“老师，请站直了教书”。孙老师希望所有语文教师能真正地挺直了腰板教书，体现独立人格、思想自由、自我尊严、教学成熟。但是，约束教师批判精神的“条条框框”太多了：领导讲话、各家流派、教学参考、课程标准……这么多的“条条框框”禁锢了教师思想的自由、思维的灵动。下文试以人教版三年级上册第七组第一篇课文《矛和盾的集合》为例，浅谈教师在批判精神引领下的课堂教学建构及其策略。

《矛和盾的集合》是人教版三年级上册第七组的一篇科学寓言。课文讲述了发明家手持矛和盾与朋友比赛。比赛中，他由矛和盾的长处想到了发明坦克，由此说明“谁善于把别人的长处集于一身，谁就会是胜利者”的道理。

一、同一堂课的三次课堂教学建构

1. 一堂四平八稳的好课

教学前，让学生做好充分的预习工作，读熟课文，扫除阅读障碍；教学中，抓住“左抵右挡”“难以招架”“合二为一”“大显神威” 等关键词语，通过联系生活情景、联系上下文，品读重点语段，感悟文本内容。

这样的课堂书声琅琅，学生对语言文字品读精细，语文所独具的“语文味”洋溢在整堂课中，是一节四平八稳的好课。

但是，在这样的课堂中，教师忽视了编者在设计这个单元时的主题目标：本组课文以思想方法为专题，告诉学生应该怎样看问题，想问题，用科学的思想方法思考问题。在这样四平八稳的课堂中，教学过程激不起学生一丁点儿科学思维的火花，学生按照教师既定的路线一步步“行走”下去，毫无悬念，也毫无惊喜。

2. 一堂思维涌动的创新课

教学前，没有让学生做任何预习，学生并不知道上课内容；教学中，教师以“讲故事”的方式讲述发明家发明坦克的过程，随机一步步地梳理课文内容。在思维的“拐点处”喊“暂停”，放手让学生自己猜一猜“下面的故事”。教师设计了以下问题：“对盾要做哪些改进才能让它发挥防御的功能？”“再猜猜，发明家发现这个铁屋子还有什么问题？”“铁屋子还要能进攻，你对它又有什么改进的意见？”“铁屋子还可能存在什么问题？你还能怎么改进?”

在这样的课堂中，学生始终处于积极的思维状态，他们不断地发现问题、解决问题，又发现新的问题，尝试提出更好的解决方法。学生的思维经历了一次又一次“否定之否定”的螺旋式上升的“爬坡”过程。

但是，无论这节课如何精彩，师生始终没有走出教材的框定。从发展学生的批判思维出发，有没有更具思辨性的课堂教学建构呢？

3. 一堂不走寻常路的探究课

将课堂结构一分为二，前半部分以激发学生的积极思维为主要形式，让学生与教材一起经历将矛和盾的优点集合起来发明坦克的过程。课堂的后半部分，挑战学生思维的最高处——对教材“质疑问难”，寻找教材编写中可能存在的不合理之处。例如，“集合”一词是否为最贴切的说法，有没有更合适的表述？比如“结合”“组合”是否合适？矛和盾是冷兵器时代的产物，而坦克是热兵器时代的武器，两者可能实现“合二为一”吗？作者以一个想象中的发明家与朋友比赛的假想故事，链接一个真实的坦克在战场上作战的历史故事，拼接在一起，这样的写法是否科学？

二、拷问三次课堂建构背后的成因

1. “好课”的标准是什么

一直以来，大家对什么是“好课”众说纷纭，评价不一，但无论怎样的说法，大家似乎都承认这样一个观点：语文是一门学习语言文字运用的课程，要培养学生的听说读写能力。于是，在语文课上，教师将丰富学生的语言积累、培养语感作为主要目标，致力于培养学生的语言文字运用能力。就连各类比赛、各级专家评课时，都会考察这节语文课是否突出了语文的“工具性”与“人文性”，若一点没有对语言文字的品读，就会沾上没有“语文味”的嫌疑，这节课就不是“好课”。

2. 教材教参的至高权威是否敢挑战

——唯教材。对很多教师来说，教材就是“圣旨”：书上是怎么写的，我就怎么教。诚然，教材是凝聚了众多编者、专家“智慧的结晶”，但如果把教材“顶礼膜拜”到两眼一抹黑、盲目跟从的程度，那就是精神上的跪拜。

——唯教参。教学参考书是指引一线老师教育教学的日常用书，与老师的教育生活息息相关。但同一本教参，如何通用于所有班级、所有学生？那就需要发挥教师教学的创造性，因地制宜地制订教学方略，设计教学方法。如果我们唯教参是从，那还谈什么教学的独创性呢？

3. 老师是否具备站直了教书的底气

孙双金老师提出，教师要“甩掉背上的重压，摘掉头上的‘金箍’，站直身子，挺直脊梁，放开眼界，在精神上做一个堂堂正正的教书人”。教师除了要具有敢于批判、问难质疑的意识，更需要有“站直了教书”的底气，即课堂构建的教育机智。

教育机智需要老师具备扎实的教学基本功、厚实的人文底蕴，并要求老师要在实践中拥有一颗敏感的心、一双敏锐的眼睛，能不断发现问题，改进教学行为。

三、批判精神指引下课堂教学的建构策略

《语文课程标准》指出：学生是学习的主体。语文课程必须根据学生身心发展和语文学习的特点，充分激发学生的问题意识和进取精神。构建教师批判精神指引下的课堂教学，我们可以从以下几方面着手。

1. 拥有独立的教学思想

国学大师陈寅恪将“独立之精神、自由之思想”作为毕生追求的信念，王国维先生也曾经强调教师的批判意识。教师理应成为批判性思维的倡导者，带着自己的思考去选择、去扬弃，而绝不做“思想的惰者”。

（1）敢于对权威说“不”

《矛和盾的集合》介绍了发明坦克的生动有趣的过程，教材把它当作一个故事来写。如果教师只是依据教材、教参的建议，把教学的重点放在指导学生学习这个故事，体会诸如“左抵右挡”“大显神威”等四字词语的妙处，那就丢失了文本的最大价值——思维方式的训练。

叶圣陶先生早就说过：教材无非是个例子，供教师教学举例而已。如果我们的教师能站着平视教材，对话教材，利用教材，做教材的主人，那就真正达到“站着教书”的境界了。

（2）敢于给教材“纠错”

我们师生每天与教材亲密接触，却很少有人发现其中不太合理甚至错误的地方。即便有一两个学生发现了，大家都会认为：教材怎么会错呢？一定是你自己想错了。殊不知，教材中的确存在一些不够合理的地方。

苏教版六年级下册有一篇课文叫《卢沟桥烽火》。教学时，有学生向我质疑：老师，课文中的插图不对啊！在卢沟桥事变中，最先抵抗日军的是国民党军队，但插图人物是八路军。这不是“风马牛不相及”的事嘛！

如果我们仔细考证，就会发现教材中还有很多类似于“穿越”的例子。假若教师都带着批判的眼光阅读教材，敢于带领学生给教材“纠错”，成为错误假定的发现者与修正者，那么广大教师离教学思想之独立也就不远了。

2. 选择适宜的教学内容

（1）有所选择地教学

一节课只有短短的40分钟，老师总觉得时间不够用：这个要教，那个要学，结果什么都没教会，什么都没学会。“弱水三千，只取一瓢饮”，知识的海洋广阔无垠，即使我们终其一生，也难以穷尽。教学，关键还在于要突破重点，教学习方法。

那么，什么才是重点？

根据文体特征而教，这就是语文教学的重点。

《矛和盾的集合》是一篇科学寓言，以“思想方法”为专题，那么在教学中就不应该将教学的重点仅仅放在对四字词语的品读或者对文本内容的理解上。这是哪一篇课文都可以这样做的。作为“科学寓言”，本课的教学就应该充分激发学生的思维，甚至能够对教材质疑问难。

（2）自主地创编教材

曾经拜读过孙双金老师设计的古诗欣赏主题性单元教学“走近李白”。孙老师以第一课教学主题“李白是仙”，第二课教学主题“李白是人”，第三课教学主题“李白是侠”，让我们认识了一位多面的李白、立体的李白、丰富的李白。在此过程中，教师能够以“教材”为一个“引子”，由点及面，体现了教师对课程的创造与开发能力。

纵然我们与特级教师之间还有很大的距离，无法创编如此系统、精妙的学案，但“创编教材”的意识是否每个教师都应该具备呢？

3. 设计独特的教学方法

（1）内容呈现可采用“事件记忆”

什么样的教学方法最能吸引学生？依据小学生思维发展的一般特点，小学低年级学生以具体形象思维为主，中高年级学生由具体形象思维向抽象逻辑思维过渡，教学中要以生动、形象、直观的形式呈现教学内容。“事件记忆”是一个不错的教学方法。

“事件记忆”指不刻意记住某个人，通过和他发生的这个事来记住这个人。“事件记忆”能激活人的大脑皮层，使人的思维处于积极的兴奋状态。孙双金老师在第十六届“现代与经典”全国小学语文教学观摩研讨会上就运用了“事件记忆”的方式执教了《小偷罢工》。他将“小偷罢工”作为一个故事，从故事的起因入手，层层铺开故事的发展，不时地让学生猜一猜故事会怎样发展。他充分将故事的曲折情节作为教学的亮点，激发学生的参与意识，师生一同创编故事，教学取得了极大的成功。

孙老师的做法给了我们启示：对学生来说，他们并不会在乎老师的教学艺术有多么高超，如果你的课堂能吸引他们，甚至让他们若干年过后仍旧念念不忘，那么教学已经成功了一半。教育的目的不是传授已有的东西，而是唤起学习的热情与生命感、价值感。

（2）问题设计要紧扣“矛盾冲突点”

俗话说：文似看山不喜平。课堂教学也是如此，一节毫无悬念、平铺直叙的课是无法将学生的注意力紧紧地吸引住40分钟的。在课堂教学中，教师要学会“挑事”，挑起文本矛盾的冲突点，将它转化为一个教学问题，创造新情境，诱发学生的积极思维、有效思维。

《矛和盾的集合》中就有很多类似的“矛盾冲突点”：盾已经很好了吗？还可能存在什么不足？铁屋子很完美了吗？还可能有什么缺陷？矛、盾、坦克是同一个时代的产物吗？它们怎么会同时出现？……

抛弃毫无思维含量的“满堂问”“十万个为什么”吧！围绕文本的主旨，紧扣“矛盾冲突点”，设计出具有一定思维含量、思维深度的好问题，它必将能唤起学生思维涟漪。

4. 锤炼精到的教学评价

在一个充满批判精神的课堂中，教师的评价语犹如“釜底”的“薪火”，它能点燃课堂的思维火花，向热烈处燃烧。

（1）坚持“一个中心”

在课堂教学中，要以“平等对话”为中心。老师要积极营造自由、民主的教学环境，激励学生对信息加以决定、推论，区别事实与观点，做出判断和创新。唯有这样，才能培养学生的批判性思维。假若教师的评价语能够富有幽默，以“四点拨千斤”的魅力紧紧吸引住学生，那么对有效课堂的营造也将起到积极的作用。

（2）反对“两个极端”

对于教学评价，我们反对两个极端：一是全盘肯定，二是全盘否定。对于学生的回答，教师不应该以“好！很好！”之类看似满怀激励、实则毫无意义的评价语“全盘肯定”，也不能不问青红皂白、不由辩解地将学生的思想“全盘否定”。有效的教学评价不同化学生的思想，又能鼓励多元和发散思维。

（3）磨砺“三重境界”

第一重境界：善于激励。“好！很好！非常好！”是老师们最常用的激励型评价语。学生在老师的肯定中，树立自信，得到学习的快乐。第二重境界：能够诊断。在肯定学生思维的基础上，能够针对学生思考中存在的问题给予分析，发挥评价语定向引导的作用。老师可以追问：“说得很好！但是，可能其中还有这样一个小问题……”第三重境界：引导调整。有效的评价语能够指引学生根据教师的评价进行积极的内省。教师可以经常性地问问：“嗯，说得很好！但是，有没有比这个更好的方法呢？”引导学生逐步建立良好的反思与总结习惯。

教学评价语的“三重境界”，你达到了哪一重？

教育是民族振兴和社会进步的基石，在注重培养学生创新意识的今天，教师的批判精神尤显重要。突破条条框框的限制，建构教师批判精神引领下的课堂教学，我们需要有“站直了教书”的勇气和底气，更要在教学实践中不断地反思、探究、创造，从而凝聚教育智慧，形成有效策略。

参考文献

[1] 孙双金. 老师，请站直了教书[J]. 小学语文教师，2012（Z1）.

[2] 吴忠豪. 语文课须围绕本体性教学内容组织教学[J]. 小学语文教师，2013（1）.

[3] 郝云峰. 批判反思型教师文化的内涵、特征与构建[J]. 教学与管理（理论版），2013（7）.

[4] 刘永和. 期待语文教学改革的新突破[J]. 人民教育，2013（5）.

（此文发表于《小学时代》2014年第15期）

小学科幻主题课程：让想象插上翅膀

太仓市科教新城实验小学　吴敏敏

[摘要] 想象力是人类创新的源泉，激发儿童丰富的想象力，是通向科学探索的首要步骤。以儿童想象力为核心的科幻主题课程，强调对国家课程的二度开发与对校本课程的创造性实施相结合，开展批判精神引领下的课堂实践，以此来激发学生的想象能力。

[关键词] 科幻；主题课程；想象力

爱因斯坦说："想象力比知识更重要，因为知识是有限的，而想象力概括着世界上的一切，推动着进步，并且是知识进化的源泉。"儿童时代是人一生中想象力迅速形成和发展的高峰时期，培养儿童丰富的想象力比以往任何时候都显得更加重要、更加迫切。以激发儿童想象力为核心的小学科幻主题课程，旨在把儿童天真的思维方式、大无畏的童心、创新开拓的精神引入学习中，以此来充分激发学生的想象力。

一、课程诉求：激发儿童想象力的价值取向

1. 课程满足了儿童探索未知世界的需求

在以书本为载体的教育中，课本永远是有限的。小学阶段的儿童好奇心强，求知欲旺盛，是培养儿童创造性想象的最佳时期。

但据城市儿童想象和幻想课题研究结果显示，目前，较少组织和从来不组织启发幻想和想象活动的学校占了约1/3。[1] 中国儿童的想象力受到压制，是一个社会和文化问题，学校教育在一定程度上也要为此负责。

以激发儿童想象力为核心的小学科幻主题课程，融合了国家课程、校本课程对科幻主题的开发，给予学生广阔、自由的想象空间，在学生发展目标、特色课程建设、校本课程管理评价等方面进行实践探索，会大大激扬学生的想象力与创造力，满足他们探索未知世界的需求。

2. 课程实现了多学科融通的可能

新课标强调："努力改进课堂教学，整体考虑知识与能力、情感与态度、过程与方法的综合。"提倡"跨学科的学习，使学生在不同内容和方法的相互交叉、渗透和整合"中开阔视野，已经成为新课程改革实验的亮点之一。

科幻主题课程，倡导各学科互相渗透、互相融合、优化组合，使各学科之间相互补充、相互促进，从而打破了学科界限，使原有的分科界限逐渐缩小。以《小牛人探访未知世界》主题课程为例，我们整合了语文、美术、科学等学科，形成了横向链接、彼此关照的"课程链"：语文进行科幻童话创作《小牛人来到未来世界》，美术创作科幻画《魔力小牛人勇闯未来世界》，科学研究未来世界的气候、环境变化。通过整合各学科的课程资源，它打破了学校教育的壁垒，突破了书本、教室单一而抽象的学习方式，由此带来了学校教师和学生在教育观念、教育行为、学习途径、学习方式等方面的一系列变化。

3. 课程开拓了社区资源参与学校教育的前景

社区资源的开发和利用已成为世界各国有效提高学校教育质量的有效途径。联合国教科文组织在几次重大国际性会议上一再强调开发、利用社区资源的重要性。《教育：财富蕴藏其中》一书曾指出："家庭、社区成员和社区内各组织的参与是确保教育质量的一个重要因素。"

在学校教育中，我们越来越深刻地认识到：提升社区资源参与学校教育的认识，形成"学校、家庭、社区合力育人"模式，能极大地调动家长和社区参与学校教育的主动性、自觉性和积极性，有助于达成认识一致、目标统一。在科幻主题课程的开发与实践中，社区资源参与下的小学科幻教育是课程设计的亮点之一。依托社区科技资源，延伸学校教育，社区教育与学校教育的相得益彰已经成为学校教育改革和学生健康成长的共同需要。

二、内涵特征：对小学科幻主题课程的理性认识

1. 对“想象力”的认识

想象力，是人在已有形象的基础上，在头脑中创造出新形象的能力。想象力是人类创新的源泉，是人的生活中不可缺少的智慧。从某种程度上说，想象力比知识更重要，想象力概括世界上的一切，推动着社会进步，是知识进化的源泉。

但受传统文化的负面影响，往往鼓励顺从、听话，不鼓励独立见解；鼓励中庸、随大流，不鼓励竞争、冒尖；鼓励稳妥、可靠，不鼓励异想天开……儿童的想象力受到严重束缚。同时，学校教育在激发儿童想象力方面也方式单一，仅限于游戏、绘画、文学艺术等活动。而且在这些活动中，儿童的想象基本受具体活动主题与教师引导的制约，想象的空间与程度都有局限。[2]

人类的历史是创造的历史，而创造的历史就是想象力发展的历史。想象是人进行创造活动的必要因素，儿童想象力的培养势在必行。

2. 对“科幻”的认识

科幻的简单解释是，以科学为基础的幻想，指用幻想艺术的形式，表现科学技术远景或者社会发展对人类的影响。科幻的核心精神是儿童天真的思维方式、大无畏的童心、开拓进取的精神和对科学的积极态度。

科幻，必有依据。对于想象力的发展来说，“自由”是最重要的因素。这种自由包括时间、空间、行为、思想等多方面的自由。但这种“自由”，绝非毫无根据、任意妄为的“自由”。它以科学为基础，是基于科学的合理想象。但令人担忧的是，现在有的所谓“科幻”与科幻精神渐行渐远，诸如把科学技术妖魔化、把未来黑暗化，都不是科幻精神的正确取向。

科幻，激扬创意。当代中国最著名的科幻作家，也是以写“硬科幻”著称的作家刘慈欣认为：科幻最本质、最核心的东西就是与科学技术有关的创意。科幻不是以当前的知识体系为基础，而是以未来的、不断发展着的知识体系为基础去判断事物，它能教给学生如何更加开放地面对未来。

凡是能激发儿童探索无穷的未知世界的做法都值得肯定，凡是可用于探索和辨识世界的想象都值得分享、借鉴与鼓励。

3. 对“科幻主题课程”的认识

科幻主题课程，从课程定位来看，是以国家课程为主体，通过对国家课程中含有“科幻”元素的教材进行二度开发而成的校本课程；从课程特点来看，是基于学校实际发展需要，依赖学校已有的资源，自主独立开发而成的校本课程，是学校自主建构的特色课程。

我们通过整体建构和理性思考科幻主题课程体系，研究如何在语文、数学、英语、科学、音乐、美术、信息技术、综合实践、品德与生活（社会）等国家课程中二度开发“科幻主题”，以“快乐星期三”学生社团活动拓展延伸科幻主题教育，以及在少先队活动课程、“聆听窗外声音”等德育课程中，采用“请进来、走出去”的方式架接起学校教育与社区教育的联系，开发社区资源参与下的小学科幻主题教育，以此来形成小学六年系统化的、符合儿童兴趣需要的、主题化的课程体系。

三、实施策略：小学科幻土题课程的建构与实践

1. 创设环境：让科技气息扑面而来

瑞士心理学家荣格说：“一切文化都沉淀为人格。”余秋雨先生在《秋雨时分》谈话节目中也说：“文化，是一种包含精神价值和生活方式的生态共同体。它通过积累和引导，创建集体人格。”小学科幻主题课程的开发与实践，首先要在校园中形成一种群体文化，利用物的存在创建一种氛围，并利用这种氛围，陶冶学生的情操，启迪学生的心智。

在学校科幻主题特色课程的建设中，学校时时处处彰显物质文化在文化传播中的重要作用。整面的科幻画主题墙呈现在校园的各个区域，色彩鲜艳的科幻画被张贴在校园最醒目的墙面上，惟妙惟肖的建筑模型、精致小巧的科技创意制作更是被摆放在楼道里、教室里……漫步校园，你能随时感受到扑面而来的科技文化气息。依托学校一流的现代化办学条件，学校新建了两个阳光房，一个是蝴蝶屋，供学生养殖蝴蝶，观察记录；一个是蔬菜

种植棚，学生在里面种植了四季蔬菜，开心地当起了“小农夫”。有的学生还建议要开展无土栽培实验，想与蔬菜种植棚的同学进行比赛，通过种植同一种蔬菜，分组实验，看看到底哪一组种植的蔬菜长得更快、更好……

2. 开发课程：形成科幻课程整体建构

根据学生接受教育的普及面，小学科幻主题课程包括两大类型，七种具体课程：

（1）普及参与型：面向全体学生，以激发学生对科幻的兴趣为主，引导参与，进行大众科技知识的传播。这类课程全校学生均必须参加，确保学时，从而形成广泛而坚实的科技活动基础。（涉及课程：电影欣赏课程、阅读创作课程、综合主题课程）

（2）拓展探究型：面向部分学生，学习目标较之“普及参与型”的课程要求有较大提高，是对基础课程的发展与提高，以此形成科幻活动的骨干力量。（涉及课程：绘画手工课程、魔术表演课程、奇幻短剧课程）

太仓市科教新城实验小学科幻主题课程一览表

课程内容	实施要点	实施途径
电影欣赏课程	1. 看一看：科幻电影	日常
阅读创作课程	2. 读一读：科幻文学作品	日常
	3. 写一写：科幻童话、科幻小说	
绘画手工课程	4. 画一画：科学幻想画	绘画社团
魔术表演课程	5. 做一做：奇妙的科学小实验	科技社团
奇幻短剧课程	6. 演一演：科幻儿童剧	戏剧社团
综合主题课程	以综合实践研究课为平台开展长、短线研究	研究性学习

对于小学科幻主题课程的整体建构，我们兼顾了课程的横向拓展与纵向延伸。

横向拓展——课程之间融会贯通，体现课程的联动性。

世界是一个整体，各种事物之间有着密切的联系。在新课程改革的今天，我们应该清醒地意识到，学科之间的相互渗透和融合，是现代课程改革的趋势。我们完全可以打破学科间的壁垒，使其融会贯通，以弥补分科教学所带来的遗憾。以“科幻”为主题，各课程之间形成一条指向明确、相互关联的“课程链”：电影欣赏课程（激发学生兴趣、触动学生创造思维）→阅读创作课程（学生创编科幻故事）→绘画手工课程（设计科幻故事中的形象）→ 动漫设计课程（将文本故事变成影视作品）→奇幻短剧课程（将科幻故事搬上舞台演出）。

纵向延伸——学段之间上下贯穿，体现课程的层次性。

知识有系统的体系，尽管不同的学段对知识的达成目标不尽相同，但学段之间、知识的前后之间能串联成一个完整的体系。把知识比作一条线段，在教学中我们可将有限的线段向前后延伸作射线，将旧知与新知加以综合，使知识更为系统化。

科幻主题课程在建构时充分考虑到课程内容的层次性，在课程的纵向上重点研究上、下年级之间的衔接，使活动内容有层次性，体现一定的梯度。低年级为兴趣培养，学生以观察了解的方式加入学校的科幻教育中；中年级为科技素养的发展阶段，以动手动脑、实验操作为主；高年级为科技素养的提高阶段，以发明创造为主。各年级校本课程既体现连续性又相互独立，将科技意识、科技知识、科技技能贯穿于实践活动中，加强校本教育的针对性和科学性。

例如“科幻创作写作”课程，分低、中、高三个年段逐步推进：低年段以科幻的绘本阅读为主，中年段以科幻童话故事为主，高年段以科幻小说为主，从绘本到童话，再到小说，课程内容逐级爬坡，为学生的学习搭建了一个个台阶，体现了知识之间的纵向衔接。[3]

3. 走进课堂：批判精神引领下的课堂改革

课堂是教学的主阵地，以儿童想象力为核心的科幻主题课程，倡导开展批判精神引领下的课堂改革，强调民主和谐的教学氛围、普遍怀疑的科学态度、自我认知的主体意识。

（1）提供土壤——创设民主和谐的教学氛围

教育心理学家罗杰斯指出：“有利于创造活动的一般条件是心理的安全和心理的自由。”一个人在心理上感到安全和自由时，他就不会害怕表现和发展他的创造性思维 。

民主和谐的课堂，首先要求教师改变教学模式，自觉地引导和启发教学，通过多样化的情境，实现课堂教学民主化；其次，师生的对话要基于“平等”，通过言语与非言语的形式鼓励学生进行批判性思维，善于引导学生对信息加以决定、推论，区别事实与观点，做出判断和创新；再次要给学生充分的思考时间，从学习、理解到表达，需要一定的过程。教师不能急于求成，给予学生充分的时间思考对发展创造性思维极为重要。

(2) 帮助生长——鼓励普遍怀疑的科学态度

“怀疑一切”是哲学的批判性思维的基础。质疑问难是创造的种子，“疑”是经过深入思考、主动探究之后才产生的。小疑则小进，大疑则大进，不疑则不进，学生能提出有价值的疑问，本身就是一种重要的创造能力。

倡导批判精神引领下的课堂教学，我们要将质疑作为教学的重要活动形式，敢于对权威说“不”，敢于给教材“纠错”，使学生在质疑中完善认知结构，在质疑中学会批评与自我批评，逐渐形成既谦虚谨慎又勇于创新的个性品质。

当然，“怀疑一切”不等同于“否定一切”。我们提倡的是理性的怀疑，反对的是“否定一切”的盲目怀疑。哲学的怀疑精神要求人们既尊重知识，又不迷信权威；既相信书本，又不被书本所束缚，从而达到独立人格形成与批判性思维成熟的同步发展。

(3) 找准路径——建构自我认知的主体意识

建构主义学习和教学的一个重要特征是鼓励学生的自我分析、自我调节、自我反省和自我意识活动，认为学生个体在调节和控制学习的过程中起核心作用。批判性思维的研究与教学的发展是对建构主义学习理论的积极回应。

在课堂教学中，我们要彰显“以生为本”的教学理念，为学生创设一定的情境，借助外部学习环境，利用必要的学习资料，通过学生有意义的自我建构方式而获得知识、技能与情感态度价值观的发展。

4. 设计活动：做儿童喜欢的科幻教育

活动的性质和特点，决定了它在教育过程中能够发挥特有的作用。要让科幻走进每个学生的世界，做学生喜欢的科幻教育具有无穷的生命力。

社区资源参与下的科技活动。社区资源的开发和利用已成为世界各国有效提高学校教育质量的重要途径。利用学校地处太仓市科教新城这样一个有利资源，学校广泛开展了基于社区资源参与下的小学科技实践活动。走访大学科技园的创客空间，亲身体验3D打印机；邀请科学研究所的“科学家伯伯”进校园，现场讲解“风云二号”研制过程……社区教育作为学校教育的拓展与延伸，发挥了学校教育所无法企及的作用。

科学幻想“六个一”活动。学校开发了“六个一”的科幻教育活动：看一看（科幻电影）、读一读（科幻文学作品）、写一写（科幻童话、科幻小说）、画一画（科学幻想画）、做一做（奇妙的科学小实验）、演一演（科幻儿童剧）。这“六个一”的活动充分尊重儿童爱动手、爱动脑的年龄特征，在生动有趣的活动中寓教于乐，激发学生的创造性想象。

在科技迅猛发展的今天，学校从地域特色与学生发展出发，提出了建设以儿童想象力为核心的小学科幻主题课程。它给了学生自由的想象空间、创新的思维方式及对科学探索的积极态度。学校将继续以“科技点燃智慧，教育成就梦想”为办学宗旨，让每个孩子兴致盎然地走在科学发现的旅程中。

参考文献

［1］李萍. 想象旅行：信息技术支持学前儿童想象力开发新探究［D］. 南京：南京师范大学，2010.

［2］韩育红. 浅谈数学教学中如何培养小学生的创造力［J］. 新一代（下半月），2014（1）：78.

［3］白翠霞. 作文教学中想象力培养的探讨［J］. 读写算（教研版），2015（3）.

（此文发表于《江苏教育研究（实践版）》2016年第2B/3B期）

作文启蒙：向下深扎三层根基

——浅谈起步作文的有效教学策略

太仓市科教新城实验小学　吴敏敏

[**摘要**] 作文是学生认识水平和语言文字表达能力的综合体现。在小学一、二年级学生从口语向书面表达过渡的转型期，应基于语言发展规律，抓住小学低年级儿童想象活动占主导地位这一特征，向下深扎字、词、句等语言基本单位的训练，向上发展学生可贵的想象力，向外打开语言实际运用的通道，形成作文启蒙教学的整体建构，从而为三年级的起步作文奠定根基。

[**关键词**] 口语；书面语；语言转换；语言发展规律；作文启蒙

作文教学是语文教学的重要内容，也是语文教学的难点。基于语言发展规律，抓住小学一、二年级作文教学的启蒙阶段，形成作文启蒙教学的整体建构，能让学生较为顺利地从口语表达过渡到简单的书面语表达，从而为三年级的起步作文奠定根基。

一、语言转换阶段：不得不直面的三种误解

小学一、二年级是儿童语言发展的转换阶段。在运用口头语言交流时，绝大多数学龄前儿童几乎都不存在障碍。而一旦进入学校，要用文字来表征口头语言，尤其谈到“写作文”时，就显得困难重重。究其原因，从三种误解中能略窥一斑。

1. 误解一：“作文不用早学，以后再说”

提起作文，很多人认为，这要等到小学三年级才开始学。至于在学生刚刚踏入小学，大字不识几个的一、二年级，谈学作文还太早。殊不知，这一误解让很多学生错过了学习作文的“黄金期”。

2. 误解二：“作文不用多学，天赋注定”

有人认为，能不能学好作文，主要靠天赋。有的人生来情感丰富，善

于言辞，自然能写一手好文章；有的人生来性格沉闷，不善言辞，自然不会写文章。不可否认，作文作为表达能力的综合体现，与个人的性格、天赋等先天因素有一定的关系，但后天的学习是起到决定作用的关键因素。

3. 误解三："作文不用苦学，套点范文"

尽管作文命题范围广，也仅仅是写景状物、写人记事、说理抒情等几类。在小学阶段，主要以写记事类作文为主。出于功利，有的教师及家长喜欢让学生抄范文，背范文，到考试时略微改头换面，套用现成，以大篇幅的好词佳句博个高分。这样的做法，极易让学生对作文学习的目的产生误解，无法激发学生主动习作的良好动机。

因此，要抓住时机，在小学生刚入学，还处于口语向书面语转换的阶段，通过一、二年级作文启蒙教学，促进利用口头语言这一"已经形成的认知结构"去"同化"文字这一"外界因素"的过程发生。[1]

二、夯实基础，语言发展的"根"要向下深扎

1. 扎根第一层：训练要实，但不僵化

作文启蒙教学，从何入手？一直以来，这是一个争论不断的问题。有的专家认为，启蒙阶段无须严格要求，兴趣第一，想怎么说、怎么写都不应加以限制，以免抑制学生兴趣。但是，根据"从动机走向目的"的心理学规律，在作文启蒙阶段，必须切实抓好语言文字基本功的训练。

以一年级下学期"写一句话"的教学内容为例，首先要明确教学目标：把句子写得通顺，语气连贯，即句子成分指代明确、句子结构完整、句子中词语搭配得当；其次要设计序列化的教学步骤，如学生最低限度应该掌握陈述句、疑问句、感叹句三种单句的句型，最少掌握连续、并列、因果等句群结构。教师不必明说这些语法知识，但应该自己心中有数。

当然，对字、词、句等语言基本功的训练，并不意味着语法教学就是理解概念性的知识，而是应该用知识来指导学生正确规范地运用语言，重视在运用过程中将知识转化为技能。就目前而言，对于语言基本单位字、词、句的训练，我们不是研究得过多了，相反是远远不够的。在训练上，

我们要遵循语言发展规律，重科学，讲策略。

2. 扎根第二层：积极模仿，但不固化

在儿童语言学习中，模仿起着重要作用。大量的研究和实践都已表明：儿童主要靠模仿来丰富语言。学生学语言的过程就是语言模因复制、传播的过程。[2]

（1）仿其文——习优美词句

小学语文教材中有大量的美文，教师要鼓励学生诵读、仿写，习得文本的妙词佳句，内化为自身的语言。

学过了课文《美丽的丹顶鹤》之后，学生在写自己喜欢的小动物的外形时，不由自主地这样写："小兔子有一身雪白的绒毛，只有眼睛是红的，就像一颗红色的玻璃弹珠镶嵌在雪白的脸蛋上。"这不正是知识的迁移与运用吗？

（2）仿其格——习框架结构

像建筑师造房子，一篇文章的谋篇布局至为重要。但对于低年级学生来说，谈谋篇布局尚早，我们可以通过引导学生模仿范文的句式、结构来初步感受。

苏教版小学语文二年级上册《练习1》中有一首小诗《秋天到》。这首诗句式整齐、结构匀称，便于学生学习运用。在熟读成诵的基础上，引导学生学习诗歌的写法，自编自创小诗《春天到》《夏天到》《冬天到》，形成"一年四季"专题性诗集，特别有意义。

（3）仿其法——习写作方法

为了使文章更加生动，更好地传情达意，我们会使用一些写作技巧。虽然我们在低年级阅读教学时不便明说"这句话运用了比喻的修辞手法""这个词语是拟声词"等等，但是有意地引导学生运用同样的方法来说话、练笔，不失为一种丰富语言积累的有效方法。

苏教版小学语文二年级上册第4课《乡下孩子》一文中有很多量词，诸如"一只蝴蝶、一片草叶、一篮野菜"，也用了很多优美的形容词修饰，诸如"欢唱的黄鹂、盛开的野菊、美丽的故事"等等。在教学时，教师有意引导学生模仿课文的句式，完成小诗《城里孩子》。学生们兴趣盎然，精彩的语句跃然纸上："曾是奶奶怀里，搂不够的心肝宝贝"；"打一个游戏，能安静整个下午"；"上不完的兴趣班，一个连着一个" ……

模仿是一座桥梁，在作文训练中，学生通过仿写达到独立创作。在作文启蒙阶段，通过这样的方式，让学生凭借课文例子，举一反三，在积累文本语言的同时习得作文的技巧，为语言文字的综合运用夯实基础。

3. 扎根第三层：由仿到创，形式优化

在作文启蒙阶段，如果一味地进行字词句的基本训练，千篇一律地模仿写作，会让学生失去习作的兴趣，会对学生作文训练产生消极作用。因此，教师在着眼于引导学生学习范文进行仿写的基础上，还要训练学生的独创思维，鼓励其进行自创。

（1）补一补

根据表达的需要，课文的语言有时会有意留下空白供读者品味。这些空白处正是进行随文写话的训练点。

苏教版小学一、二年级语文教材中能进行补白的练习有很多：《青蛙看海》中登上山顶的青蛙会自豪地说什么；《蜗牛的奖杯》中背上重重壳儿的蜗牛会后悔地说什么；《"黑板"跑了》中安培在"人来人往"的大街上会看到什么，听见什么……教师抓住这些空白处，可以诱发学生大胆想象，自由补白，培养口头作文能力。

（2）续一续

教材中有许多生动有趣的童话、寓言、儿童诗，学生喜闻乐见。我们可以利用学生的这种爱好，进行续编故事的训练。如学完《狼和小羊》一课后，让学生续编故事："小羊是否被狼吃掉了呢？"学完《小动物过冬》后，让学生发挥想象：第二年春天，青蛙、小蜜蜂、小燕子再次相聚，会如何谈论各自的冬天是怎么过的？

对文本的续编能让学生再次融入课文情境，挖掘、发现教材中有用的材料，为写话提供线索和素材，在一定程度上降低了写话的难度。

（3）编一编

著名教授钱理群说过："语文课应是一种精神漫游，应该是好玩的、有趣的。"自编故事的形式给了学生更大的创造空间，他们在创新的思维过程中又向神秘的写作跨近了一步。

教材中的寓言童话故事也可以用来改编。如学完《狐假虎威》后，引导学生以《狐狸和老虎又相遇了》为题续编故事。学完《谁的本领大》后，引导学生思考：除了风和太阳要比本领，谁和谁也会比本领呀？适时拓展沪教版一年级教材《谁的本领大》，看看嘴巴和手是怎么比本领的，最后让学生自己也来创作一个"比本领"的小故事。

小学一、二年级是学生从口语到书面语的转换阶段，也是作文启蒙教学的关键时期。遵循儿童语言发展规律，进行科学有效、整体建构的序列化研究，必能使作文启蒙教学取得实效，从而为三年级的起步作文做好准备。

参考文献

[1] 耿会芳. 遵循认知规律，提高引导水平[J]. 读与写（上、下旬），2014（12）.

[2] 顾正文. 鼓励自由表达，注重语文基础：探索小学作文有效教学策略[J]. 小学作文辅导，2012（10）.

（此文发表于《作文成功之路》2016年第3期）

指向学生想象力发展的科普童话教学

——苏教版小学语文科普童话教学浅析

太仓市科教新城实验小学　吴敏敏

[**摘要**] 科普童话是小学语文教材的重要组成部分，苏教版小学语文教材中的科普童话情节有趣，语言生动，浅显易懂，深受学生喜爱。但因科普童话数量少、侧重知识传授、过于凸显对客观生活的反映等因素，苏教版小学语文教材中的科普童话并未完全打开学生的想象。可以通过紧扣

科普童话文体特色、巧用文本留白、建构放射性的课外阅读体系等方式进一步为学生的想象力发展提供可能性。

[关键词] 想象力；科普童话；放射性课外阅读；留白

爱因斯坦曾说：想象力比知识更重要。现代社会需要的创新型人才，其基本素质之一就是具备丰富的想象力。在小学语文教学中，借助科普童话教学，培养学生对自然科学的兴趣，启迪学生对未来远景的期待，成为激发学生想象力的有效途径之一。

一、科普童话——苏教版小学语文教材中的一抹亮色

科普童话是童话的一个分支。它以科学知识为内容，通过想象、象征、夸张等手法塑造形象，介绍自然科学和社会科学知识。科普童话既富于科学的启迪，又具有文学的魅力，深受学生喜爱。

苏教版小学语文教材中的科普童话主要分布于一至四年级，有《我叫"神舟号"》《小松鼠找花生果》《小动物过冬》《蚕姑娘》《小稻秧脱险记》《航天飞机》《水上飞机》《跟踪台风的卫星》等课文。

二、科普童话与学生想象力发展的关系

1. 科普童话激发了学生对未来世界的探索兴趣

当今世界处于全球信息化的背景下，学生科学素养的养成是参与现代生活、未来世界的重要素质基础。科普童话把科学的理性概念化作为幻想的感性形象，实现了科学内涵和童话构思的巧妙结合。

《我叫"神舟号"》介绍了中国研制的"神舟号"飞船；《小稻秧脱险记》介绍了喷雾器和除草剂具有消灭杂草的功能；《航天飞机》从普通飞机的视角介绍了航天飞机的外形与特点；《水上飞机》介绍了水上飞机的广泛用途；《跟踪台风的卫星》讲述了第三代气象卫星监视台风动向，为人类预防台风袭击、减少损失做出贡献……这些科普童话所描绘的科技成果，能够吸引学生对科学研究的兴趣，激发学生探索科学世界的热情。

2. 科普童话保留了学生天真的思维方式

科普童话具有浓厚的幻想色彩，在作者的笔下，花草树木、鸟兽虫鱼乃至整个大自然都可被赋予生命，有血有肉，无所不能。

《我叫“神舟号”》中有美丽的嫦娥姐姐，她时刻思念着家乡；《航天飞机》中庞大的航天飞机能够“腾空而起”，“转眼间便飞得无影无踪”；《跟踪台风的卫星》中第三代气象卫星能在“离地面300千米的高空”，时时刻刻紧紧地跟踪台风……

学生是生活在童话世界里的群体，站在童话的角度去介绍科学知识，去引导是非，这种方式与学生天真的思维方式相吻合。如果成人总是以成人的眼光来思考问题，用成人的大道理去教育他们，那么学生会觉得我们啰唆，也会抹杀孩子的天真。

当然，天真不等于浅薄和幼稚，天真是一种信念：坚信人类可以了解宇宙，可以通过科学技术创造出种种奇迹，人类的脚步可以航行到宇宙的边界。

3. 科普童话给学生提供了广阔的想象空间

从建构主义心理学来讲，只有以未来的、不断发展着的知识体系作为基础去判断事物，学生的想象力发展才拥有广阔的空间。

科普童话不仅仅描述一些科学概念，更传达出多种人对科学的理解以及学科之间、科学与社会之间的复杂关系。在科普童话中，幻想是主体，是核心。科普童话中的主人公能上天入地，除了能奔走在时空到达的所有地方，还能超越时空，进入无限想象的空间。这些离奇的情节、浓烈的幻想、超越时空制约的构思，能给学生提供广阔的想象空间，从而更好地辅助学生完善知识框架建构。

4. 科普童话激发了学生对科学的积极态度

培养学生的科学素养，不但包含着对科学知识的传递，更包含着科学精神、科学思想、科学方法等多种不同内容的教育。科普童话教学，要以充分激发学生的想象力、创造力为基础，把学生天真的思维方式、大无畏的童心、开拓进取的精神、对科学的积极态度引入其中。它更好地满足了学生探索未知世界的需求，包含着以生命为核心的追求自由精神的教育，以文化进步为核心的面向未来的教育，以人的发展为核心的人格完善和智能发展的全面素质教育。[1]

三、与苏教版小学语文教材商榷科普童话

由于科普童话对于学生想象力的发展具有如此深远的意义，苏教版小学语文教材也收录了多篇科普童话。将这些科普童话置于小学六年12册语文教材及促进学生想象力发展的视野下考量，我们试与苏教版小学语文教材共同商榷以下问题。

1. 重知识——难以动摇的知识本位

纵观出现在苏教版小学语文教材中的若干篇科普童话，都是以知识教育类为主。大部分教师在教学这类科普童话时，往往会从“科学性”的角度出发，重点向学生介绍课文中包含的科学知识。

这样的教法，能增长学生的科学知识，但对学生想象力的发展并不是最佳的形式。知识类童话遵循的是抽象思维而非形象思维。过多地侧重科学知识传授，课堂理性有余而想象不足，在一定程度上会遏制学生想象力的发展。

2. 太写实——过于现实的客观呈现

美学家王朝闻曾指出：“艺术幻想，是作家不满足于模仿现实固有的形态，而按自己新的需要从而虚构形象的创作方式。” 优秀的童话作家都善于利用这一方式去反映生活，将幻想和现实巧妙地联系起来，反映他们对客观现实的认识。

苏教版小学语文教材中选入的科普童话有近10篇，按其表现形态，均为拟人体的童话故事。这些故事中虽有大胆丰富的想象，却无法摆脱对现实生活近景的客观呈现。从想象力发展的角度出发，超人体童话的幻想意味最强，留给学生的想象空间最为广阔，但苏教版教材中并没有编入。发展学生的想象力，不仅需要童话，更需要一些具有想象意味的超人体童话。

3. 少经典——绝大部分是编者编写

经典是几代人的传承，代表了我们无法逾越的历史和必须接受的传统。任何一种语言的语文教材都是以自己母语中的经典作品和一定比例的其他语种的翻译作品构成的。

苏教版小学语文教材中出现的近10篇科普童话，均为教材编写者编写。古今中外经典的科普童话去哪儿了？洋溢着浓浓的时代气息的科普童话去哪儿了？编者编写的作品，诚然作品质量也很好，但力透纸背的经典是其他作品无法替代的。

四、基于学生想象力的发展，我们怎么教好苏教版的科普童话

既然科普童话对于发展学生的想象力具有如此深远的影响，而重编、修订教材又非一朝一夕能够做到，那么，我们唯有用好手中的教材。基于现有教材，从发展学生的想象力出发，我们可以这样教科普童话。

1. 拓宽阅读：给想象力一个厚实的根基

在学习的世界里，课本永远是有限的。要培养学生的想象力，仅凭小学语文教材中屈指可数的几篇科普童话是远远不够的。语文学习的外延是大量的课外阅读。老师要帮助学生构建放射性的课外阅读体系，以课文为基点，向同题作品、同类作品、同一作家的其他作品辐射，提高学生的视野开阔度、认识深刻度、思维敏锐度。

（1）读经典的科普童话——与经典相伴

每个时代都会产生大量的文学作品，而经过时间的淘洗，只有少数优秀作品能在广大读者中得到流传，慢慢成为大家公认的经典。语文教学，要让学生与经典相伴，从小耳濡目染古今中外优秀的文学作品，夯实文化底蕴和根基。小学阶段，我们可以向学生推荐《十万个为什么》《夏洛的网》《小王子》《爱德华的奇妙之旅》《哈利·波特》《小牛顿科普馆》等科普作品，让经典文学为学生想象力的发展提供原动力。

（2）读最新的科普童话——与时代同行

我们不能让现在的孩子还停留在看《霹雳贝贝》《圣斗士星矢》，不懂

的问题只能指望“一个白胡子的科学家”为大家答疑解惑的年代。阅读材料要紧跟时代发展的脚步，向学生提供最新的童话信息。《哈利・波特》《冰雪奇缘》《魔戒》《纳尼亚传奇》等洋溢着时代气息的经典作品都应该进入学生的阅读世界。中高年级的学生甚至可以阅读荣获第73届“雨果奖”最佳长篇小说奖的科幻“神作”《三体》。这些具有典范性和时代气息的科普作品，提供了最新的科学信息，更易被当代学生所接受，更易唤起他们的遐想。

（3）读外国的科普童话——与世界接轨

在经济全球化的今天，阅读也是开放的，有选择性地引进一些一流的世界科普童话，不仅能给我们的科普童话创作以启示，也能为基于学生想象力发展的小学科普童话教学提供最佳的课程资源。

在欧美国家，科普阅读已经成为一个完整的体系，国外对学生想象力的重视程度也显然更高。在指导学生阅读科普作品时，要引导学生将阅读的视角从国内扩展到国外，到世界文学宝库中欣赏最优美、最动人的科普童话，做到“与世界接轨”。

2. 创设情境：给想象力一片广阔的大地

教学科普童话，“知识性”和“趣味性”是老师关注的两大元素。以发展学生想象力为核心的科普童话教学，趣味性比知识性更重要。

要做到这一点，就必须充分借助“童话”的文体特色，将朗读、表演等方式作为主要的学习手段。

在教学《跟踪台风的卫星》这篇科普童话时，学生最感兴趣的就是两个形象分明的人物：台风、卫星。它们生动、富有个性的人物语言，让学生读来情趣盎然。在教学时，我们要始终抓住人物的语言进行“读中感悟”，采用多种形式的朗读让课文教学“活”起来，并在朗读中加强学生的创造性与表演性的训练。整节课，“读”始终伴随着文本的学习，学生读得热火朝天；整节课，“演”始终贯穿于教学的每一个环节，学生演得如痴如醉。他们已经完全沉浸在“台风”与“卫星”相互较量的情境中，一颗颗小脑袋被激活，创造的火花被点燃。

3. 巧用留白：给想象力一个喷薄的出口

留白，是我国传统艺术的重要表现手法之一，原指书画艺术创作中为使整个作品画面、章法更为协调精美而有意留下相应的空白。在语文教学中，老师要善于抓住作者有意或无意留出的“空白”，进行书面、口头的语言训练，引导学生去想象，去创造，去挖掘，从而发展学生的想象力。[2]下面，试以苏教版小学语文一年级上册《我叫“神舟号”》为例，阐述如何巧用留白。

（1）基于现实的续编——老师可以这样问

师：小朋友们，嫦娥姐姐说“我真想和你回家看看”，如果她真的跟着“神舟号”飞船弟弟回家了，她会看到哪些与她当初离开时不一样的场景？

【设计意图】科普童话都有现实生活的影子，是对生活的一种客观呈现。在教学时，我们可以引导学生描述生活中的一景一物，发展学生的观察能力与表达能力。

（2）指向未来的创编——老师还可以这样问

师：小朋友们，嫦娥姐姐跟着“神舟号”飞船弟弟回家了，看到了好多与她离开时不一样的场景。想象一下，再过十年，她又回到了地球，她还会看到哪些与今天所看到的不一样的场景？

【设计意图】两次想象说话，第一次说话指向“今天”，让学生描述今天的生活；第二次说话指向“明天”，让学生展开大胆的想象，想象十年后的生活。

优秀的童话能将现实与虚幻联系在一起，制造一个存在于人们身边的童话世界。[3]在科普童话教学中，我们也要为学生营造一个现实与虚幻结合的世界，抓住科普童话中丰富的想象以及超越时空制约、亦虚亦实、似幻犹真的境界，对作品中未定的内容进行大胆畅想。这种天马行空的幻想对学生想象能力的培养大有裨益。

科普童话对学生想象力的发展有着独特的作用。它对科学知识的传播，以及在培养和提高学生想象力方面将产生深远的影响。借助苏教版小学语文教材中科普童话的有效教学，将为学生想象力的生长提供无限可能性。

参考文献

[1] 尧新瑜，张红玉. 还给儿童想象的翅膀：对苏教版小学语文教材童话选编的思考［J］. 现代教育论丛，2014（1）.

[2] 杜伟，叶伟娟. 论苏教版小学低年级语文教材中的童话选材［J］. 南阳师范学院学报，2008（11）.

[3] 李翠亭. 科学童话的特点及对少年读者的影响［J］. 价值工程，2012（35）.

（此文发表于《教育视界》2016年第14期）

从口语到书面语：基于语言发展规律的作文启蒙教学

太仓市科教新城实验小学　吴敏敏

［**摘要**］作文是学生认识水平和语言文字表达能力的综合体现。在小学一、二年级学生从口语向书面表达过渡的转型期，应基于语言发展规律，抓住小学低年级儿童想象活动占主导地位这一特征，向下深扎字、词、句等语言基本单位的训练，向上发展学生可贵的想象力，向外打开语言实际运用的通道，形成作文启蒙教学的整体建构，从而为三年级的起步作文奠定根基。

［**关键词**］口语；书面语；语言转换；语言发展规律；作文启蒙

作文教学是语文教学的重要内容，也是语文教学的难点。基于语言发展规律，抓住小学一、二年级作文教学的启蒙阶段，形成作文启蒙教学的整体建构，能让学生较为顺利地从口语表达过渡到简单的书面语表达，从而为三年级的起步作文奠定根基。

一、语言转换阶段：不得不直面的三种误解

小学一、二年级是儿童语言发展的转换阶段。在运用口头语言交流时，绝大多数学龄前儿童几乎都不存在障碍。而一旦进入学校，要用文字

来表征口头语言，尤其谈到“写作文”时，就显得困难重重。对于作文启蒙，普遍存在三种误解。

1. 误解一：“作文不用早学，以后再说”

提起作文，很多人认为，这要等到小学三年级才开始学。至于在学生刚刚踏入小学，大字不识几个的一、二年级，谈学作文还太早。殊不知，这一误解让很多学生错过了学习作文的“黄金期”。

2. 误解二：“作文不用多学，天赋注定”

有人认为，能不能学好作文，主要靠天赋。有的人生来情感丰富，善于言辞，自然能写一手好文章；有的人生来性格沉闷，不善言辞，自然不会写文章。实际上，作文是对表达能力的综合体现，后天的学习对其起到了决定性作用。

3. 误解三：“作文不用苦学，套点范文”

尽管作文命题范围广，也仅仅是写景状物、写人记事、说理抒情等几类。在小学阶段，主要以写记事类作文为主。出于功利，有的教师及家长喜欢让学生抄范文，背范文，到考试时略微改头换面，套用现成，以大篇幅的好词佳句博个高分。这样的做法，极易让学生对作文学习的目的产生误解，无法激发学生主动习作的良好动机。

因此，要抓住时机，在小学生刚入学，还处于口语向书面语转换的阶段，通过一、二年级作文启蒙教学，促进利用口头语言这一“已经形成的认知结构”去“同化”文字这一“外界因素”的过程发生。[1]

二、语言发展规律：不得不遵循的理论依据

从语言理论来看，口语是书面语的基础，书面语是口语的提升，二者互为补充。从产生语言功能的心理本质来看，书面语则是完全不同于口语的另一种表达。作文教学能使书面语言逐渐从口头语言中解脱出来，将“第二顺序的符号”变为“第一顺序的符号”。[2]

1. 抓住语言发展的敏感期——一旦错失不再有

意大利著名教育学家蒙台梭利曾在她的著作《儿童的秘密》中强调了

儿童不同时期的敏感期。低年级是儿童想象活动的“敏感期”。因此，最佳的习作训练形式不是看图写话，不是每天写日记，而是练习写想象类的童话体作文。习作中的人物形象可以超越现实，故事中的情节可以自由发挥，语言生动活泼，符合儿童心理发展的特点。

2. 遵循语言发展的规律性——随心所欲不可为

语言发展与思维发展密不可分。儿童心理学告诉我们，小学生的思维发展要经历三个阶段：具体形象思维阶段、形象抽象思维阶段、初步抽象逻辑思维阶段。在一、二年级，儿童思维简单、直观，其作文形式往往是写一句、几句或几段话的作文片段。

一年级上学期以“说”为主，通过拼音、识字、阅读进行大量的“说话”训练，逐步过渡到说一段话的口头作文；一年级下学期尝试开始“写”，以能写一句完整的句子为教学目标，写的内容不做限定。二年级上学期逐步提高“写”的难度，以能写一段话为教学目标，做到文从字顺，正确使用标点；二年级下学期开始写几段话的训练，并在教学课文时，以理解、运用为原则，适当进行初步的篇章和修辞训练。

3. 明确语言发展的指向性——纸上谈兵不足取

作文教学的目的不是培养只会“妙笔生花”“纸上谈兵”的“文字高手”，而是致力于培养学生语言文字的实际运用能力。

从目的走向动机，若作文教学沦为考试的工具，还谈什么语言文字实际能力的习得？语言的本质特性在于它是社会交际的工具。想要儿童自觉地去学习语文和掌握语文，唯有让他亲身体验语言的各种交际功能，发现语言的社会效益。

三、从口语到书面语：基于语言发展规律的策略探究

如果把写作比喻成一棵树，学生的写作能力便是树下的根须，深扎泥土，向下求索，提供生长所必需的养分；学生的创作灵感便是树上的枝叶，承接阳光雨露，保持旺盛的生命活力。

1. 夯实基础，语言发展的“根”要向下深扎

（1）扎根第一层：训练要实，但不僵化

作文启蒙教学，从何入手？一直以来，这是一个争论不断的问题。有的专家认为，启蒙阶段无须严格要求，兴趣第一，想怎么说、怎么写都不应加以限制，以免抑制学生兴趣。但是，根据“从动机走向目的”的心理学规律，在作文启蒙阶段，必须切实抓好语言文字基本功的训练。

以一年级下学期“写一句话”的教学内容为例，首先要明确教学目标：把句子写得通顺，语气连贯，即句子成分指代明确、句子结构完整、句子中词语搭配得当；其次要设计序列化的教学步骤，如学生最低限度应该掌握陈述句、疑问句、感叹句三种单句的句型，最少掌握连续、并列、因果等句群结构。教师不必明说这些语法知识，但应该自己心中有数。

当然，对字、词、句等语言基本功的训练，并不意味着语法教学就是理解概念性的知识，而是应该用知识来指导学生正确规范地运用语言，重视在运用过程中将知识转化为技能。

（2）扎根第二层：积极模仿，但不固化

在儿童语言学习中，模仿起着重要作用。大量的研究和实践都已表明：儿童主要靠模仿来丰富语言。学生学语言的过程就是语言模因复制、传播的过程。[3]

① 仿其文——习优美词句

小学语文教材中有大量的美文，教师要鼓励学生诵读、仿写，习得文本的妙词佳句，内化为自身的语言。

学过了课文《美丽的丹顶鹤》之后，学生在写自己喜欢的小动物的外形时，不由自主地这样写：“小兔子有一身雪白的绒毛，只有眼睛是红的，就像一颗红色的玻璃弹珠镶嵌在雪白的脸蛋上。”这不正是知识的迁移与运用吗？

② 仿其格——习框架结构

像建筑师造房子，一篇文章的谋篇布局至为重要。但对于低年级学生来说，谈谋篇布局尚早，我们可以通过引导学生模仿范文的句式、结构来

初步感受。

苏教版小学语文二年级上册《练习1》中有一首小诗《秋天到》。这首诗句式整齐、结构匀称，便于学生学习运用。在熟读成诵的基础上，引导学生学习诗歌的写法，自编自创小诗《春天到》《夏天到》《冬天到》，形成“一年四季”专题性诗集，特别有意义。

③ 仿其法——习写作方法

为了使文章更加生动，更好地传情达意，我们会使用一些写作技巧，有意地引导学生运用同样的方法来说话、练笔，这不失为一种丰富语言积累的有效方法。

苏教版小学语文二年级上册第4课《乡下孩子》一文中有很多量词，诸如“一只蝴蝶、一片草叶、一篮野菜”，也用了很多优美的形容词修饰，诸如“欢唱的黄鹂、盛开的野菊、美丽的故事”等等。在教学时，教师有意引导学生模仿课文的句式，完成小诗《城里孩子》。学生们兴趣盎然，精彩的语句跃然纸上：“曾是奶奶怀里，搂不够的心肝宝贝”；“打一个游戏，能安静整个下午”；“上不完的兴趣班，一个连着一个”……

（3）扎根第三层：由仿到创，形式优化

在作文启蒙阶段，如果一味地进行字词句的基本训练，千篇一律地模仿写作，会让学生失去习作的兴趣，会对学生作文训练产生消极作用。教师要训练学生的独创思维，鼓励其进行自创。

① 补一补

根据表达的需要，课文的语言有时会有意留下空白供读者品味。这些空白处正是进行随文写话的训练点。

苏教版小学一、二年级语文教材中能进行补白的练习有很多：《青蛙看海》中登上山顶的青蛙会自豪地说什么；《蜗牛的奖杯》中背上重重壳儿的蜗牛会后悔地说什么；《“黑板”跑了》中安培在“人来人往”的大街上会看到什么，听见什么……教师抓住这些空白处，可以诱发学生大胆想象，自由补白，培养口头作文能力。

② 续一续

教材中有许多生动有趣的童话、寓言、儿童诗，学生喜闻乐见。我们可以利用学生的这种爱好，进行续编故事的训练。如学完《狼和小羊》一课后，让学生续编故事："小羊是否被狼吃掉了呢？"学完《小动物过冬》后，让学生发挥想象：第二年春天，青蛙、小蜜蜂、小燕子再次相聚，会如何谈论各自的冬天是怎么过的？

对文本的续编能让学生再次融入课文情境，挖掘、发现教材中有用的材料，为写话提供线索和素材，在一定程度上降低了写话的难度。

③ 编一编

著名教授钱理群说过："语文课应是一种精神漫游，应该是好玩的、有趣的。"自编故事的形式给了学生更大的创造空间，他们在创新的思维过程中又向神秘的写作跨近了一步。

教材中的寓言童话故事也可以用来改编。如学完《狐假虎威》后，引导学生以《狐狸和老虎又相遇了》为题续编故事。学完《谁的本领大》后，引导学生思考：除了风和太阳要比本领，谁和谁也会比本领呀？适时拓展沪教版一年级教材《谁的本领大》，看看嘴巴和手是怎么比本领的，最后让学生自己也来创作一个"比本领"的小故事。

2. 激发想象，语言发展的"枝"要向上生长

一、二年级是学生想象活动的"敏感期"，这个时期的最佳习作训练形式是依托童话进行创造类的想象作文。

学课本中的童话。苏教版小学语文一、二年级的四册教材中，每册都有童话体的课文。《义务教育语文课程标准》在第一学段的阅读目标中提出"阅读浅近的童话、寓言、故事"，确立了童话作为这一学段首选文体的地位。童话作品中有趣的情节、可爱的形象以及蕴含的道理，会激发学生主动学习的积极性，其效果远远大于为写作而写作的被动学习。

读课外书中的童话。写和读是作文教学的两条主要途径。阅读先于写作，以阅读为基础，注重积累与感悟，阅读最终可以转化为写作能力。在低年级，我们要鼓励学生大量地阅读浅显易懂的童话作品，唤醒已有经

验、已有知识、已有认识，丰富语言积累，增强语感体验。

写学生心中的童话。低年级习作启蒙阶段要少一些命题写话，多一些学生自由表达思维的机会。教师可以承接课本，让学生续编童话；可以出示图画，让学生创编童话；也可以“无为而治”，让学生自编童话。无论何种形式，都直接指向依托童话教学促进低年级写话的目的。

3. 指向运用，语言发展的“叶”要向外繁衍

苏教版小学语文教材的每一个单元练习中，都有一个“口语交际”的内容安排。在作文启蒙阶段，要充分利用“口语交际”这一教学内容，训练学生的观察、思维、想象和表达能力，为写作打下基础。

（1）学会观察，为看图写话打基础

学会观察，是学会写话的基本要素。苏教版小学语文一、二年级的教材中，有很多口语交际的主题就是看图说话，比如一年级上册《我们来讨论》，一年级下册《春天来了》《小苹果树请医生》，二年级上册《秋天到了》《丰富的活动》，二年级下册《说话要注意姿势》《学会阻止》等等。

低年级学生的理解能力、概括能力和分析能力都比较薄弱，学生在观察时往往不着边际，难以抓住画面要点。因此，要利用口语交际时的看图说话，引导学生掌握观察顺序，把握画面重点，合理想象画面上没有的内容，引导学生会说，奠定会写的基础。

（2）学会思考，为挖掘素材找灵感

每到写作时，总有一部分学生感到“无事可写、无话可说”。口语交际中的很多话题与生活中随处可见的小事有关，比如一年级上册《借铅笔》《打电话》，一年级下册《说说我的家》《学习指路》《学会道歉》，二年级上册《秋天到了》《跟妈妈一起买蔬菜》，二年级下册《可爱的动物》《教你玩游戏》《喜欢吃的水果》等等。

在交流这些话题时，教师要有意地提醒学生：发生在我们身边的事情，每天看到的、听到的、感受到的一切都可以是写话的材料。把我们想说的写出来，就是写作文。这样就会让学生产生积极创作的动机。

（3）学会表达，为书面习作搭支架

苏教版教材的编写充分体现了编者对“由说到写”的编排意图。口头与书面作文都是语言的表达，两者均为作文训练的有效方式。说是写的前提，从说到写是学生学会作文的关键。如果能在作文启蒙阶段，抓住教材中“口语交际”这一训练载体，进行以说促写的练习，将较好地衔接起说与写之间的教学。

小学一、二年级是学生从口语到书面语的转换阶段，也是作文启蒙教学的关键时期。遵循儿童语言发展规律，进行科学有效、整体建构的序列化研究，必能使作文启蒙教学取得实效，从而为三年级的起步作文做好准备。

参考文献

［1］耿会芳. 遵循认知规律，提高引导水平［J］. 读与写（上、下旬），2014（12）.

［2］马学良，等. 语言学概论［M］. 武汉：华中工学院出版社，1981.

［3］顾正文. 鼓励自由表达，注重语文基础：探索小学作文有效教学策略［J］. 小学作文辅导，2012（10）.

（此文发表于《小学生作文辅导》2016年第1期，
并在2016年江苏省中小学“师陶杯”教育科研论文评比中获得一等奖）

小学科幻阅读主题课程：让想象落地

太仓市科教新城实验小学　吴敏敏

［摘要］科幻文学作品用充满科学性的文学语言展现了一个更大的可能世界，为学生提供了全新的思维工具，有助于学生想象力的发展。构架小学科幻阅读主题课程，要在主题的建构上寻找关联性与序列化，倡导“in学科”“in活动”的跨学科学习，融入创客教育实践体验、发现创新的教育思想，整体构建立体系统的科幻阅读课程体系。

［关键词］科幻阅读；主题课程；想象力

科幻文学是文学创作的一个独特领域，它用充满科学性的文学语言反映人们在生活中所遇到的各种现实难题和生存困境。随着科幻文学受到越来越多的关注，它已经进入人们的阅读视野内。在小学阶段，建构科幻阅读主题课程，能最大限度激发儿童的想象力，丰富儿童的思维方式，培养其以想象力与创造力为核心的人文科学素养。

一、课程价值：科幻阅读的意义何在？

1. 展现一个更大的可能世界

苏联著名心理学家捷普洛夫说："阅读文艺作品，这是想象的最好学校，也是培养想象力的最有力手段。"与一般的阅读材料不同，科幻文学作品描写的是现实生活中一般不太可能发生的事情，补充了传统文学在文笔方面的短板。

这个世界里，可能会有巨大的昆虫、入侵的怪物、疯狂的机器人，也肯定会有一个或者一群伸张正义的超级英雄。科幻文学作品用一种通俗易懂的方式给读者带来对未来世界的遐想。放在眼下，现实世界无法实现，但是随着时间的推移和科技的发展，这个更大的可能世界也许会成为现实。科幻阅读，这类文学与科学结合所带来的新兴阅读材料的最高价值将得以体现。

2. 提供一种全新的思维工具

小学阶段的儿童，思维方式正处在从具体到抽象、从简单到复杂、从低级到高级的发展过程中。这种发展，不是自发产生的，而是在教学过程中实现的。科幻阅读，仿若文学意义上的虚拟现实眼镜，它给予了儿童丰富而又独特的世界，儿童利用科幻文学作品中的各种知识塑形和探索智慧。

首先，科幻文学将视角投向宇宙，把读者带入一种全新的语境中，去思考人类在宇宙中的位置和存在方式。这是一种全新的思维方式，读者将自身置于迥然不同的背景下思考问题，甚至是站在时间之外，以上万年的尺度来看待作品中描述的现象。

其次，科幻文学作品的特点决定了科幻阅读必将走出单纯文本阅读的局限，走向超文本阅读以及阅读声音、图像、三维动画等多媒体电子读物。这种跨时空的“超媒体”阅读能够使阅读和感受、体验结合在一起，提高思维能力。

3. 产生一股巨大的推动力量

科幻文学作品虽然以现实生活的经验为基础，但仍然是一种幻想性的文学，甚至有些科幻小说还具有预言和启发科学发明的功能。当代著名作家阿西莫夫说：“我九岁时就开始读科幻小说，从科学幻想小说里我知道了太空飞行，知道了其他星球的形状，逐渐对天文学产生了兴趣。”美国发明家西蒙·莱克被誉为“现代潜艇之父”，他在1870年阅读了凡尔纳的科幻小学《海底两万里》之后，迷上了海底旅行和探险。他的公司于1898年成功制造了第一艘“潜艇”，并收到了凡尔纳的贺信。

艺术源于生活而高于生活，科幻源于科技而妙于科技。科幻文学作品里的部分设想推动你去行动，将今天的不可能变成明天的现实。小学阶段的学生，想象力正处于最旺盛的发展时期，科幻阅读能满足学生对于无数不可知的渴望，并将这种渴望与期待转化为前进的力量。

二、课程定位：构架科幻阅读主题课程的三个关键点

1. 关键点一：主题建构

在开放型教学系统中，学习主题居于核心位置，教学目标、教学形式、教学方法、教学评价以及师生的教学行为等均围绕教学主题展开。[1]在科幻阅读主题课程建设中，形成序列化、关联性的阅读主题至关重要。

主题的序列化。以小学为例，要形成低、中、高三个不同年段的阅读主题，星际战争、时空穿梭、未来世界、古武机甲、超级科技、进化变异、末世危机等学生喜闻乐见、津津乐道的话题均可入选。各个主题之间相互并列，却又相互关联，由此形成小学六年系统化的、符合儿童兴趣需要的、层级建构的主题课程体系。

主题的关联性。科幻阅读主题的确立，既要基于国家课程，二度开发国家课程中含有“科幻”元素的教材；又要自主建构，充分寻求与国家课

程中的“科幻”元素同一类主题的其他阅读材料，使得这一科幻阅读的广度与深度得到拓展。以“海洋”为例，苏教版小学语文教材中的《大海睡了》《海洋——21世纪的希望》《海底世界》都要融入，更要拓展阅读凡尔纳的海洋科幻三部曲《格兰特船长的儿女》《海底两万里》《神秘岛》，乃至其他的海洋科幻小说。

2. 关键点二：课程整合

新课程倡导民主、开放、科学的课程观，提倡“跨学科的学习”，使学生在不同内容和方法的相互交叉、渗透与整合中开阔视野。小学科幻阅读主题课程就是将同一个科幻阅读的主题贯穿于多个学科中进行教学。学生在跨学科的架构上研读“事件”和“现象”，得到了更大的学习空间。

“in学科”——以深带广。“in学科”是指借助国家课程中的多个学科，经由原本独立的学科体系，用相同的探究主题把原本割裂的学科串联、凝聚起来。这样的融合既尊重学科本身内在的科学性，又让学习变得更加立体全面。例如围绕主题“海底世界”开发科幻阅读主题课程，语文学科可以借助教材《海底世界》，带领学生欣赏海底世界的景色奇异、物产丰富；科学学科可以解密海底地貌，探究生活在海底的动物、植物；美术学科可以引导学生发挥想象，用科幻画的形式创作学生心目中的海底世界……同样是一个“海底世界”的主题，各个学科既相互独立，又有机融合，将同一主题不断向深处开掘，构建“以深带广”的课程整合板块。

“in活动”——以广求深。“in活动”是指在教师的指导下，学生围绕一个主题自主进行的综合性学习活动，是基于学生经验，密切联系学生的生活和社会实际，体现对知识综合应用的学习活动。同样是“海底世界”的科幻阅读主题课程开发，“活动+”更侧重于学生在学科课程的学习之外，通过实践操作培养由感知到创新再到解决（改善）问题的能力。例如，引进和“海底世界”相关的科幻电影《深渊》《深海狂鲨》，阅读凡尔纳的科幻小说《海底两万里》，通过科学实验感受作家假想的“鹦鹉螺号”潜水艇在水中自如运动的原理，更可以通过捏、画、演等艺术形式表现自己心目中的海底世界。

北师大褚宏启教授认为："课程整合是目前培养核心素养的最重要途径，即通过课程的改革来推动素养的提高。"无论是"in学科"，还是"in活动"，在本质上是一致的，即通过课程及活动的多元整合，打破单一的学习方式之间的壁垒，由此带来学校、教师和学生在教育观念、教育行为、学习途径、学习方式等方面的更大空间。

3. 关键点三：手脑并用

以儿童想象力为核心的小学科幻阅读主题课程，不仅仅是"阅读"，更以"阅读"为基本载体，借助创客教育集创新教育、体验教育、项目学习等思想为一体的教育理念，给学生提供开放、自由、合作、探究的空间，让儿童在动手又动脑的过程中大胆实践，让想象落地。

玩中有乐——让游戏放飞思维。现代教育家陈鹤琴先生说：游戏是儿童的心理特征，游戏是儿童的工作，游戏是儿童的生命。喜欢游戏是儿童的天性。在小学科幻阅读主题课程的建构中，除却传统意义上的读、写、画，游戏是课程建构中最吸引学生的亮点。在课程设计时，要探索那些能使儿童边玩边学习的阅读材料，让儿童在游戏中通过操作、摆弄、探索材料而形成经验。应将功能游戏、模仿游戏、建造游戏等积极地引入课程教学中，使其成为课程的一部分。儿童会在与材料的互动过程中，增强对文字的敏感性，充分调动思维和想象。儿童的阅读能力也是在与环境、材料的交互作用中发展起来的。

学中有创——让创意照进现实。美国实用主义教育家杜威提出"做中学"（Learning by Doing）的教育思想。杜威强调"做中学"也就是从活动中学、从真实体验中学，将所学知识与生活实践联系起来，知行合一。以儿童想象力为核心的小学科幻阅读主题课程既强调广泛地阅读科幻文学作品，更鼓励儿童将科幻文学作品中的奇思妙想在创客空间中通过VR（虚拟现实）技术、3D打印、模拟实验等应用技术工具，实际动手操作、实践体验、发现创新。[2] 在创客学习中，儿童的好奇心和创造力转化为创新创造，他们的奇思妙想拥有了落地生根的平台。

三、课程实施策略：我们这样做小学科幻阅读主题课程

1. 整体设计，构建立体系统的科幻阅读课程体系

（1）横向拓展——课程之间融会贯通，体现课程的联动性

世界是一个整体，各种事物之间有着密切的联系。在新课程改革的今天，我们清醒地意识到，学科之间的相互渗透和融合，是现代课程改革的趋势。我们完全可以打破学科间的壁垒，使其融会贯通，以弥补分科教学所带来的遗憾。

以“科幻阅读”为主题，各课程之间可以形成一条指向明确、相互关联的“课程链”：电影欣赏课程（激发学生兴趣、触动学生创造思维）→阅读创作课程（学生创编科幻故事）→绘画手工课程（设计科幻故事中的形象）→动漫设计课程（将文本故事变成影视作品）→奇幻短剧课程（将科幻故事搬上舞台演出）。

（2）纵向延伸——学段之间上下贯穿，体现课程的层次性

知识是有系统的体系，尽管不同的学段对知识的达成目标不尽相同，但学段之间、知识的前后之间能串联成一个完整的体系。把知识比作一条线段，在教学中我们可将有限的线段向前后延伸作射线，将旧知与新知加以综合，使知识更为系统化。

科幻阅读主题课程在建构时充分考虑到课程内容的层次性，在课程的纵向上重点研究上、下年级之间的衔接，使活动内容有层次性，体现一定的梯度：低年段以科普类的绘本阅读为主，中年段以科幻童话阅读为主，高年段鼓励科幻小说阅读。从绘本到童话，再到小说，课程内容逐级爬坡，为学生的学习搭建了一个个台阶，体现了知识之间的纵向衔接。

2. 进入课堂，上好不同年段的三类课

学习的阵地在课堂，应将校本课程的实施纳入日常教学中，才能保证课程实施的时间以及让课程能够惠及每一个学生。针对低、中、高不同年段学生的学习特点，我们重点上好三类课。

（1）低年级：科普绘本阅读指导课

对于想象力的发展来说，“自由”是最重要的因素。但这种“自由”，绝非毫无根据、任意妄为的“自由”。它以科学为基础，是基于科学的合理想象。科幻的入门，是科普，是科学知识的普及。

在科幻阅读的起步阶段，我们重点指导学生阅读科普类的文学作品。《蒲公英科学绘本系列：用孩子的方式讲科学》《神奇校车》《从小爱科学：有趣的物理/神奇的化学》《培养聪明孩子的创意科学实验》《最美的科普·四季时钟系列》《妙趣科学立体翻翻书》《动物星球3D科普书》等科普类读本，都是深受低年级学生喜爱的图书。在学生广泛阅读的基础上，教师上好科普绘本阅读指导课，推动阅读活动的开展。

（2）中年级：跨学科融通的科幻主题课

跨学科整合是目前国际课程改革的热点，它根据学生的学习需要，打破学科间的界限，以统一的主题、问题、概念、基本学习内容来连接不同学科，目的在于使学生在此过程中建立系统的思维方式，体验知识间的联系。[3]

以“海底世界”为主题，语文学科通过阅读文本，感受海底动物世界的奇妙，再由课文拓展到课外阅读著名作家凡尔纳的科幻小说《海底两万里》，用语言文字激发学生探索海底世界的兴趣。科学学科立足科学精神，站在科学解密的立场上解析阅读中涉及的科学概念，让学生储备必要的科学知识。这是因为科幻并非毫无根据的天马行空，它总是建立在一定的科学依据基础之上。美术学科侧重于学生大胆想象之后的动手实践，让学生想象并描绘海底世界还可能有哪些神奇的动物、奇妙的景象，鼓励学生去观察、去发现、去动手、去体验，进而促进学生的创新能力、实践能力发展。

在整个课程实施过程中，共有三位老师一起参与。三个学科围绕同一主题，但各学科侧重点不同又相互补位，很好地实现了单科教学无法完成的教学目标。不同的资源在三位老师的协作下得到了巧妙的统整。在任务的驱动下，学生通过学习、收集、整理、加工资料，走进了更为宽广、更为深入的学习空间。

学习应该是为未来而学习，多学科融通的科幻阅读主题课程正在试图创造这样一种新的教育模式，它“以兴趣为中心，以学生为主体，以学生综合素养的养成为导向”，更易引发学习兴趣并启迪思维。

（3）高年级：科幻创作指导课

阅读与写作是语文学习的“一体两面”，彼此之间一衣带水。广泛的阅读，最终要提炼升华为个人的独立创作。到了中高年级，我们尝试指导学生大胆地发挥奇思妙想，创作科幻童话乃至科幻小说。在科幻创作指导课中，我们强调两个核心要素，即思维和科学。

思维，还是思维。“科”是根基，“幻”是水平，高水平的“幻”建立在合理而灵动的思维之上。要想有所创造、有所成就，就要能摆脱窠臼、展现与众不同的思维。我们鼓励学生大胆想象：谁说今天的奇思妙想明天不能成为现实呢？让儿童尽管去想，不论对错，不计过往，激发儿童丰富的想象力与创造力是科幻创作指导课的主要目标之一。

科学，不是科学。对科幻作品的评价，其中一个重要的标准是：它能够预示科学发展的前景，或者它的科学预言经常被科学发展所证实。这是一种实证法的评价标准。如果用这样的标准对照当下我们在做的研究，我们很汗颜！因为学生了解并熟知的科学知识实在不多，我们所说的“科幻”，幻想有余，但科学味儿还不浓，在很大程度上与“童话”更为接近。如何让学生的作品有更多的科学味道，既普及科学知识，又提高科学素养，是今后研究中亟待努力提升的一个方向。

3. 结合活动，开发“科幻阅读”的周边产品

围绕“科幻阅读”，我们已经成功开发了六个周边产品。

太仓市科教新城实验小学“科幻阅读”周边产品

产品名称	产品介绍	体验途径	体验人群
电影欣赏课程	1. 看一看：科幻电影	日常教学	所有学生
科幻创作课程	2. 写一写：科幻童话、科幻小说		所有学生

续表

产品名称	产品介绍	体验途径	体验人群
语言表达课程	3. 讲一讲：科幻故事	“快乐星期三”学生社团	故事表演社团学生
绘画手工课程	4. 画一画：科学幻想画		绘画社团学生
魔术表演课程	5. 做一做：奇妙的科学小实验		科技社团学生
奇幻短剧课程	6. 演一演：科幻儿童剧		戏剧社团学生

这六个“科幻阅读”周边产品的成功开发，既充分尊重儿童爱动手、爱动脑的年龄特征，在生动有趣的活动中寓教于乐，又丰富“科幻阅读”的形式，激发学生的创造性想象。

儿童时代是人一生中想象力迅速形成和发展的高峰时期，培养儿童丰富的想象力比以往任何时候都显得更加重要、更加迫切。美国科幻作家阿西莫夫曾说：“儿童应该尽早阅读科幻作品，在9岁或10岁，不能晚于11岁。” 小学科幻阅读主题课程，旨在把儿童天真的思维方式、大无畏的童心、创新开拓的精神引入学生阅读中，为发展儿童的好奇心与想象力打下扎实的根基，为创新人才的成长奠基。

参考文献

［1］王林发，符蕉枫. 主题式项目学习教学：内涵、实施与反思［J］. 教育，2015（11）.

［2］杨刚. 创客教育：我国创新教育发展的新路径［J］. 中国电化教育，2016（3）.

［3］刘洁. 主题课程整合的路径分析［J］. 中国教师，2016（5）.

（此文发表于《江苏教育研究（理论版）》2018年第10A期）

聚焦“4C”的主题式整合教学实践研究

——基于科幻主题活动系统建构的探索

太仓市科教新城实验小学　吴敏敏

[摘要] 聚焦“4C”的主题式整合教学实践，以培养学生的“4C”能力为目标，强调以主题为中轴设计教学活动，学科中、学科间、学科外的“3D”主题单元突出学科之间的相互渗透、交叉、综合与融通，科普阅读课、科幻体验课、科创表达课的“3S”课型成为培养学生“4C”能力的课型样本。

[关键词] “4C”能力；“3D”主题单元；“3S”课型；主题式；整合教学

“十二五”期间，太仓市科教新城实验小学完成了江苏省教育科学“十二五”规划重点资助课题“以儿童想象力为核心的科幻主题课程开发”研究，系统研究了以儿童想象力为核心的科幻主题课程的建构，并提出了相应的教学策略。在“十二五”课题研究的基础上，“十三五”期间，学校启动了指向学生想象力的科创主题活动系统建构的实践研究。随着研究的深入，尤其是2016年《中国学生发展核心素养》的发布，学校越发清晰地认识到：扁平化的信息时代，“3R”（阅读、写作、算术）教育显然不足；今天的学生要想适应全球化社会，还必须是沟通者、创造者、思想家和合作者。美国21世纪学习联盟确定的21世纪学生必须具备的“4C”能力，为学校开展科创主题活动系统建构研究带来新的启发，学校开始探索聚焦“4C”能力的主题式整合教学。

“4C”能力包括批判思维与问题解决能力（critical thinking and problem solving）、交流沟通能力（communication）、创新能力（creativity and innovation）、合作能力（collaboration）。“主题式”强调每次教学活动都要围绕某一主题来设计，以主题为中轴，围绕教学主题而展开。“整合教学”对现有的分科课程进行重构优化和融合，实现内容统整和教法革新，减少学生的机械重复练习，拓展学习空间。聚焦“4C”的主题式整合教学实践研究，就是以培养学生的“4C”能力为目标，通过关联性与序列化的主题课程的推进，探究课堂教学实践中的教学结构和程序，突出学科之间的相互渗透、交叉、综合与融通。

一、确立“4C”能力目标

主题式整合教学以培养学生的“4C”能力为最终旨归，具体培养目标为以下四个方面。

批判思维与问题解决能力：具备有效的推理与思考能力、运用系统化思维的能力、做出判断和决定的能力、解决问题的能力。

交流沟通能力：有效地利用口头、书面甚至非语言的沟通技巧来清晰地表达思想和观点，会有效倾听，会使用各种沟通手段。

创新能力：具有创新的点子，大胆实践新的想法，不断尝试各种切实可行的新点子。

合作能力：具备有效合作的能力，包括尊重各类差异化的团队、掌握妥协的原则和灵活性、与团队成员承担共同责任、珍视团队成员的个人贡献。

依循上述“4C”能力培养目标，开发研制一套分年级的“4C”能力评价指标体系。

二、确定“3D”主题单元

目前，基础教育的课程多是以分科的方式来组织学习内容和教学方法的，小学阶段虽然带有一定的综合性，但比起学生的生活来说，仍显得过于专门化。当学习内容以综合形式呈现时，学生缺乏综合运用各科知识来解决问题能力的短板便暴露无遗。借鉴东西方关于学科关联、跨学科、超学科等方面的课程理论及教学方式，结合学校在“十二五”课题研究实践中的成果和经验积累，提出“3D”（“D”为“学科中”“学科间”“学科外”中“学科”之英文单词disciplinary的首字母）主题单元的基本架构。在新一轮的研究中，突出学科之间的相互渗透、交叉、综合与融通，以培养学生的“4C”能力。

1. “学科中”（in-disciplinary）主题单元

“学科中”即在学科中。学科课程有助于学生获得系统、连贯的科学文化知识，有助于教学的组织、评价与效率的提高。通过分科教学，使学生在认知、态度与情感上有所发展，是学校课程教学的基础。[1]知识是有系统的体系，尽管不同的学段对知识的达成目标不尽相同，但学段之间、知识的前后之间能串联成一个完整的体系。

例如，围绕“海底世界”开发科幻阅读主题课程，不同的学科可以形成各自的“学科中”主题单元：语文学科可以借助课文《海底世界》，带领学生欣赏海底世界的景色奇异、物产丰富；科学学科可以解密海底地貌，探究生活在海底的动物、植物；美术学科可以引导学生发挥想象，用科幻画的形式创作自己心目中的海底世界……同样是一个“海底世界”的主题，在不同的学科中以不同的学科视角开掘，从而使得主题向纵深拓展。

2. “学科间”（inter-disciplinary）主题单元

“学科间”主题单元，也可以称为“跨学科”主题单元。学校的“学科间”科幻主题单元围绕某一科幻主题进行多学科融合，涉及的学科主要有语文、科学、艺术、信息技术等，打通学科壁垒，引导学生进行跨学科学习。在实践中，“学科间”科幻主题单元教学，需要整合多元的学科资源，需要明确有效的实践路径；它变革传统的学习方式，需要探索、组建小组合作学习机制或建立多种类型的学习共同体；它鼓励学生自主、合作探究，多元、创意表达。

例如，以“科幻阅读”为主题，各学科之间可以形成一条指向明确、相互关联的“课程链”：电影欣赏课程（激发学生兴趣、触动学生创造思维）→阅读创作课程（学生创编科幻故事）→绘画手工课程（设计科幻故事中的形象）→动漫设计课程（将文本故事变成影视作品）→奇幻短剧课程（将科幻故事搬上舞台演出）。

3. “学科外”（trans-disciplinary）主题单元

“学科外”主题单元，也可以称为“超学科”主题单元。联合国教科文组织认为，超学科是在不同的学科之间，横跨这些不同的学科，取代并超越它们，从而发现一种新的视角和一种新的学习体验。[2]超学科处在学科融合的最高层次，从实际问题开始，并从整体的角度考察问题。学校的“学科外”主题单元，就是以经验或问题为中心来组织学习资源，会涉及多个学科的知识，但要淡化学科教学的痕迹。对于“学科外”科幻主题单元教学，学校组织学生在学科以外围绕某一科幻主题进行自主、开放的综合性实践活动。

同样是“海底世界”的科幻阅读主题课程开发，“学科外”主题单元的构建更侧重于学生在学科课程的学习之外，通过实践操作培养“感知—创新—解决（改善）问题”的能力。例如：引进和“海底世界”相关的科幻电影《深渊》《深海狂鲨》，阅读凡尔纳的科幻小说《海底两万里》，通过科学实验感受作家假想的“鹦鹉螺号”潜水艇在水中自如运动的原理，通过捏、画、演等艺术形式表现自己心目中的海底世界，等等。随着创客教育的推进，学校鼓励学生将奇思妙想在创客空间中通过VR（虚拟现实）技术、3D打印、模拟实验等应用技术工具，转化为实际动手操作、实践体验、发现创新，使其想象力能够拥有落地生根的平台。

“3D”主题单元的探索过程要注意资料积累，在项目研究结束时要形成“3D”主题单元研究的案例集。

三、打造“3S”课型

在三类主题单元的教学中，需要设计出不同的课型来承载和展开教师的教和学生的学。基于“3D”主题单元，学校根据低、中、高年级学生的学习特点与兴趣，开展“3S”（“S”为“科普”“科幻”“科创”中“科学”之英文单词science的首字母）课型的实践研究，打造课型样本。

1. 低年级：科普阅读课（reading for popular science course）

科普读物以通俗的语言讲出科学的道理或故事，不仅能让读者增长知识，而且能激发读者对科学的强烈兴趣和求知渴望，更能助益读者直觉、灵感、创新意识的萌芽。学校在低年段选取科普绘本，指导学生阅读，着力提升学生的科学基本素养与想象力。

科普阅读课的一般展开过程是：绘本导入—互动展开—多样拓展。这是一个基本模型，具体如何导入、如何展开、如何拓展，应视具体内容和学生年龄特点来确定。

一般来说，课堂开始，教师创设一些生动有趣的情境，营造出温暖的阅读氛围，激发学生阅读的兴趣。接着，教师利用多种阅读策略带领学生读图读文：可以设置一些悬念或者让学生进行留白的补充，激发学生的好奇心和求知欲，促进学生科学探究思维和创造性思维的发展；也可以让学生直接参与科学小实验，亲身经历以探究为主的科学活动，体验学习科学的乐趣，培养他们的科学实证素养；对于绘本中一些深奥的科学知识，则可以利用播放影音资料等方式予以讲解；在阅读的过程中，教师和学生可以把与主题有关的关键词语和图像贴在黑板上，形成一张生动鲜明的思维导图，帮助学生从整体上知晓故事，理解科学知识。鉴于低年段学生识字量不大，在课堂最后的环节鼓励学生进行富有个性和创造性的表达。例如，可以让学生发挥想象，小组合作去创编属于自己的故事，再把故事表演出来。

2. 中年级：科幻体验课（experiencing for science fiction course）

所谓“科幻”，必须是“科学”与“幻想”的结合，或者说再离奇的想象都必须有科学道理作为依据，不然就变成了“玄幻”乃至胡言乱语。所以说，最高级的想象力是“不自由”的，这种不自由就是必须依据科学原理，有依据的想象力，才是创造力的基础和源泉。体验学习，是一种生命化的学习方式。通过亲身体验，在体验实践中获得体验成果，对每个学习者来说都是一种最基本、最自然的学习方式。它既是一种活动，即学生亲身经历某事件；也是活动的结果，即学生获得一定的认知与情感。对于中年级学生，学校选取不同的科幻主题，打破学科间的界限，以统一的主题、不同的问题、由浅入深的概念来串联不同学科，通过活动让学生在此过程中体验科幻的奥秘，开阔视野并激发兴趣。

科幻体验课的一般展开过程是：科幻题材导入—活动体验展开—发散式想象拓展。科幻题材包括故事、小说、电影、电视等；活动体验场景和任务要有一定的逼真度；发散式想象要尽量少给约束性条件。

以“海底世界”为主题，语文学科通过阅读文本，感受海底动物世界的奇妙，再由阅读课文拓展到课外阅读凡尔纳的科幻小说《海底两万里》，用语言文字激发学生探索海底世界的兴趣；科学学科立足科学精神，站在科学解密的立场上解析阅读中涉及的科学概念，让学生储备必要的科学知识；美术学科侧重于学生大胆想象之后的动手实践，围绕“海底世界还可能有哪些神奇的动物”等问题，进行科幻画创作，鼓励学生去观察、去发现、去动手、去体验，进而促进学生的创新能力与实践能力的发展。在整个课程实施过程中，共有三位不同学科的教师一起参与。三个学科围绕同一主题，不同学科侧重点不同又相互补位，很好地实现了单科教学无法完成的教学目标。不同的资源在三位教师的协作下得到了巧妙的统整。在任务的驱动下，学生通过学习、收集、整理、加工资料，走进了更为宽广、更为深入的学习空间。

3. 高年级：科创表达课（expressing for scientific creating course）

科创，即“科学创造”；表达，并不限于口头的表达，而且包括以语言、文字、图画、身体动作等多种表达方式来呈现与科学有关的创造、创新、发现、发明结果或成果。现阶段研究将重点围绕科幻作品的创作展开。科创表达课通过引导学生对科幻文学作品进行深度解读并尝试创造，发展学生的想象能力、表达能力与创新能力，提升学生的科学素养与人文素养。对于高年级的学生，应当鼓励他们大胆地发挥想象，在现实的基础上有所创造，展现与众不同的思维。

科创表达课的一般展开过程是：科幻题材导入—开放式创作展开—多元评价拓展。科幻题材与科幻体验课相同；开放式创作既要鼓励又要放手；多元评价体现在评价主体多元（他评、互评、自评等）、评价方式多元（表演、展示等）、评价标准多元（不拘一格、鼓励为主）。在科创表达课教学中，学校强调两个核心要素：思维和科学。

思维，还是思维。真正的“科幻”不能脱离了“科”的根基，也不能悬置于“幻”的缥缈，而是建立在合理而灵动的思维之上。要想有所创造、有所成就，就要能摆脱窠臼、展现与众不同的思维。学校鼓励学生在科学的基础上大胆想象，激发儿童丰富的想象力与创造力是科创表达课的主要目标之一。

科学，不是科学。对科幻作品的评价，其中一个重要的标准是：它能够预示科学发展的前景，或者它的科学预言经常被科学发展所证实。这是一种实证法的评价标准。[3] 当下，学生了解并熟知的科学知识还不多，其创作的科幻作品幻想有余而科学味不浓，与童话更为接近。如何让学生创作的科幻作品有更多的科学味道，既普及科学知识，又提高科学素养，是今后研究中亟待解决的问题。

四、构建研究框架

综上所述，聚焦“4C”能力的主题式整合教学实践研究的基本目标、主题板块和实践平台构成了一个基本的研究框架（如图7）。

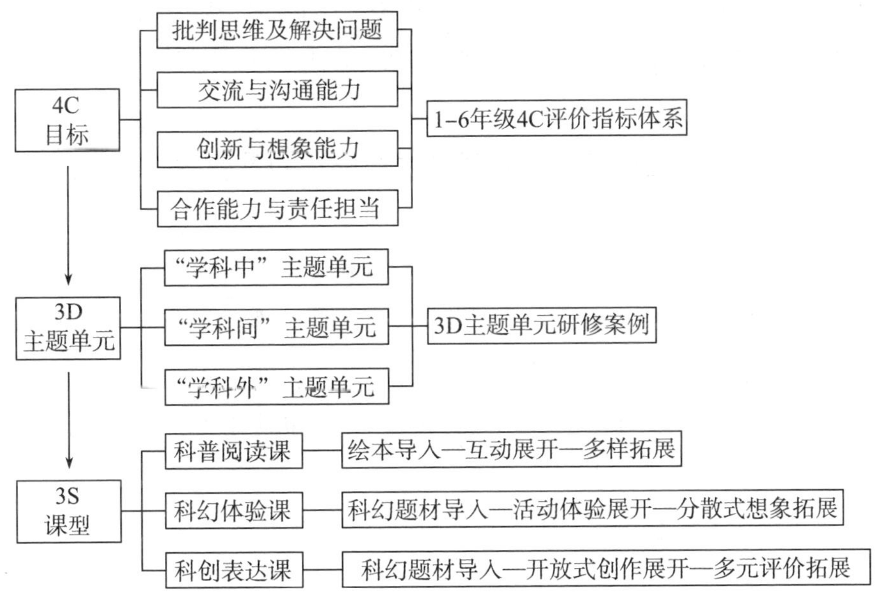

图7　聚焦“4C”能力的主题式整合教学研究框架

聚焦“4C”的主题式整合教学实践研究，以培养学生的批判思维与解决问题能力、交流与沟通能力、创新与想象能力、合作能力与责任担当的“4C”能力为目标，通过学科中、学科间、学科外的“3D”主题单元的多角度推进，突出学科之间相互交叉与融通，打造适合低、中、高年段的科普阅读课、科幻体验课、科创表达课的“3S”课型，最终实现从知识到素养的课程变革。

参考文献

［1］杨小微.综合课程及其动态生成［J］.学科教育，2002（12）：10.

［2］李颖.全英文授课模式的动因论：超学科分析的视角［J］.中国外语，2013，10（1）：48.

［3］汤哲声.论中国当代科幻小说的思维和边界［J］.学术月刊，2015（4）：130.

（此文是苏州市2019年基础教育前瞻性教学改革实验项目研究成果，发表于《江苏教育研究（实践版）》2019年第10B期，被中国人民大学书报资料中心复印报刊资料《素质教育》2020年第4期全文转载）

指向儿童想象力的科创主题课程的系列建构

太仓市科教新城实验小学　吴敏敏

［摘要］指向儿童想象力的科创主题课程的系列建构，是基于学生兴趣，以项目式学习的方式通过创客体验、创客实践两大平台，借助科创、文创、艺创三大课程，让丰富多彩的科创主题活动充分激发学生的想象力，把儿童天真的思维方式、大无畏的童心、开拓进取的精神、对科学的积极态度引入学习活动中。

［关键词］想象力；科创主题课程；系列建构

在科技创新的时代背景下，学校从校本实际出发，提出“指向儿童想象力的科创主题课程”并进行系列建构。我们希望能够厘清儿童想象力、科创主题课程相关的教育理念、核心概念及内涵特征，深入剖析科创主题课程与儿童想象力之间的关系，找到两者之间的最佳契合点，为儿童想象力的发展提供一条可供借鉴的路径选择。

一、开展科创主题课程的意义所在

1. 实践价值

针对当前教育中更多关注知识的识记与理解，在动手实践方面相对较少的现状，全面系统地探索“科创主题活动”教育实践体系，我们旨在探索一种本土化的素质教育，利用“动手做”“合作做”“项目式学习”“跨学科学习”等学习形式，促进为解决问题而学习的自主学习能力，提升学生的创造性思维能力，为小学素质教育改革提供一种全面的实践经验。

2. 现实意义

自2014年9月夏季达沃斯论坛上李克强总理提出“大众创业、万众创新”以来，民族的创业精神与创新基因被极大激发。学校自2013年起就致力于“科技点燃智慧、教育成就梦想”核心办学理念的实践，已经完成了江苏省“十二五”教育科学规划重点资助课题“以儿童想象力为核心的科幻主题课程开发的实践研究”项目。在延续与发展该课题研究的基础上，学校把“科创主题活动”的系列建构作为教育改革与研究的一个平台，希望通过此研究进一步改进教育行为，持续提高学生创新能力，促进学生、教师及学校的持续发展，进一步彰显学校文化特色。

二、让课程可视化，打造一个充满科创气息的校园

环境是重要的教育资源，是支持探索与学习的容器。赋予环境丰富而深刻的教育内涵，把环境的教育价值摆在整个教育取向的重要位置。环境，本身就是课程的一部分。

学校地处太仓市科教新城，这是一个高科技人才的黄金集聚区。依托区域优势，学校在校园文化建设中时时处处彰显科技创新的特色。学生喜欢的卡通人物、科幻人物、中国历史神话人物、机器人、蜘蛛侠等形象遍布在校园的各个角落，漫步校园犹如处在科技创新的乐园里。

1. 整体规划

“小牛人”创客教育课程基地由教学区、体验区、展示区三个区域组成。

教学区：建设DIY工作坊、电竞教室、动画教室、编程教室、机器人教室、3D打印教室、VR体验室等七个专用教室，满足各年级学生整班上课所需。

体验区: 建设两处创客教育体验区，即科创长廊和科普智慧墙。科创长廊由足球机器人训练区、科学探究区、激光雕刻区、地钢琴、DIY活动区组成；科普智慧墙由40块壁挂式科普互动展品组成，涉及电影原理、时光隧道、电磁振子、光控路灯等科学知识。学生可自由体验、自主探索。

展示区：学校建设300平方米的科创展示大厅，展示学生的科创作品，让科创教育在校园内看得见、摸得着、学得到。

2. 主题设计

校园文化建设必须坚持整体与局部的和谐统一，以整体指导局部，以局部体现整体。在对特定区域进行环境建设时，学校充分考虑立足全局、突出主题，使局部与整体相统一。我们有选择性地进行主题文化建设，例如科幻人物、科幻阅读、科创作品等主题，让学生在这些特定的区域中，接受耳濡目染的影响与教育。

3. 多元参与

在校园文化建设中，充分激发政府、社会、学校、教师、学生、家长等不同主体的参与热情，一方面积极争取政府、社会力量，在校园文化建设的资金与投入力度上不断增强，另一方面提高教师、学生、家长的积极性，力求充分发挥、有序整合，使之形成校园文化建设的推动力量。

4. 立体建设

编织全方位立体化的校园文化网，从平面的墙壁文化不断走向立体化，诸如大型的机器人科模、栩栩如生的科幻大片人物形象、科技展示大厅中摆放的学生科创作品等等，使校园文化建设更加立体化、多元化。

余秋雨先生在《秋雨时分》谈话节目中曾说：“文化，是一种包含精神价值和生活方式的生态共同体。它通过积累和引导，创建集体人格。”置身于一个充满幻想的科幻校园内，学生就会受到环境潜移默化的熏陶与影响，学校已经成为想象的王国、创造的天地。

三、让课程系统化，建构多元立体的课程体系

指向儿童想象力的科创主题课程体系，可借用“机器人”的卡通形象来展示（如下图），将“指向儿童想象力的发展”作为课程设计的核心，依托创客体验、创客实践两大平台，以科创、文创、艺创三类课程为载体开展系列活动，利用丰富多彩的科创主题活动充分激发学生的想象力。

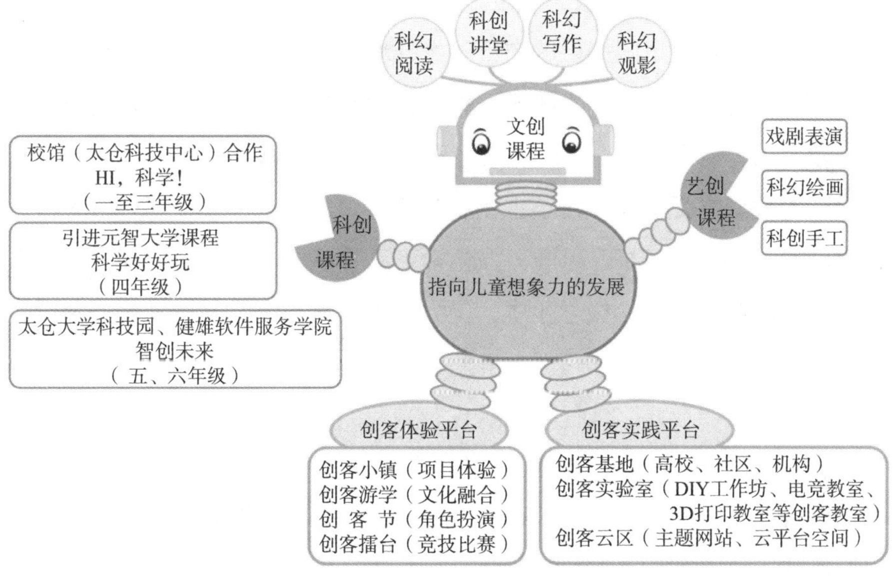

图8　指向儿童想象力的科创主题课程体系图

1. 一个核心

指向儿童想象力的发展是科创主题课程的核心目标。培养具有创新意识、创造能力的学生，将创新、实践与分享的创客教育特质渗透、融入学习活动中，是科创主题活动设计的中心。

2. 两个平台

科创主题活动有两大平台：创客体验平台、创客实践平台。学校将通过创客节（每年5月份）、创客游学（每年春、秋两季）、创客小镇（每年12

月份）、创客擂台（每月一次）构建丰富多样、生动有趣的创客体验平台；通过由高校、社区、科研机构组成的创客基地，学校的七个创客实验室以及依托智慧校园建设的太仓智慧教育云服务平台，搭建创客实践平台。

3. 三大课程

科创课程：学校根据不同学段学生的学习特点，开展分层的创客学习活动。在一到三年级学生中，与太仓市科技中心开展“HI，科学”馆校合作项目式学习。项目式学习以“探索与惊奇”为主题，由科学思维启蒙、科学探索、科学创新三个阶梯式模块组成。学生每月都有一整天的时间在科技活动中心开展浸入式、小班化的学习。在四年级学生中，开展由元智大学力翰科学教育集团提供的“科学好好玩”课程。课程覆盖四年级每一个学生，由力翰科学教育集团派遣科学讲师驻校，以每周一课时的方式将“寓教于乐、动手创作”的课程理念落实到科学实践活动中。课程以“玩科学”的教学方式呈现，每节课由科学实验（30%）、实作技巧（30%）、科学理论（40%）三部分组成，强化学生动手能力、手眼协调能力、团队合作能力。在五、六年级学生中，与太仓大学科技园、健雄软件服务学院开展“智创未来”创客学习活动。此项目以学生社团、兴趣班、训练营等教育活动为主要形式，依托科研机构、高校的专业科技力量，为学生提供创新思维智慧启蒙、科技创新训练与信息技术素养提升的创客学习活动，包括MBot编程、激光雕刻、3D打印、小小建筑家、机械搭建、木艺课程以及宏碁云教授智联网等学习内容。

文创课程：深入推进江苏省“十二五”教育科学规划重点资助课题“以儿童想象力为核心的科幻主题课程开发的实践研究”项目，在科幻阅读、科创讲堂、科幻写作、科幻观影等主题式学习中，充分激发学生的想象力、创造力，把儿童天真的思维方式、大无畏的童心、开拓进取的精神、对科学的积极态度引入文创课程学习中，提升学生的科学素养与人文素养。

艺创课程：更加强调对奇思妙想的艺术表达，通过舞蹈、戏剧、绘画、建筑、手工等形式塑造艺术形象、创作艺术作品，广泛开展创造性学习活动。学校将开设戏剧社团、表演社团、科幻绘画社团、DIY小巧手社团等，将学生的奇思妙想、无限创意演出来、画出来、做出来。学生科学素养的养成是他们参与现代生活、未来世界的重要素质基础，艺创课程强调学生动手动脑、表达创造，这种课程理念和儿童的思维特点具有高度契合性，符合学生学习心理。

四、让课程可操作化，推行扎实有效的实施途径

课程要落地生根，就必须进入每一个学生的真实学习情境中。学校在推进科创主题课程的过程中，建构起了从整体到个体、从课内到课外、从校内到校外的全方位的课程实施途径。

1. 全面普及，让课程走近每个学生

学生是学习的主体，他们享有公平的受教育权利。因此，在推行科创主题课程时，学校并没有将这一课程狭隘地定位为某一部分学生、某一个社团独享的特色课程，而是将其面向所有学生。

一年一度的科创小镇是学校最隆重的校园文化节，全体师生盛装出席；每年春、秋两季举办的科创游学，覆盖到全体师生；结合江苏省“十二五”重点资助课题的开展，科幻阅读、科幻讲堂、科幻写作、科幻电影等课程人人参与。

学校从三年级开始全面推进创客教育，分年级、分主题逐级推进：三年级VR体验课程，四年级激光雕刻课程，五年级3D打印课程，六年级机器人课程。从三年级开始面向全体学生开设的创客教育定位为一种通识课程，旨在让每个学生都能掌握最基本的创客学习知识与技能，从而奠定创客教育的广泛基础，对所有学生进行启蒙教育。

2. 社团拓展，让课程内容精彩多样

每周三下午第6、7节课是学校“快乐星期三”学生社团活动，“小牛人科创社团”开设科学小发明、百搭拼装、3D打印、乐博士机器人、MBot编程、动画制作、创意制作、科幻画、儿童表演等项目。学校外聘太仓大学科技园光电研究所、太仓市机器人学会、苏州健雄职业技术学院/软件与

服务外包学院三个科技单位作为合作伙伴，派驻专业的科技研发人员指导社团活动。来自全校不同年级，但有着同样爱好与需求的“小创客”们在研究人员、学校外聘教师、本校老师的带领下，通过自己动手做实现自己的创意，提升创新力与创造力。

3. 典型培养，让优秀学生拔节生长

针对科创社团中学有余力、学有专长的学生，学校拟将其送到太仓大学科技园中科院上海技术物理研究所太仓中心进行创客教育精英班的学习。

精英班创客教育采取导师带团队、项目式学习的方式进行培养训练。创客项目以造物为主，通过作品分享、头脑风暴，锻炼学生的创新思维和表达能力。最后，导师还将根据学生的潜质，有选择性地参加各级各类科创大赛，进一步激发少年创新发明的学习和创造热情。

4. 周末开放，让前沿教育普惠大众

学校创客教育合作伙伴——太仓市机器人学会，每个周末组织学会开放日活动，活动就设在学校五楼创客中心。依托创客中心一流的硬件设备，开放日的活动丰富多彩。每次周末开放日活动，用微信公众号网上报名的方式普惠全市学生。任何一个对创客学习有兴趣的学生都可以报名参加，体验创客教育的精彩与新奇。学校最大限度地将校园资源面向社会开放，将很好地起到示范、辐射、引领的作用。

爱因斯坦说，想象力比知识更重要。想象力概括世界上的一切，推动着社会进步，是知识进化的源泉。指向儿童想象力的科创主题课程，以学生的兴趣为基础，丰富了以创新创造、动手动脑为典型特征的课程教学资源，促进了以创造力为核心的学校内涵发展，也必将在学生幼小的心田播下创新的种子，促进其想象力的蓬勃发展。

（此文发表于《江苏教育》2019年第90期）

小学语文结构化思维课堂实践研究

——以统编版小学语文五年级上册《松鼠》为例

太仓市科教新城实验小学　吴敏敏

[摘要] 小学语文结构化思维课堂以情境任务下的项目驱动开展教学，通过前置学习、创设情境、设置核心问题引发学生思维活动。在课堂教学实施过程中，确立“总分总”的结构化课堂学习框架，通过在核心问题引领下的分步推进的模块化教学活动，促进学生高阶思维的发展，最终指向学生在新情境中举一反三的迁移能力的培养。

[关键词] 结构化思维；核心问题；模块化；迁移

结构化思维方法就是以事物的结构为思维对象，以对事物结构的积极建构为思维过程，力求得出事物客观规律的一种思维方法。在小学语文课堂中，教师要关注课堂教学流程结构化，按照“总—分—总”的结构组织教学过程，加强知识之间的内在联系，优化板块教学，从而促进学生高阶思维的发展。

《松鼠》是统编版小学语文五年级上册第五单元的课文。作为一篇文艺性说明文，课文用准确的说明、生动的描写介绍了松鼠的外形和生活习性。课文融知识性、科学性、趣味性于一体，传达出法国作家布封对松鼠浓浓的喜爱之情。

下面以《松鼠》为课例，阐述建构小学语文结构化思维课堂的实践与做法。

一、先行组织：情境任务下的项目驱动

著名特级教师于漪曾说过：“课的第一锤要敲在学生的心灵上，激发起他们思维的火花，或像磁石一样把学生牢牢地吸引住。” 结构化思维课堂的先行组织，不等同于一般的“课堂导入”。它更强调学生在问题情境中，引发认知冲突，带有鲜明的任务驱动性质。

1. 前置学习，引起思维冲突

前置学习是指学习起点的前移，即学生在上课前先进行个性化的自学，将学习任务提前。与传统的“预习”不同，前置学习更强调学习任务的计划性、目标性、指导性。设置预习卡、导学单，是目前小学语文教学中比较常用的两种方法。

松鼠是学生非常喜欢的、生活中比较常见的一种小动物。在前置学习中，围绕“松鼠”这一主题，可以设计三个问题：第一，写下你对松鼠已有的了解；第二，阅读课文，把松鼠的信息逐条写下来；第三，对于松鼠，你还想在哪些方面做进一步的探究。

这三个问题的提出，不仅比较全面地反映了学生有关松鼠认识的“前概念”，反映了每个学生的知识水平和学习特点，更增强了问题意识，促使学生去思考、发现并提出问题，为学生思维活动的激发铺设“跳板”。

2. 创设情境，激发思维活动

传统的课堂教学导入，老师一般会这样问：通过上一节课的学习，你知道了关于松鼠的哪些知识？这样的导入大多为了引出课题，复习巩固旧知。如何让课堂导入不仅要起到复习旧知的功能，而且要在新旧知识之间建立联系，引发学生内部思维？教师的导入可以这样问：这是一篇说明文，课文向我们介绍了关于松鼠的哪些特点？你是从哪里捕捉到的信息？

依照文体特征，选取不同的教学方法。这是一篇说明文，教学导入要针对课文的文体特征而设问。说明文一般采用理性客观的科学语言，追求语言表达的准确性与科学性，引导学生筛选、捕捉有效信息。理性客观的语言和准确科学的表达是此类文章的教学价值。因此，在导入时，要根据文章体裁来设计导语，导出重点，力求起到思维定向、内容定旨、情感定调的作用，为学生下一阶段的思维活动奠定基础。

3. 抓住核心，搭建思维台阶

课文中的第一句话：“松鼠是一种漂亮的小动物，乖巧、驯良，很讨人喜欢。”这句话把松鼠外形、习性的特点总结概括出来，是全文的“中心句”。抓住这一核心，引导学生快速浏览全文，说一说课文的哪些自然段分别写出了松鼠外形、习性的特点，并找到相关的段落。

原有知识与新知识之间有一段距离，而且是台阶状的。教师要引导学生一步一步地迈进爬升，就须要给学生搭建思维的台阶。问题是引子，核心问题更是指引学生思维的方向。有质量的问题，可以将学生的思维活动与教学内容紧密地联系起来，促使学生与文本深度对话。

二、过程策略：核心问题下的递进性活动建构

小学语文结构化思维课堂的内核是在核心问题引领下建构的分步递进、螺旋上升、多样活动的课堂教学框架。在主问题的引领下，以递进式的问题链为主线，将结构化的教学内容进行有效整合，逐层推进问题的解决，促使学生在分析和解决问题的过程中进行反思、分析和综合等高层次的思维活动。

1. 确立“总分总”的结构化课堂学习框架

结构化思维的本质是框架。它将搜集到的信息、数据、知识等素材按一定的逻辑进行归总，让繁杂的问题简单化，最终结果是透过现象看本质。按照“总分总”的结构化课堂学习框架，我们将《松鼠》一课的课堂学习框架设计如下。

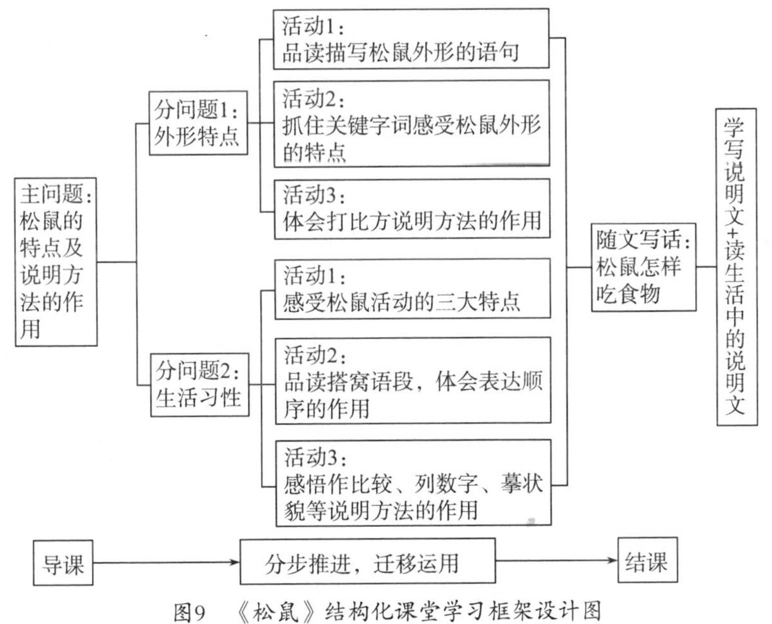

图9　《松鼠》结构化课堂学习框架设计图

“总分总”的结构化课堂学习分为三个阶段：第一阶段“导课”，提出核心问题：“松鼠的特点是什么？作者用什么方法写出了这种特点？”第二阶段“分步推进，迁移运用”，通过两个分问题：松鼠的外形特点、生活习性的特点，用圈画、品读关键字词等方法感受松鼠的特点，并从具体的说明方法中感悟作者是“如何写”的；第三阶段“结课”，以“松鼠怎样吃食物”为题进行随文写话，并将课内学习与课外拓展相关联，指向本单元习作要求：学习说明文的写作方法，介绍一种自己了解并感兴趣的事物。

“总分总”的结构化课堂学习框架，强调文本内容的结构与逻辑，以终为始、以用促学，逐步将学习过程推向深入。

2. 设计分步推进的“模块化”活动板块

“总分总”的结构化课堂框架确定了课堂总体行进方向，落实到具体的学习活动中，还需搭建分步推进的学习支架，即“模块化”活动板块。

一个复杂的问题可以细分为多个简单的小问题。“模块化”活动板块设计指将问题自顶向下，逐层划分成若干模块的过程。每个模块完成一个特定的子功能，所有的模块按照某种方法组装起来，成为一个整体，完成整个系统所要求的功能。

《松鼠》一课的教学重难点是“了解松鼠外形、生活习性的特点，并知道课文所用的说明方法”。有效突破文本的重难点，我们可以设计如下“模块化”的活动板块：

活动板块1：朗读相关语段，体会松鼠的特点。

活动板块2：圈画关键字词，体会其在表情达意上的作用。

活动板块3：探究说明方法，体会这样写有何妙处。

“朗读相关语段”“圈画关键字词”“探究说明方法”三个“模块化”的活动板块，不仅带领学生感悟文本“写了什么”，更关注文本是“怎么写的”。针对本单元是习作单元的特殊定位，“探究说明方法”的活动板块设计直接指向语言运用，帮助学生在后续的习作中尝试运用说明方法介绍一种事物。

3. 形成清晰明了的“图示化”知识结构

美国教育心理学家、认知心理学家布鲁纳认为：学习的实质是主动形成认知结构。南京师范大学教授、博士生导师吴永军先生在《深度学习模型及其在教学中的运用》中指出：大观点组织（核心概念或大观点）、结构化思考的有效路径是引导学生“图示化”呈现。“图示化”的知识结构使知识由繁杂变成简化概括，使学生对知识的体系和结构产生形象化的感觉和认识，符合小学阶段学生思维发展的特点。

思维导图是“图示化”知识结构常用的思维工具。《松鼠》一课的知识结构，就可以用思维导图的形式直观形象地概括出来，如下图。

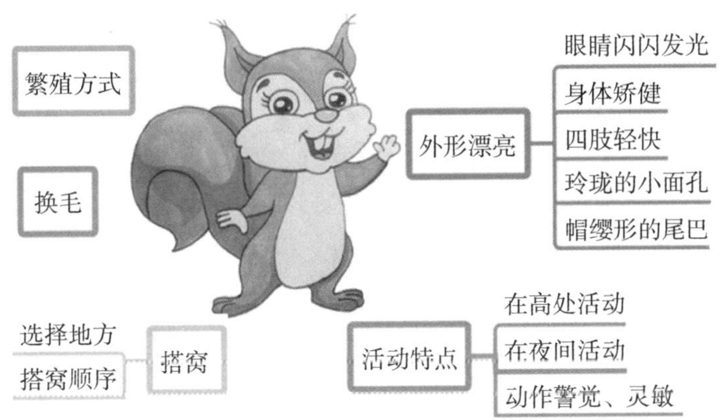

图10 《松鼠》知识结构思维导图

三、迁移运用：指向表达下的成果集成

迁移是一种学习对另一种学习的影响，能将在一种情境中习得的知识与技能应用于另一情境，达到“举一反三”的效果。如果不能将知识运用到新情境中去解决问题，那么学习者的学习就只能是死记硬背、机械训练，仍然停留在浅层水平上。

1. 随文写话，强调语文学习的积极语用

小学语文课堂学习最常用的迁移运用便是“随文写话”。

学生在学习了《松鼠》一课后，对松鼠的外形特点、生活习性的特点都印象深刻，并且知道作者用了打比方、做比较、举例子、摹状貌、列数字等具体的说明方法，将松鼠的特点生动形象地展现在我们面前。那么，松鼠是如何吃东西的呢？学生在交流分享的基础上，观看松鼠吃东西的视频，并尝试运用一定的表达顺序、恰当的说明方法进行随文练笔：

小松鼠是一种非常勤劳的小动物，一天中有70%~80%（说明方法：列数字）的时间它都在寻找食物。它最喜欢在针树林里寻找食物。当它找到食物的时候，它把食物塞进嘴巴里，蹦蹦跳跳地跑到安全的地方再把食物吐出来慢慢享用。它的嘴巴具有很大的伸展性，一颗小小的花生就把它的嘴巴撑得鼓鼓的。

松鼠是一个吃相非常优雅的绅士，不像小狗小猫（说明方法：打比方），看到食物就扑上去啃起来。你看！它半竖着身体，抬起它的前爪，用前爪抓住一颗瓜子，先沿着边缘把瓜子的壳快速地咬掉，再津津有味地啃着瓜子仁（说明方法：摹状貌）。它一边“吧唖吧唖”地吃着，一边忽闪着它闪闪发光的大眼睛，那样子可真是享受极了！

迁移运用说明文的写作方法进行随文写话，很好地实现了语文学习的“语用”功能。如果能长期在课堂学习中坚持“每课一得”，那么学生的写作能力在日积月累地训练中就会有长足的进步。

2. 发表习作，凸显语文学习的项目成果

要让学生对课堂学习有“获得感”，对语文学习产生持续的动力，帮助学生发表习作是非常重要的一个载体。小学语文特级教师管建刚在《我的作文教学革命》中这样说：一个合格的作文指导老师，不应该把力量都放在“指导”学生如何写作文上，他至少应当分出一半力量来，研究一下如何“发表”这些作文。只要学生公开发表一次，就会改变他对写作的态度和价值的认识。

《松鼠》一课所属的“习作单元”，习作要求是：把生活中了解并感兴趣的一种事物介绍给别人，可以是可爱的动物、美丽的植物，也可以是常见的物品、美味的美食，甚至可以是火星的秘密、旅游项目推介、中华传统文化介绍等等。写之前，要细致地观察所写的事物，并搜集相关材料，进一步了解这个事物，从多个角度来介绍。写作的时候，要写清楚事物的主要特点、用上恰当的说明方法、分段有顺序地介绍。写完之后，与同学交流分享。

课文只不过是一个引子，引导学生学习说明文的写作方法。教师要积极鼓励学生运用说明文的方法进行写作，并帮助学生投稿、发表习作。当学生的铅笔字变成印刷字的时候，学生内在的学习动力、学习兴趣就会得到增长。

3. 走向生活，开发语文学习的广阔天地

语文学习的外延与生活的外延相等。生活，是创新知识的内容来源。若忽视生活，“唯书本”“唯课堂”“唯学校”只能让教育走向窒息。教师要架起书本与生活之间的桥梁，让书本知识走向生活，在生活中产生学习价值。

生活中经常会接触到药品说明书、家用电器说明书、旅游景点介绍等等，这些都是说明文的应用范畴。如果能够独立阅读说明文，读懂说明文，生活中的很多问题就会迎刃而解。

如果把学习视为书本，学生可能逐步走向狭隘；如果把学习视为整个世界，教育可能给学生带来俯视世界的力量。我们要让学习更好地链接生活、链接一切可能的要素，让学习的世界充满课程机会和学习机遇。

思维活动是课堂教学中师生的核心活动。小学语文结构化思维课堂关注课堂教学流程的结构化，关注知识形成的结构化，关注思维培养的结构化，在学生高阶思维发展与课堂教学改革之间找到最佳结合点，必将有效地促进学生从宏观的角度理解语文知识，最终指向高阶思维能力的发展。

（此文发表于《中学课程辅导·教师教育》2020年第15期）

结构化视野下的统编版小学语文习作单元教学重构

太仓市科教新城实验小学　吴敏敏

[**摘要**] 作文教学一直是小学语文教学的重点，更是难点。因习作教学没有系统的课程体系，教师的教与学生的学都缺乏明确清晰的目标定位，以往的习作教学呈现“散点化”。借助统编版教材“习作单元”的编排新体系，通过教学流程结构化、能力形成结构化、思维培养结构化等方式，找到学生习作能力形成与课堂教学改革之间的最佳结合点，提升习作教学的效益。

[**关键词**] 结构化；习作单元；教学流程结构化；能力形成结构化；思维发展结构化

写作是小学语文教学的重要组成部分，第一学段为“写话”，第二、三学段为“习作”。写作是学生表情达意、认知世界的综合体现，也是教学的重难点。

尽管教师花费了大量的时间与精力进行写作教学，但往往教学效果甚微，学生习作能力的提升成为语文教学的重难点。究其原因，习作教学没有系统的课程体系，教与学缺乏明确的目标定位是主要因素。

一、习作教学的“散点化”成为制约学习成效的主要因素

1. 教材，缺乏系统的课程体系

我国的语文课程以阅读教学为重点，无论从文本比例还是教学时间来看，阅读教学与习作表达都严重失衡，呈现“重读轻写”的现状。回顾多次语文课程改革，语文课本从来没有把“习作”单列出来，写作知识和训练点散见于阅读之后或课后习题之中，点状的零散训练难以形成前后序列，习作与习作之间衔接、过渡、提升不够明显。

2. 教师，缺乏明确的教学目标

教师苦于手中没有教材，大部分教师对习作教学也没有整体的规划，

一般就是完成每个单元之后的习作指导。对于每个学段习作应达到的水平、各个学段习作之间的衔接，教师相对还是比较模糊的。语文老师用了大量的时间精力辅导习作、批改作文，却因教学体系零散、习作知识讲解模糊、教学方法陈旧等因素，导致教学效果不尽如人意。

3. 学生，缺乏持续的习作动力

大部分学生并不喜欢写作文，究其原因，主要是缺少素材没话写、能力不强不会写、觉得繁杂不愿写等因素。从学生习作的数量和频次来看，教材内一学期习作次数为7~8次，有限的表达实践难以支撑学生形成熟练的习作技能。即便对老师认真批改的习作，学生也仅仅是粗略地读读评语，很难有针对性地进行二次修改。于学生而言，习作是教师强加于他们的学习任务，并非个人表达的内在需求。

二、统编版教材的“习作单元”带来习作教学新走向

统编版教材小学语文与以往的教材都不同：从三年级开始出现“习作单元”。习作单元是一个独立、整体的单元，运行着严谨的学理推演，成为统编版教材的一大亮点。

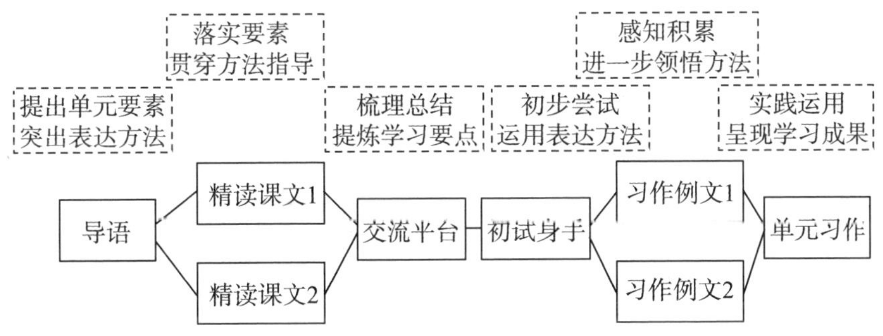

图11　习作单元各板块功能定位

按照提出单元要素、落实要素、梳理总结习作方法、运用表达方法初步尝试写一个小片段、习作例文引路、综合运用习作方法自由创作一篇作文等步骤，习作单元以“单元整体”的编排思路，完整、系统地架构了层层深入的学习板块，最终指向学生习作能力的培养。

三、基于结构化视野的小学语文习作教学策略

基于教材编写的特点，教师应以课程的视野，从教学流程结构化、能力形成结构化、思维培养结构化三方面入手，探索新的教学路径，切实发展学生写作素养。

1. 教学流程结构化，有力突破单元教学重难点

教学流程结构化指按照“总—分—总”的结构组织教学过程，即提出问题启动学习→分析解决问题展开学习→迁移运用结束学习。在“习作单元”教学中，要把习作兴趣的培育、习作知识的习得、习作能力的训练通过结构化的教学流程融入这个完整的教材体系中，尽可能提高单元整体教学的厚度与品质。

引学为始，形成认知：精读课文不指向阅读理解，而指向习作方法，更侧重落实习作要素。习作单元中的“精读课文”不同于普通单元，不在于生字词的扎实训练，不在于重点语段的品词析句，不在于文本人文价值的深刻领悟，而在于着重理解课文的表达方法。教学习作单元的精读课文时，要紧紧围绕语文要素设计教学，始终指向习作、表达展开教学，贯穿方法指导。

笃用深学，归纳方法：无论是“精读课文”中的课后习题，还是“交流平台”对于本单元习作方法的总结和梳理，都是对习作知识的归纳、对习作方法的回顾。在教学时，教师要充分发挥学生的主体作用，促进习作方法的形成与巩固，从而为学生后续的写作搭建适宜的“脚手架”。

学以致用，迁移练习：学习的终极目标是学习者能力的培养，而知识的迁移运用正是能力的外化和体现。习作单元，最终指向学生习作能力的培养。经由“初试身手”的表达练习、“习作例文”的范例学习，“单元习作”板块为学生提供了“感知—理解—运用”的平台。在这里，学生对写作知识有更多实践运用的机会，如写什么、如何写、表达方式等等。

2. 能力形成结构化，有效夯实语言训练落脚点

能力形成的结构化是指按照知识之间的内在联系进行板块教学，同时

促进新知识与学生原有知识结构的关联，进行知识的重构。

以统编版教材四年级下册“习作单元”为例，本单元的语文要素是“了解课文按一定顺序写景物的方法”。编者安排了精读课文《海上日出》和《记金华的双龙洞》，习作例文《颐和园》和《七月的天山》等五个板块的内容。下面以此为例，具体剖析一个习作单元如何开展能力形成结构化教学，夯实语言训练的落脚点。

第一层次：初步感知。《海上日出》和《记金华的双龙洞》是本单元的两篇精读课文。两篇课文分别从太阳变化的顺序和游览的顺序，介绍了海上日出的特点和双龙洞的特点。尽管两篇课文描写对象不同，但都围绕着本单元的语文要素“按照一定的顺序写景物”而展开文本。在教学时，就要紧紧落实这一语文要素。

第二层次：随文练笔。要注重发挥习作单元“读写结合”的教学优势，引导学生从关注“写什么”转向“怎么写”，实现读写迁移。在《海上日出》的学习中，设计随文练笔“抓住一到两处景物在暴雨来临前后的变化，写出它们的特点”；在《记金华的双龙洞》的学习中，设计随文练笔“写自己印象深刻的一个景点”。在这些短小的片段训练中，学生借助已有的语言形式进行简单的随文练笔，让文本经典的言语结构得到迁移和内化。

第三层次：针对训练。“初试身手”给了学生练笔的机会，它结合本单元“按照一定的顺序写景物”这一语文要素，让学生画植物园的参观路线，观察附近的一处景物并按一定顺序写下来。通过这两项练习，学生初步掌握了按照顺序写景物的基本方法，为接下来的单元习作做好准备。

第四层次：综合训练。这是在前几项学习基础上的一个综合练习平台，给了学生更加宽广、更加自由的表达平台。单元习作“游________”，是一个半命题的作文，学生能够根据自己的生活经历，选择印象最深的一个地方，按照游览的顺序写下来。综合训练既巩固强化了习作方法，又能让每个学生自由表达。

3. 思维培养结构化，持续推动内涵发展生长点

作文的过程是思维能力锤炼与提高的过程。《义务教育语文课程标

准》指出：语言文字运用和思维密切相关，语文教育必须同时促进学生思维能力的发展与思维品质的提升。结构化视野下的统编版小学语文习作教学要立足学生思维发展的立场，让其成为进行表达和交流的重要方式。

善于关联，培养思维的广度。很多学生觉得习作"无话可写"，一大原因在于学生不善于观察和积累，切断了习作与生活之间的联系。纵观古今中外的文学大师，其创作无不是对生活深刻感悟、有感而发的。作为老师，我们要从学生入学开始，就培养学生敏锐的生活感受力、洞察力，并且有意识地引导学生将其运用到"写话""日记""周记"等训练中。

善于深耕，培养思维的深度。在老师的眼里，一篇习作应当不只是一篇习作，我们应当有课程的视野，既能关注到单元整体教学的重难点，更能跳出本单元知识点的局限，放眼本单元习作要素的前移后续，让学生形成习作能力的过程结构、方法结构和思想结构。

从写事类习作来看，年段目标就呈现出循序渐进、逐步提升的设计思路：从把事情的过程写下来（三上），到把看到想到的写清楚（三下），再到按一定的顺序把一件事情写清楚（四上），再到写清楚事情的同时写出自己的想法与感受（四下），再到详略得当（五下），能力发展序列十分清晰。

统编版教材"习作单元"的出现为基于结构化视野的小学语文习作教学带来了前所未有的机遇。充分依托"习作单元"的教材优势，通过教学流程结构化、能力形成结构化、思维培养结构化等方式，剖析学生习作能力形成与课堂教学改革之间的关系，找到两者之间的最佳结合点，将为习作教学的高质量发展带来新的契机。

参考文献

［1］朱建军. 语文课程"读写结合"研究：理论、标准与实践［M］. 北京：教育科学出版社，2013.

［2］吴勇. 习作单元，"读写结合"教学的新走向：统编本教材"习作单元"的教学认知与实践策略［J］. 小学语文教学，2019（13）.

[3] 叶黎明. 写作教学内容新论 [M]. 上海：上海教育出版社，2012.

（此文发表于《快乐阅读》2021年第6期）

小学语文结构化思维课堂的教学建构

太仓市科教新城实验小学　吴敏敏

[摘要] 小学语文结构化思维课堂是以促进学生思维能力发展为核心目标的新型课堂教学形态。它主要具有四大要素：问题情境需要思维来滋养和灌溉，任务的结构安排是启迪思维的基本形式，可视化是思维外显的主要媒介，表达运用是思维迁移的重要手段。

[关键词] 结构化；思维课堂；问题情境；单元整体；图示化

小学语文结构化思维课堂以促进学生思维能力发展为核心目标，通过结构化的课堂教学设计，促使学生形成结构化知识体系，发展结构化思维能力。

一、问题情境：养育思维的基础土壤

问题情境的设立，总能快速引发学生的思维冲突。结构化的情境设计能揭示知识的内在逻辑，为结构化知识转化为认知结构提供心理空间。

问题情境要求真实。问题情境的设立应求真务实，尽量规避与思维过程无关的“假”情境。学生们提出问题的意识强，但往往七嘴八舌，所提出的问题是零碎的，没有思维价值的。教师需加以辨别与引导，帮助学生把疑设在“点子”上。如果教师的工作仅仅是为了体现教学中的“假民主”，这样的问题情境设置就是假情境。

问题情境要生活化。问题情境的构建应适合学生本身的生活阅历，做到与生活紧密联系，这样才利于学生以自身经历为媒介，正确解释生活中的现象，进而解决生活实践中所面临的问题。在教学《海上日出》一课

时，教师可将学生在生活中看日出的情境与课文相联系，无论是在海上看日出，还是在海边看日出、在山上看日出、在高楼上看日出，都能引起学生思维与文本的共鸣。

问题情境要重探究。学生在自主探索过程中发现的问题，更能提升其思维素质与探究能力。在教学统编版教材六年级上册《伯牙鼓琴》一课时，教师可设置问题情境：课文为何要以“高山”与“流水”为意象歌颂两人的情谊？在学生充分讨论交流的基础上，教师再引出“志存高远”和“海纳百川”两个典故，丰富学生对“高山”和“流水”的深刻领悟，这样的文本解读有理有据、有血有肉。

二、任务结构：启迪思维的基本形式

1. 关注课堂教学流程结构化

小学语文结构化思维课堂以“总分总”的结构为教学基本流程：第一阶段“导课”，围绕文本内容，提出主要问题或主要任务；第二阶段“分步推进、迁移运用”，将“主问题或主任务”分解为“分问题”；第三阶段“结课”，通过成果展示、知识梳理、评价反思的方式，归纳概括课堂学习成果，促进知识的迁移与思想方法的形成。

2. 关注知识能力形成结构化

（1）关注知识的前移后续，实现知识的整体认知

长期以来，教师已经习惯于以“课时”为单位的备课、上课固定模式：备一节课，上一节课；上完这个单元，再上另一个单元。这样的点状式模块教学行为，容易导致学生认知体系与语文整体知识的割裂，难以实现语文学科的育人价值。

统编版教材将语文要素分成若干个“训练点”安排在各年段中，做到有序推进，由浅入深，由易到难。以“表达能力”为例：

三年级：说清楚（清晰表达自己的看法，讲得透彻明白）

四年级：有主题，说完整（做到不跑题、不遗漏主要信息）

五年级：有依据，有条理（学会选择材料、分条讲述、有条理地表达）

六年级：更丰富，更灵活（丰富故事细节、灵活地调整讲解内容）

结构化的思维课堂注重知识的前移后续。教师在落实语文要素的时候，通过对前后所学知识的有效关联，实现知识结构的整体认知。

（2）关注单元整体备课，构筑全局视野

在结构化思维课堂的教学中，教师要充分认识并发现同一单元课文之间的本质联系和内在结构，以纵观全场的视野来主导本单元的语文要素，让学生脱离一叶蔽目这样的困惑，真正体会到“站得高、看得远”的学习感受。

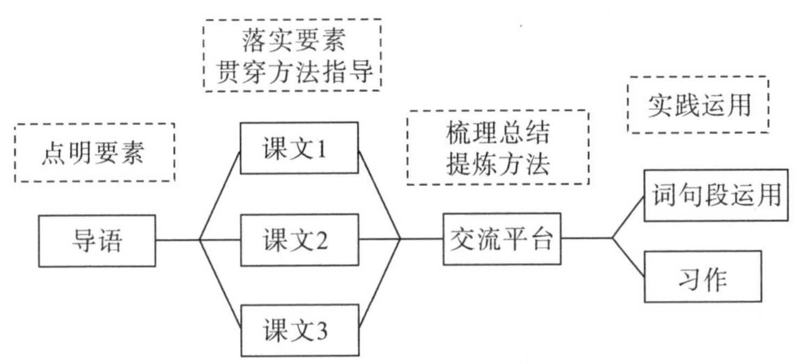

图12　统编版小学语文单元整体编写体系

（3）把握学生认知特点，落在合理区间

蒙台梭利在《儿童的秘密》一书中，强调重视儿童不同时期认知上的各大关键期。基于以上的教育心理学知识，教师在利用结构化教学方法进行课堂教学时，要以学生自身的认知作为主要依据，寻找教材、教法与学生认知结构的配合方向，同时着力于“最近发展区”和“关键期”，让学生能“加速跑”“奋力跳”“够得着”。

小学低年级是儿童发展想象力的“关键时期”，只有紧紧抓住这一时机，学生的语言和思维能力才能更好地得到提升。对于此年龄段的学生，最佳的语言训练形式不仅仅是进行句式训练，还要通过“童话”这一特定的儿童文学体裁进行想象力的培养。

3. 关注思维培养结构化

思维课堂，主要以发展学生思维为主线。按照学生自身思维发展的基本规律，小学语文结构化思维课堂可以提炼为这样四个阶段：思维挑战、思维进阶、思维外化、思维迁移。

以课外阅读《小飞侠彼得·潘》为例，结构化思维课堂教学设计可以这样安排：通过课前的阅读，说说你所了解的小飞侠彼得·潘是个怎样的孩子（思维挑战，展现已有知识储备）；寻找相关的语段，谈谈你对小飞侠彼得·潘的认识（思维进阶，实现与文本的深度对话）；说说童年是怎样的一段岁月（思维外化，以文本为触发点随文写话）；阅读其他与“童年”相关的课外书籍（思维迁移，进行同主题作品的拓展阅读）。

三、可视化：思维外显的关键载体

布鲁纳认为：结构性的内容可以使学生快速理解，并在学习的中后期不容易造成遗忘。学生自行整理知识储备提纲时，教师可以引导他们采用类似表格、知识树、括号图等这样的图示形式将知识外化，并借助“图像记忆”的优势，助力学生完善知识体系框架建构。

表格式：

表1 《20 美丽的小兴安岭》板书设计

季节	描绘的景色
春	树木、积雪、小溪、小鹿
夏	树木、晨雾、太阳、野花
秋	白桦、栎树、山葡萄……名贵药材
冬	雪花、紫貂、黑熊、松鼠

以《20 美丽的小兴安岭》为例，板书设计采用表格式，从“季节、描绘的景色”两个维度梳理课文内容，能够清晰地展现出课文从“春、夏、秋、冬”四个季节，描绘了“树木、积雪、晨雾、山葡萄”等优美景色。

图文式：

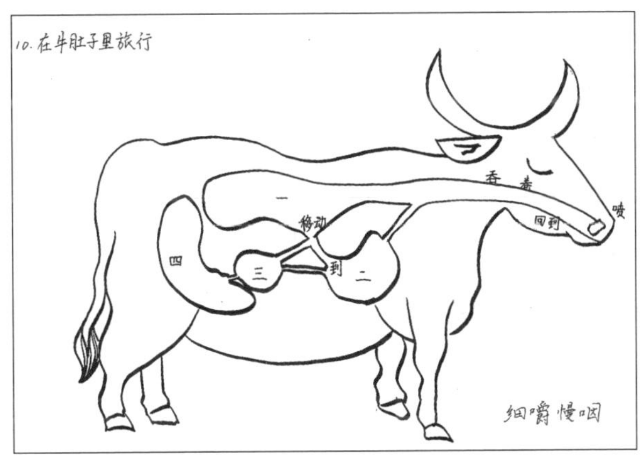

图13　《10　在牛肚子里旅行》板书设计

以《10　在牛肚子里旅行》为例，板书设计采用图文式，以“牛”的卡通形象为板书主体，将其身体的各个部分鲜明地勾勒出来，把“卷、吞、移动、回到、喷”等关键动词标注在图上，形象地呈现了小蟋蟀“红头”在牛肚子里的神奇旅行。

括号图：

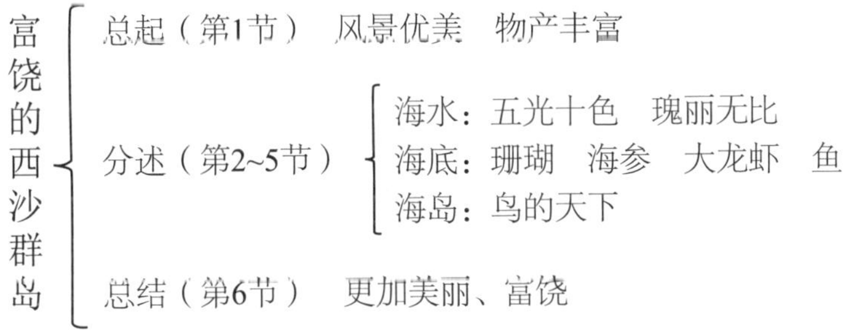

图14　《18　富饶的西沙群岛》板书设计

以《18　富饶的西沙群岛》为例，板书设计采用括号图的形式，“总—分—总”的教学结构非常鲜明：以中心词“风景优美、物产丰富”总起全文；分别从“海水、海底、海岛”三个方面进行具体描写；最后展望西沙群岛必将变得更加美丽、更加富饶。

四、表达运用：思维迁移的有效手段

小学语文结构化思维课堂，要和“内容分析式”的阅读教学说再见，促进语文知识的迁移和内化，这正是知识结构化的过程。

1. 复述，指向归纳思维培养

统编版小学语文教材考量提升学生复述课文知识能力。复述，即让学生在旧知的基础上，深化语言表达能力，对材料进行吸收和整改，再逐步内化，最后通过严密的逻辑表达能力呈现出来。以“复述”为例：

二年级：借助图片、表格讲故事；

三年级：了解故事主要内容后详细复述；

四年级：要抓住课文主要内容，简要简短地复述；

五年级：使用一定的教学方法，创造性地进行复述。

根据年段差异，递进类推复述训练和引导，展现养成目标的层次性与发展性。在进行此类变式练习时，教师应当严格按照教科书安排的目标水平进行教学和评价学习成果，在提升学生语文能力的基础上，培养学生的归纳思维。

2. 补白，指向发散思维培养

统编版小学语文课文中有许多的细节处，作者适当地留下了“空白”。在实际课堂教学过程中，老师通过抓住文章的这些“空白”，让学生适当地进行“补白”，充分锻炼了学生的发散思维。

在《卖火柴的小女孩》的童话故事里，通过想象小女孩与奶奶的悲惨邂逅，学生仿佛会看到寒冬里饥寒交迫的小女孩对亲情的微妙感受；在《穷人》一文中，让学生想象桑娜的丈夫回来后会有如何的不满；在《掌声》一文中，让学生猜测英子在课后又会发生什么奇思妙想……这些补白可以引发共鸣，是课堂上让学生随文练笔的好契机。

3. 续写，指向创新思维培养

课文仅仅是一个例子，教师要在文本学习与语用练习之间架起一条有效的学习、模仿路径，让学生在语文课堂中进行精神漫游，好玩又有趣。

续写，通过给学生一个指定的方向，但又不完全束缚学生的想象空间，为学生的思维发展与语言运用提供更大的创造平台。

结构化视野下的小学语文思维课堂，遵循思维发展规律，从问题情境、形成结构、图示化、变式练习四大要素入手，通过对学生思维发展进行建构的过程，促进学生学习知识、掌握技能、开拓思维，最终指向学生思维能力的发展。

参考文献

［1］赵国庆，熊雅雯，王晓玲. 思维发展型课堂的概念、要素与设计［J］. 中国电化教育，2018（7）.

［2］戚文菁. 结构化教学观对现当代散文教学的启示［D］. 曲阜：曲阜师范大学，2015.

［3］陈志凤. 善用关联思维促进主动思考：小学数学课堂运用关联式思维教学的实践与思考［J］. 数学教学通讯，2016（25）.

［4］方军. "整体性-结构化"：单元"综合探究"教学的有效实践［J］. 教学月刊（中学版），2016（10）.

（此文发表于《江苏教育》2021年第69期）

促进思维发展的小学语文学习活动结构化设计

太仓市科教新城实验小学　吴敏敏

［摘要］促进学生思维发展的小学语文学习活动结构化设计，包括"确立学习任务、实施学习过程、优化学习评价"三个部分。依据义务教育语文课程标准，针对学生实际学情，设计具有差异性、选择性、趣味性的学习任务，并通过提供多样的学习支架支持学生学习，开展指向素养立意的、教学评一体化的学习评价。

［关键词］思维发展；学习活动；结构化

新颁布的义务教育课程标准倡导以结构化的方式来组织课程内容，以课程结构化引领教学实践改革。课程结构化，强调在学科知识结构中所隐含的学习活动及活动方式的结构化。促进思维发展的小学语文学习活动结构化设计，聚焦确立学习任务、实施学习过程、优化学习评价，以思维发展为导向，通过结构化的学习活动设计，优化教师的教，助力学生的学，促进学生思维能力发展。其流程示意图如下图所示。

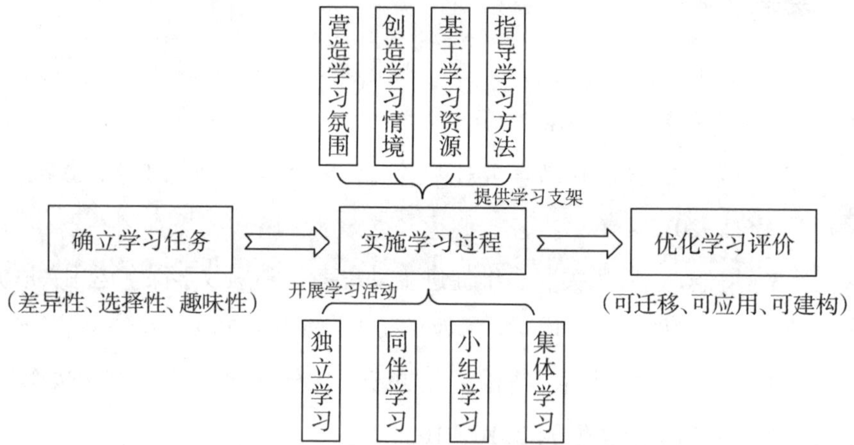

图15　促进思维发展的小学语文学习活动结构化设计架构图

一、确立学习任务：任务设计具有挑战性，落在最近发展区

学习任务对于学生明确学习要求、达成学习目标具有鲜明的导向作用。挑战性学习任务的设计，必然能带来不同学生学习能力的提升，从而正向促进学生思维在自己的最近发展区得到更优发展。

1. 学习任务具有差异性

“因材施教”的教育思想在教学中体现为“分层教学”和“差异教学”。其本质是关注差异、尊重差异，为差异而教。同教材，同要求，异进度；同教材，同进度，异要求；异教材，异进度，异要求……针对学生能力的差异，分层设课，分层设任务。以统编版小学语文三年级上册《15　搭船的鸟》为例，我们可以设计“填空、分析、写话”三类不同难度的思考题，检测学生阅读效果。

学习任务一：课文内容填空

雨停了，我看见一只（　　）的小鸟站在船头，多么美丽啊！它的羽毛是（　　）的，翅膀带着一些（　　），比鹦鹉还漂亮。它还有一张（　　）的长嘴。

学习任务二：课文内容分析

雨停了，我看见一只美丽的小鸟站在船头。它身上的颜色丰富又漂亮，有______、______、______。小作者在介绍它的外形时，先从整体夸一夸，再从______、______、______三个部位具体写出了它的特点。

学习任务三：随文练笔写话

在生活中，你一定还见过其他美丽、可爱的小动物吧？抓住小动物外形的特点，先整体夸一夸，再从外形的各个部位具体写一写。请用一个片段，介绍一种你喜欢的小动物。

美国当代著名的心理学家、教育家布鲁姆在目标分类学中提出了六个层次的认知分类目标，即：识记、理解、应用、分析、评价、创造。在本例中，"学习任务一"属于"识记"，"学习任务二"属于"理解"，"学习任务三"属于"应用"。对应布鲁姆目标分类学，三个不同的学习任务实现了学习难度的层次划分，不同学习能力的学生能得到最适合自己的发展。

2. 学习任务具有选择性

没有选择，就没有个性化学习。如果在学习过程中，每一门课程、每一课时对所有学生的学习路径、学习方式、作业布置的要求都是一样的，那么"因材施教"便成为一句空话。促进学生思维发展的学习活动设计，必须立足于学生的学习基础，把学习目标、学习途径、课后练习的选择权交给学生。

学习目标分层：根据布鲁姆目标分类学理论，学生要基于自身学习基础与学习能力，选择相应的可达成的目标，开展相应的学习活动，确定自己的最近发展区。

学习方式多样：至少包括四种不同的学习方式。一是独立学习活动，每一个学习者都是独立学习的个体，这是所有学习活动中最重要、最基本的学习活动形式；二是同伴学习活动，同伴是最熟悉的学习伙伴，伙伴之间有信任、更和谐，思维碰撞更加深入、有效；三是小组学习活动，异质分组，同组之间充分分享、充分交流，异组之间竞争学习；四是集体学习活动，开展班级授课制的学习活动，教师作为课堂教学的主导者全程参与，提高班级授课效率。

作业形式自选：实施“双减”政策，要牵住“作业管理”这个牛鼻子。作业并非越多越好，而要通过作业把学习目标转化成关键问题，让学生进行高阶思维的训练。作业可以分为“必做”与“选做”，下要保底，上不封顶；作业可以是书面形式，可以是口头形式，可以“纸上谈兵”，更欢迎实践探究……彰显育人导向、凸显学习目标、把控完成时间、提升作业质量、丰富作业类型、体现个体差异，这些都是在优化作业管理、把学习的选择权交给学生时需要重点考虑的因素。

3. 学习任务具有趣味性

孔子曰：“知之者不如好之者，好之者不如乐之者。”兴趣是学习最好的老师。在一定程度上，兴趣更是学习的内在动力，有无学习兴趣，直接决定着学生对学习的态度。作为老师，我们要尽最大可能激发学生学习兴趣，推动学生积极思考。

小学阶段，学生年龄较小，思维上还是偏低龄化。低年段的学生大都以形象思维为主；到了三年级之后，思维发展进入转折时期，大脑前额皮层逐渐发育完善，抽象、概括、分类、比较和推理能力逐年提升。因而，针对不同年段学生思维发展的特点，学习任务的趣味性应有不同的体现：低年段的学习以游戏、故事、表演为主要形式；中高年段的学习以讨论、交流、辩论等形式为主，强调学生在挑战学习任务中获得的体验感、成就感。

二、实施学习过程：教师有效支持学生，提供学习支架

个体思维的发展主要包括以下三个方面：直觉行动思维、具体形象思维、抽象逻辑思维。思维发展，无疑是个体认知转变的一个重要内容。在

思维发展过程中，我们要为其搭建由浅入深、由表及里、由近及远的学习支架，促进思维的联结。

1. “台阶式”的学习支架

按照“分步推进”的教学原则，聚焦文本核心，将“主问题或主任务”分解为“分问题或分任务”，通过模块化的学生活动化解教学重难点，搭建“台阶式”的学习支架。

以统编版小学语文五年级上册《17　松鼠》为例，我们可以设计如下“台阶式”的学习支架，帮助学生感受作家布封如何用准确的说明、生动的描写来介绍松鼠外形漂亮、行动乖巧、性格驯良的特点。[1]

主问题：松鼠的特点及说明方法。

分问题：松鼠的外形特点、生活习性是怎样的？作者又是怎样介绍的呢？

台阶式学习支架：

学习任务一：感受松鼠的外形特点

活动1：品读描写松鼠外形的语句。

活动2：抓住关键字词感受松鼠外形的特点。

活动3：体会打比方说明方法的作用。

学习任务二：感受松鼠的生活习性

活动1：总体感受松鼠活动的三大特点。

活动2：品读搭窝语段，体会表达顺序的作用。

活动3：感悟做比较、列数字、摹状貌等说明方法的作用。

2. “辐射状”的学习支架

在逆向思维、抽象思维、线性思维、形象思维等不同的思维类型中，发散思维是培养创造性思维最好的方式之一。在指向学生思维发展的小学语文学习活动结构化设计中，通过“同主题”“同体裁”“同作者”等关联性、辐射状的拓展学习，培养学生由“点”（一篇课文）到“线”（一组文章）再到“面”（一个主题）的“织网”能力。

统编版小学语文四年级下册《16　海上日出》是一篇优秀的写景抒情

散文，是描写日出的经典美文，主要围绕海上观看日出的情景展开描写，语言质朴且生动。在课外拓展阅读环节中，我们就可以用“辐射状”的学习支架来展开教学。

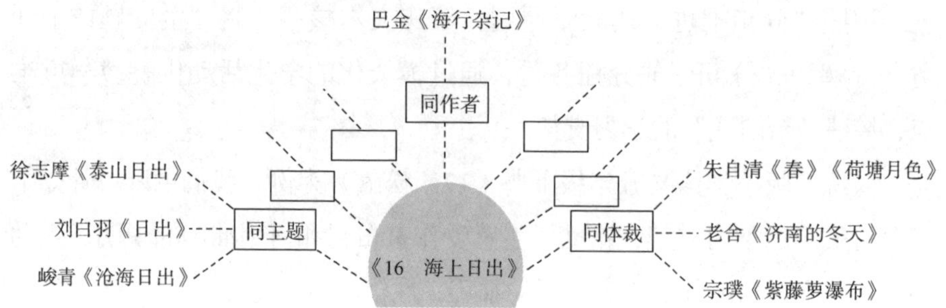

图16　《16　海上日出》课外拓展阅读“辐射状”学习支架图

3. “定向式”的学习支架

“定向”与“辐射”形成鲜明对比，“辐射状”学习任务更多关注学生思维的发散性，“定向式”学习任务更多关注学生思维的深刻性。“定向式”指向专一性、指向专题性，即在某个知识点、某个主题上进行深入学习，从而形成较为深刻的认知理解。

定向式学习任务设计，要尽可能地打开学习的时空，打破课内、课外两个时空的壁垒，构建“课内外一体化”的高效学习循环发展模式，突出课内外学习资源的相互补充与融合，形成良性互动，共同致力于学生语文素养的提升。

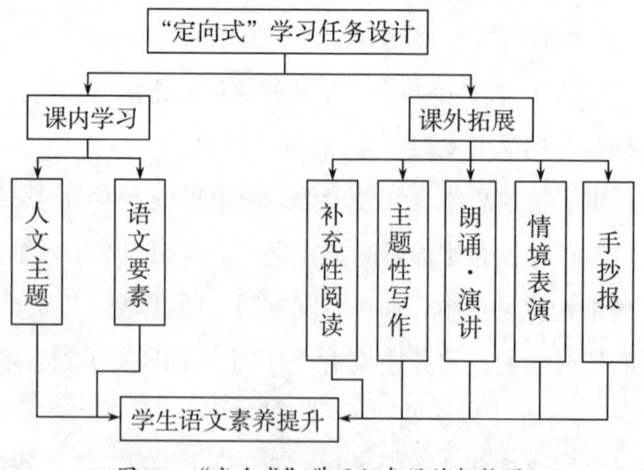

图17　“定向式”学习任务设计架构图

三、优化学习评价：指向素养立意，坚持教学评一体化

新颁布的《义务教育课程方案和课程标准（2022年版）》强调以素养为导向的学习评价，坚持教、学、评一体化原则，更加关注学生思维水平与探究水平的发展，更加关注思维过程、探究过程的价值意义。

1. 注重实践应用，促进学法迁移

学习是一个连续的过程，是在已有旧知的基础上学习新知，从而获得进步的过程。无应用即无学习，学习评价要让测评始终处于产生知识或应用知识的真实情境中，促进知识系统化、结构化，实现迁移应用。语文课程是实践性课程，小学语文学习活动中最常用的迁移方法便是“随文写话”：借助文本语言表达方式，进行同类别的写话练习。[2]

例如，学习了《燕子》《松鼠》等课文之后，抓住动物外形与生活习性的特点仿写其他小动物；学习了《麻雀》《爬天都峰》之后，抓住记叙文“六要素”把一件事情的起因、经过、结果写清楚；学习了《盘古开天辟地》《普罗米修斯》之后，感受神话故事中瑰丽的想象、鲜明的人物形象，自己创编一个童话故事……

学法迁移，促进了知识结构、认知规律相同要素之间的影响与同化，利于学生思维能力的发展。

2. 突出问题导向，直面真实探究

《义务教育语文课程标准（2022年版）》强调：要培育学生终身发展和适应社会发展所需要的核心素养，特别是在真实情境中解决问题的能力。把批判性思维与创新素养的培养作为教与考的重要内容，这就意味着学习评价要从真实生活出发，在问题解决过程中达到对学生创新精神与实践能力的培养。

统编版小学语文五年级下册第6单元以“思维的火花”为单元主题，让学生在感受经典故事趣味的同时，还能学习一些思维方法。以《15　自相矛盾》为例，课文告诉学生说话、做事要前后相应，不要相互抵触。道理虽简单易懂，但推敲人物的思维过程，对日常生活中“自相矛盾”的现

象引以为鉴，是本篇课文带给学生最大的学习成效。在课堂教学评价中，教师要以生活为源，以问题解决为导向，引导学生观察生活、反思生活，对自己及身边人的认知过程、思维方式进行回顾、反思与总结，教师及时给予针对性的指导。

3. 加强关联互动，倡导学科融合

注重加强学科实践和跨学科主题学习，用跨学科的思维培养学生整体认知世界的能力，是2022年版课程方案的修订重点之一。“评价建议”要关注“跨学科学习的阶段性评价”，通过观察报告、实验报告、研究报告等，评价学生跨学科学习的阶段性成果。

统编版小学语文六年级上册《9　竹节人》的课后习题，从“写玩具制作指南、读出传统玩具给人们带来的乐趣、讲一个有关老师的故事”三个方面[3]，激发学生思考，引导学生探究。大任务承载大观念，把点状式的任务以学科融合的方式进行整体化、结构化设计，将更加有利于提升学生的思维能力。

表2　《9　竹节人》学科融合作业评价清单

主题	内容	目标	关联学科
《从“竹节人”说开去》	写一写“竹节人”的做法	观看《跟着书本去旅行》第32集《寻访靖江：竹节人》，写一份制作竹节人的观察报告。	科学
	学一学“竹节人”的玩法	以小组为单位，学习竹节人的玩法。用文字介绍、照片、视频等方式进行分享。	劳动
	读一读“竹节人”带来的乐趣	开展课文朗读比赛，体会传统玩具带来的乐趣。朗读的时候特别注意课文中写“我们”投入地做玩具、玩玩具的部分。	语文
	讲一讲有关“老师”的故事	以“我的老师”为题，师生相互分享有关老师的故事，把这个故事的起因、经过、结果介绍清楚。	品德与社会

恩格斯说：思维是地球上最美丽的花朵。激活学生的思维，是教学最大的道德。[4]思维能力的培养要贯穿课堂教学的始终。促进思维发展的小学语文学习活动结构化设计，通过确立学习任务、实施学习过程、优化学

习评价，形成目标明确、实施路径与策略清晰可见的课堂教学系统建构，最终指向学生高阶思维能力的培养。

参考文献

[1] 吴敏敏. 小学语文结构化思维课堂实践研究：以统编版小学语文五年级上册《松鼠》为例 [J]. 中学课程辅导·教师教育，2020 (15).

[2] 马爱林. 在小学语文教学中落实学生语言实践的方法 [J]. 教师博览，2021 (1).

[3] 施丽聪. 功能性阅读视域下的“有目的地阅读”：以《竹节人》为例 [J]. 福建教育，2020 (36).

[4] 孙双金. 向经典致敬：于永正《草》一课的教学赏析 [J]. 江苏教育，2018 (33).

（此文发表于《语文建设（下半月）》2022年第7期）

第六章
思维课堂的深度发展

缩小研究切入口，为思维培养再挖“一口深井”

指向学生思维发展的小学语文结构化课堂教学研究，依托江苏省中小学教学研究第十三期重点自筹课题“小学语文结构化思维课堂的实践研究”项目，历经两年多的研究，深化了我们对学生思维力培养的认识，构建了小学语文结构化思维课堂的基本模式。

指向学生思维发展的小学语文结构化课堂教学，我们强调：

要找到小学语文课堂与学生思维力发展之间的关系，在两者的最佳契合点上发力。要以促进学生思维能力发展为核心目标，建构新型的课堂教学形态，尤其要遵循思维发展的规律，课堂上注重学生高阶思维的培养。

指向学生思维发展的小学语文结构化课堂教学，我们希望：

不仅从小学语文单科入手培养学生的语文素养，而且以小学语文学科为源点建构全科推进、全面指向学生思维力培养的系统架构。已有的研究成果能够辐射其他学科，提升学校的课堂品质，打造课堂文化。

指向学生思维发展的小学语文结构化课堂教学，我们希望：

针对当前教育教学更多关注知识的识记与理解，在动手实践方面相对较为薄弱的现状，全面系统地探索指向学生思维发展的素质教育新样态，通过“动手做”“合作做”“项目式学习”“跨学科学习”等学习方式，促进学生为解决问题而学习的自主学习能力，提升学生的创造性思维与想象能力，为小学素质教育改革提供一种全面的实践经验。

两年的研究转瞬即逝，回顾课题组一起为了推进学生思维力培养而共同奋斗的历程，内心备感充实与温暖。总结是为了更好地出发，在下一阶段的研究中，我们将持续深化研究成果，为思维培养再挖“一口深井”——聚焦“学习活动结构化”，探索如何通过“确立学习目标、搭建学习支架、注重发现和创造的活动历程”在学生思维培养上更进一步。

一、什么是“学习活动结构化”

学习活动指学习者与外部环境相互作用的结果，即为完成特定学习目标而进行的师生操作的总和。学习活动需具备三个要素：有特定的学习目标、学习者要具有学习动机、活动的结果要产生一定意义。

结构化指将逐渐积累起来的知识加以归纳和整理，使之条理化、纲领化，做到纲举目张。结构化对于知识学习、能力形成具有重要作用，它以事物的结构为思维对象，以对事物结构的积极建构为思维过程，具有清晰性、系统性、有效性的鲜明特点。

促进思维发展的小学语文学习活动结构化，将通过确立学习目标、搭建学习支架、注重发现和创造的活动历程，促进学生“分析能力、评价能力、创造能力”等高阶思维能力的发展。

二、国内外相关研究领域现状

关于学生思维发展的研究：培养和发展学生的高阶思维已经成为各国教育教学的目标之一。研究表明，用于建构高阶思维技能的低阶思维技能，如知识、理解、应用等，都已在学校得到了很好的教授，而高阶思维在教学中还涉及甚少。我们的教学还很难突破知识点层次而上升到高阶思维层次。同时，语文阅读能力培养富含高阶思维的成分和要求，从小学语文课程标准来看，对于分析、综合、评价、创造等层次的要求是相当多的。当今，西方国家倡导深度学习，而深度学习与高阶思维有着必然的联系，依据布鲁姆的认知领域教育分类学，深度学习的实现必须要依靠高阶思维。

国内近几年来进行思维课堂研究的学校有很多。例如，山东省烟台教科院推行“和谐高效、思维对话”型课堂，认为教学过程是师生之间、生生之间交往互动与共同发展的过程。人大附中北京经济技术开发区学校提出“五有”课堂的建构，主张课堂应充满具有思维含量的“理趣”；学习有方法，教师以学生的学习问题为出发点，通过设计问题链、学习单、作业单、微视频等学习支架，依托学习共同体，引导学生实现深度学习；课堂上要促进深度对话交流的发生，将学习引向深入。还有无锡梁溪区大力推进“深度学习 · 思维课堂”教学改革，出台《梁溪区中小学推进“深度学习 · 思维课堂”的指导意见》，颇具影响力。举国上下都在倡导课堂转型，让课堂成为真实的课堂、思维对话的课堂、深度学习的课堂。

关于学习活动设计的研究：学习活动是学生语文学习的重要组成部分，其效率的高低往往对学生的语文学习质量产生重要影响。新课程改革以来，“学生主体”“以学定教” 等观念越发深入人心，学生的语文学习活动得到越来越多的关注。然而，当下的语文课堂上教师教的活动占据课堂主导地位的情况依旧存在，语文课堂学习活动普遍存在表层碎片化、深层无结构的问题。

在“百度文库”上，以“小学语文、学习活动”为关键词进行检索，截至2021年7月共获得有关数据 1亿条。从已有资料来看，近年来广大教育工作者对语文学习活动的研究，表现出极强的发展趋势。已有的关于语文学习活动的研究，多涉及如何引导学生参与语文学习活动、关注语文学习活动的设计或改进、探讨语文学习活动的效率以及指明或强调语文学习活动的重要性等几个方面。搜集到的与语文学习活动相关的书籍有乔晖老师的《语文教科书中的学习活动的设计》、王荣生教授的《阅读教学设计的要诀——王荣生给语文教师的建议》等。

关于结构化教学设计的研究：结构，可以被理解为活动环节之间的特定的逻辑关系。美国心理学家布鲁纳提出“每一门学科都有其基本结构，结构应该成为教学的中心，学习不只是单纯地掌握知识和技巧，更要把知识领域更广博的基本结构中的脉络弄清楚”。掌握学科的基本结构有以下优点：一是使学科更容易被理解；二是有助于记忆，因为学科结构是一种简化表达形式；三是有助于迁移，把一般原理应用于别的情境；四是便于缩小高级知识和低级知识之间的差距，使其更易于理解。依据结构化教学观点，语文教师在组织学生的课堂学习活动时，不仅要关注外显活动过程的结构化，还需意识到学习活动的实施能否促进学生在认知、情感和能力等方面素质的形成和发展。语文教师对“结构化”这一概念并非全然陌生，但存在着不同程度的认知。教师“教的活动”结构完整，学生“学的活动”非常零散、没有结构这样怪异的现象，在当下的语文课堂中并不罕见。这与培养学生思维深度和广度的要求背道而驰。

三、研究意义

学校自2013年开门办学以来，一向致力于学生思维的培养。2016年，提出“打造以想象力为核心素养的思维课堂”这一教学主张；2016年和2017年连续两年承办江苏省、全国级“落实教学主张，打造思维课堂”小学课堂教学观摩研讨活动；2019年，指向学生想象能力、创造能力培养的“小牛人创客教育”立项为2019年江苏省小学文化特色项目；2019年12月，“小学语文结构化思维课堂的实践研究”立项为江苏省中小学教学研究第十三期重点自筹课题（课题编号2019JK13-ZB38），此课题已于2021年7月顺利结题。在延续与发展项目研究的基础上，学校把促进思维发展的小学语文学习活动结构化设计作为教育改革与研究的一个平台，希望通过此研究进一步改进教育行为，持续提高学生思维品质，促进学生、教师及学校的持续发展。

“促进思维发展的小学语文学习活动结构化设计研究”的提出，具有创新、独特的视角，具有一定的原创性的理性认识，通过深入剖析学生思维发展与课堂教学改革之间的关系，找到两者之间的最佳结合点，为相关理论研究提供一些理性观点与实践案例。

我们希望通过此课题的研究，探索出促进思维发展的小学语文学习活动结构化设计课堂教学的实施体系、实践方式和操作路径，进行一种校本化的教学实践研究。

我们希望通过此课题的研究，打造促进思维发展的小学语文学习活动结构化设计课堂的独特样态，以小学语文学科为源点，辐射其他学科，提升学校的课堂品质，打造课堂文化。

四、研究的目标、内容与重点

1. 研究目标

（1）通过研究，形成促进思维发展的小学语文学习活动结构化设计流程图。遵循从框架到细节的思维顺序，搭建学习流程框架。

（2）通过研究，促进学生思维尤其是高阶思维的发展。以思维发展为导向，遵循思维发展规律，深入开展结构化的学习活动设计。

（3）形成学习活动结构化的校本实践模式。在方式方法、活动过程、活动规则、组织形式、学习工具、学习资源等方面对促进思维发展的小学语文学习活动结构化设计进行实践探索，形成相应的校本实践模式。

（4）形成校本实践的行为规范与制度体系。在课题研究过程中，激发教师深化课堂改革的意识与热情、创新学生思维培养方式，形成校本实践的行为规范与制度体系。

2. 研究内容

（1）小学语文课堂教学方式与学生思维发展状况的调查研究。研究要点：当下小学语文课堂教师的教学、学生的学现状调查；小学语文课程标准对“识记、理解、应用、分析、综合、评价、创造”等不同层次思维培养的需求调查；不同年段学生思维水平和能力发展的现状调查。

（2）促进思维发展的小学语文学习活动结构化设计文献研究。研究要点：思维发展的年段特点及培养策略；课堂学习活动要素以及各要素之间的关系；对结构化任务设计原则、组织形式、学习流程的理性认识。

（3）促进思维发展的小学语文学习活动结构化设计基本框架建构研

究。研究要点：遵循思维挑战、思维进阶、思维外化、思维迁移的发展规律，探究结构化的小学语文学习活动设计流程图，突显思维发展、活动展开两条主线，在激活旧知、示证新知、应用新知、融会贯通的学习流程中促进学生思维发展。

（4）促进思维发展的小学语文学习活动结构化设计实施过程研究。研究要点：以学习目标为指向，从认知过程和知识类别两个维度建构不同年级、不同文体、不同学习任务的学习活动；以内容选择为重点，确立高效的组织框架来提高学习目标含义的准确性，促进教师的教转化为学生的学；以学习任务为驱动，通过结构化、递进性的学习活动设计，促成学习任务细化分解及分层实施；以工具应用为载体，借助思维导图、课堂观察量表、课堂教学评价表等课堂观察与评价工具，优化教师的教，助力学生的学，促进学生思维能力与水平的更好发展。

（5）促进思维发展的小学语文学习活动结构化设计课例研究。研究要点：针对不同的年级、不同的文体、不同的学习目标分类进行课例研究，形成促进思维发展的小学语文学习活动结构化设计的典型课例，提炼相应的教学范式，并将这种教学法在课堂实践中加以历练与修改，经受实践的检验。

3. 研究重点

本课题的研究重点是遵循思维挑战、思维进阶、思维外化、思维迁移的思维发展规律，以思维发展和活动展开两条主线建构促进学生思维发展的小学语文学习活动结构化设计的基本流程图，聚焦学习目标制订、学习内容选择、学习任务驱动、学习工具应用四大核心，形成一组典型课例、提炼相关教学范式，从而有效地促进学生思维能力的培养、语文素养的提高、精神世界的丰富。

五、研究的思路、过程与方法

1. 研究思路

确定目标：以促进学生思维发展为目标，以课堂实践为主要途径。

分析现状：利用文献、观察、访谈，了解学生的思维发展与当下小学语文课堂教学的现状。

设计方案：构建以培养良好的思维品质为目标的小学语文学习活动结构化设计基本框架及实施方案。

组织实施：聚焦学习目标制订、学习内容选择、学习任务驱动、学习工具应用四大核心内容，深入开展课堂教学改革与实践。

评价反馈：提炼有价值的学科评价指标体系，对能否培养学生好的思维品质进行评价、反馈，优化课堂教学的实施。

总结经验：在实践的基础上提炼、总结经验，撰写论文。

2. 研究过程

（1）确定课题以及申报阶段（2021年9月—2022年1月）

建立课题研究领导小组和课题研究小组，确定课题组成员，明确分工；课题组分析研讨，并确定研究课题，认真填写申报评审书，完成课题申报工作。

（2）基础性研究阶段（2022年2月—2022年8月）

课题组组织全体语文老师围绕“促进学生思维发展的小学语文学习活动结构化设计”开展文献研究，就“思维发展”“学习活动”“结构化设计”等理论进行学习和研究，探讨当下小学语文课堂如何适应、促进学生思维品质的发展等问题；组织开展学生思维品质发展的系列调查研究，并对小学语文课程标准中“识记、理解、应用、分析、综合、评价、创造”等不同层次思维培养的要求做文本分析与汇总。2021年12月，组织专家评估方案，课题组收集多方意见，整合专家指导意见，调整研究方案。

（3）实践探索阶段（2022年9月—2023年12月）

学校总课题组根据学校实际情况构建教师研究小团队（课题组）开展理论学习和行动研究，并按照预定实验方案开展具体的实践研究，定期举行课题组研讨会，探讨并解决研究中出现的具体问题。课题核心组制订“促进学生思维发展的小学语文学习活动结构化设计”实施方案，并指导各级子课题组完成下列任务：一是结合小学语文课程标准，确定不同年段、不同文体、不同学习任务的学习目标；二是借助“两组”（教研组、备课组）开展课例研究，探索出具有校本特色的课堂改革与实践教学模式；三是在实践过程中不断梳理、提炼相应的教学范式，邀请教学名师、科研骨干进校园，论证教学范式的科学性与合理性，并将教学范式应用于课堂教学，不断加以修正与完善。

2022年10月前后组织课题中期汇报，总结本课题研究阶段性成果，撰写课题中期汇报，组织各研究小团队（课题组）围绕课题成果框架开展研究。

（4）资料收集与结题阶段（2024年1月—2024年6月）

对照课题研究方案，课题组成员整理研究资料，汇总研究成果，撰写研究总报告，提出结题申请，完成课题结题。本课题研究主要以行动研究为主，结合文献研究、调查研究、案例研究等方法，协同推进各项研究。

3. 研究方法

（1）文献法：采用文献研究法作理论引领，确定本课题的研究价值、研究目标、研究内容、设计方案。

（2）行动研究法：在教学实践中，一边实践一边研究，发现问题、分析改进、解决问题，循环往复，推进小学语文结构化思维课堂的不断深化。

（3）案例研究：采用案例研究的方法，对促进学生思维发展的小学语文学习活动结构化设计的实施过程进行研究，总结典型案例，提升教学实效。

（4）经验总结法：采用经验总结法，对促进学生思维发展的小学语文学习活动结构化设计的一些具体举措进行归纳与分析，使之系统化、理论化，上升为经验。

六、主要观点与可能的创新之处

1. 主要观点

（1）促进学生思维发展的小学语文学习活动结构化设计，对课堂教学改革与实践来说，既是挑战，也是机遇。我们以小学语文学科为源点，以课堂实践为抓手，并在此基础上进行课堂教学的整体建构，重构学校育人目标和实践模式，探索与学生思维培养相适应的课堂教学文化。

（2）学生思维能力，尤其是高阶思维能力的养成是学生参与未来生活的重要素质基础，促进学生思维发展的小学语文学习活动结构化设计是培养学生思维能力的重要抓手。它关注学生思维水平和能力的发展，关注学生语文素养的全面提高，注重发现和创造的活动历程，从而帮助学生获得语文知识，培养语文素养，丰富精神世界。

（3）促进学生思维发展的小学语文学习活动结构化设计是一种全面的课堂教学改革，是学校对课堂教学改革与创新的文化坚守，针对当前学习活动存在的问题、如何设计学习活动开展实践研究，必然包含着学习目标、学习任务、学习评价等方面的系统性思考与建构。其研究成果也将对其他学科的课堂教学改革与实践具有借鉴意义。

2. 可能的创新之处

（1）理论认识创新。将促进学生思维发展的小学语文学习活动结构化设计置于越来越重视学生高阶思维能力培养的时代背景下加以思考，不是从单科着手培养学生的语文素养，而是以小学语文学科为源点，辐射带动其他学科的系统建构，全科推进，全面育人，体现了学校素质教育的全新立意。以此作为课题研究，体现了理论认识的创新。

（2）实施内容创新。促进学生思维发展的小学语文学习活动结构化设计指向学生高阶思维的培养，改变传统教学儿童思维低阶、缺乏创造力和想象力的现状，以学习活动的结构化设计为抓手，建立课堂评价指标体系，开发相应的观课工具，逐步形成可操作、能借鉴的课堂教学范式。这一研究方式本身体现了课堂教学改革的前瞻性，其实施内容具有创新性。

（3）实践模式创新。基于学校已有研究基础、当下小学语文课堂教学实情、小学语文课程标准对学生思维能力发展的总目标与年段性要求，课题体现了对课堂教学文化与课堂改革实践的追求。此课题与学校正在开展的中国教育科学研究院STEM教育研究中心“小牛人STEM校本课程的开发与建设研究”项目、2019年江苏省基础教育课程基地“小牛人创客教育”

项目、江苏省教育科学“十三五”规划2020年度重点自筹课题“指向儿童想象力的科创主题活动课程的实践研究”项目有机关联，共同指向学生创新能力、实践能力的培养，体现了实践模式的创新。

七、预期研究成果

1. 阶段成果（限5项）

成果名称	成果形式
学生思维水平和能力发展调查报告	调研报告
“促进学生思维发展的小学语文学习活动结构化设计”实施纲要	活动规划
促进学生思维发展的小学语文学习活动结构化设计的思考与实践	系列论文
促进学生思维发展的小学语文学习活动结构化设计典型课例	案例集
促进学生思维发展的小学语文学习活动结构化设计教育叙事	叙事集

2. 最终成果（限3项）

成果名称	成果形式
小学语文学习活动结构化设计——撬动学生思维发展的支点	专著
促进学生思维发展的小学语文学习活动结构化设计的实践研究	研究报告
促进学生思维发展的小学语文学习活动结构化设计典型课例	案例集

此课题已经立项为江苏省教育科学“十四五”规划2021年度一般课题（课题编号：D/2021/02/221）。

后　记

指向学生思维的培养，是我一直以来坚持的一个教育梦想。

2013年，我来到太仓市科教新城实验小学工作。这是一个在农田上拔地而起的新兴学校。借着城市化进程的东风，原先的郊区已然成为一个文化创意产业和人才的黄金集聚区，周边聚集着科技研发、文化创意、动漫设计等众多主导产业。但是，教育是基础，它需要循序渐进，它需要精耕细作。当课堂上的师生还习惯于讲授与倾听，思维的灵活性、批判性与良好的思维品质相去甚远的时候，我便萌生了一个念想：让学校成为“想象的王国、创造的天地”，最大限度地激活学生的思维。

在这一教育使命的激励下，我们开始了指向儿童思维培养的不懈探索：开放创新的校园物型文化环境、创新创意的校本课程、多学科融合的学生活动、智能互动的学生成长平台等。“小牛人创客教育”立项为2019年江苏省课程基地，并以省级“优秀”等第结项。指向思维培养的研究成果先后获得2021年度江苏省教育研究成果奖一等奖、2021年江苏省基础教育类教学成果奖二等奖、2018年及2020年苏州市教学成果奖一等奖。

在收获成绩的同时，我们在进一步思考：教育的本质是培养思维，培养思维最好的场所是课堂，那么如何以课堂教学为主阵地，更好地落实课堂教学主张、深化课堂教学改革呢？

于是，我们以小学语文课堂为研究载体，依托两个省级课题、两个苏州市级项目，形成了指向学生思维发展的小学语文课堂教学的系统建构。我们认为：

思维能力是语文核心素养的重要体现。《义务教育语文课程标准

（2022年版）》指出：语文核心素养是文化自信、语言运用、思维能力、审美创造的综合体现。语言是思维的物质载体，思维与语言相互依存，密不可分。以思维发展为着力点，能由此落实综合性的语文核心素养目标。

发展思维是语文课堂教学的核心追求。思维能力的培养应贯穿课堂教学的始终，通过语文特有的“阅读与鉴赏、想象与联想、表达与创作”等学科实践，培养学生的形象思维、直觉思维、创造性思维等。

全过程整体设计是思维培养的关键基础。我和老师们尝试从教学流程、学习方式、学习评价等环节系统建构指向思维发展的小学语文课堂教学实施总览图，使思维发展在一线课堂可教、可学、可测。

语文教师是我热爱的事业。窦桂梅、孙双金、王崧舟、薛法根等语文名师的教学风采，让我深深沉醉。我希望自己能够像他们一样，成为具有丰富的人格魅力、精湛的教学技艺、深受师生喜爱的语文老师。为了让语文课堂达到我心目中理想课堂的样态，我大胆实践着：遵循思维挑战、思维进阶、思维外化、思维迁移的思维发展规律，以问题情境引发思维挑战，以“主问题”统领下的“问题链”搭建思维台阶……

致力于指向思维发展的小学语文课堂研究，已历时六年有余。

六年中，我和团队成员追寻着教育的梦想，让小学语文课堂润泽心灵、思维灵动、教学相长、智慧迸发；

六年中，我和团队成员攀登着科研的高峰，省市区级课题相继立项，级别之高、数量之多从未有过；

六年中，我和团队成员展现着课堂的风采，连续两年学校承办了全国、全省“落实教学主张，打造思维课堂”教学观摩研讨活动，我们在这样高规格的活动中做主题汇报、展示公开课，得到了与会同行们的一致好评……

指向学生思维的培养，是我的办学理想，是我心中最美的课堂样态。今日，在本书即将出版发行之际，感谢学校语文教师团队，感谢一路支持我们的专家团队。限于本人的认识水平和实践经验，书中阐述的观点和做法肯定还有很多不足之处，敬请广大读者对一个渴望成长的教师予以慷慨的指导与帮助。我将以此为契机，不断砥砺教师生命的成长与专业发展的探索。

敬请大家不吝赐教，在此表示衷心的感谢。

吴敏敏

2023年6月于苏州